风 靡 全 球 的 未 解 之 谜 及 其 背 后 的 故 事

穿越古丝路

丝绸之路上的千古传奇

探秘天下编写组 编著

EXPLORE THE WORLD

时事出版社

前　言

数千年前，中原就与西域地区有着频繁的往来，但由于匈奴的崛起，阻断了中原地区前往西域的道路。在这种背景之下，能言善辩、坚忍不拔的张骞踏上了寻找大月氏联合抗击匈奴的道路。尽管之前中原地区与西域有过联系，但从未有中原人开辟过这样一条道路，这次旅程可谓是不折不扣的凿空之旅。

张骞开辟的道路促进了中原地区政府与西域各国的联系，甚至后期对西域各国的统治与掌控。这条路的意义不仅限于政治上，还成为了中原地区将丝绸传播至全世界的重要通路，成为了一条交流政治、经济、文化、科技、物产的重要纽带。

在历史的场合之中，因为不同的环境、经历、生活条件，不同的地区会产生不同的文化、科技和物产。这些东西总是要用不同的形式进行交流，彼此影响，互相促进。这种交流所涉及的范围越是广泛，那么，人们越是能得到更好的收获，能够有更多可利用的资源。甚至有时候，可以改变一整个地区的生活状况。而张骞无疑为促进这一交流做出了巨大贡献。

自此以后，我国就与中亚、南亚、西亚和非洲、欧洲等地区建立了密切的往来。这种往来主要是通过陆路进行，对于交往的具体交通线路，在古代文献中也有着具体的记载。最终，这条路被命名为“丝绸之路”，并且得到了广泛的认可。因为这条路，主要是古代丝绸贸易所到达的地区，就连周边不少地区，也可以算在丝绸之路的范围之内。丝绸之路从长安出发，横穿亚洲，连接非洲和欧洲，成为了东西方之间政治、经济、文化交流的桥梁。

除了陆地之外，中国的丝绸还通过海路运输到亚欧各国以及东南亚各国，所以，从中国东南沿海到达日本、东南亚和南亚各地的海上航线称为“海上丝绸之路”。海上运输同样是中外之间丝绸商品贸易的重要路径，同样也成为了中外之间政治、经济、文化交流的重要途径。

本书旨在对古代丝绸之路上的国家、艺术、文化以及对丝绸之路做出杰出贡献的往来者们进行介绍，让读者可以了解一个真实的丝绸之路，并且了解丝绸之路对我们现在的生活有着怎样的影响。

丝绸之路是一条经济贸易往来之路，是一条政治文化交流之路，更是一条和平友谊之路。我国通过陆上丝绸之路和海上丝绸之路与周边国家建立了良好而深厚的友谊，与近代西方列强对其他国家进行的疯狂掠夺形成了鲜明的对比。

本书力求客观、真实地向读者展现出丝绸之路的原貌，但掌握材料有限，研究深度还不够，欢迎读者批评指正。

目录
Contents

第一章　打通丝路，从长安到西域

中国，丝绸的故乡　003

丝路，在战争的阴影下　006

危难重重，张骞的凿空之旅　012

汉朝对西域的经营　016

班超对西域的经营　019

隋唐对西域的管理　022

第二章　帝国的贸易，千年前的丝绸出口

走过河西走廊　029

中亚，复杂的地区　033

去往印度的通路　037

罗马，永恒之城　040

日本，生产丝绸的丝绸进口大国　043

东南亚，源远流长的中国文化圈　047

第三章　沿途见闻，东西方文明在对话

以葡萄为代表，外来的作物　053

水晶和彩石，西方的珍宝　056

琵琶，并不是中国乐器　060

旋转的热情，他们跳的舞　063

宗教，外国人信奉什么？　066

第四章　风尘仆仆，走在丝路上的人

细君公主，愿为黄鹄兮归故乡　073

玄奘法师，真实的西游记　076

马可·波罗，开启新时代的旅行家　081

斯坦因，是侵略者还是发现者　084

翘首望长天，神驰奈良边　089

鉴真，日本文化的恩人　093

天赐仙翁，以寤朕志　099

岑参，流浪在西域的诗人　102

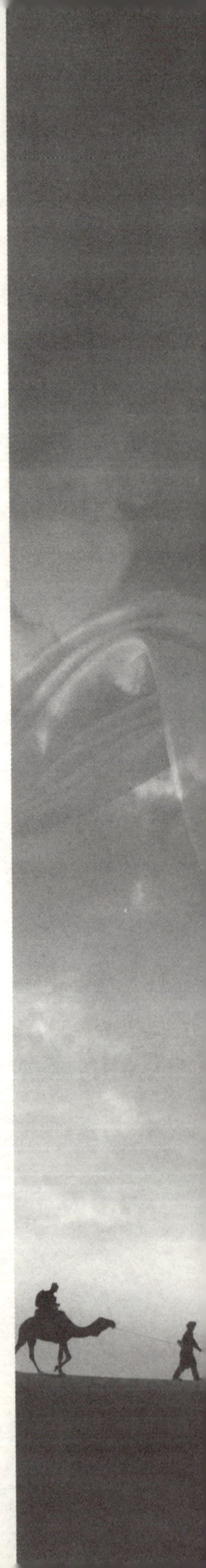

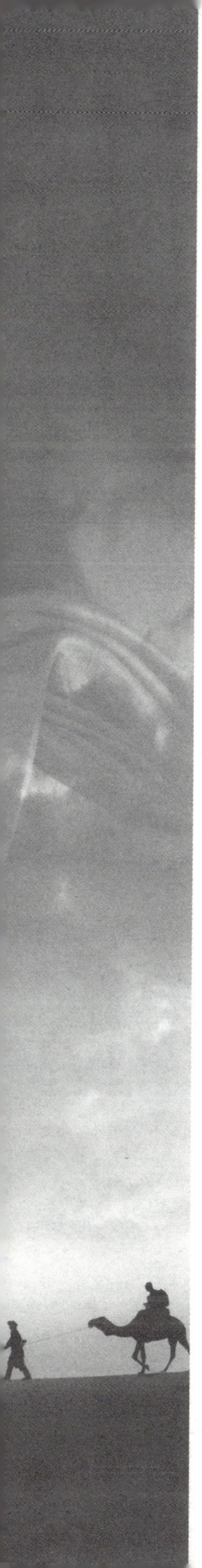

第五章　遥远的遐想，丝路上消失的国家

楼兰，大漠的新娘　109

于阗，美玉的故乡　112

大宛，消失的汗血宝马　116

精绝，东方庞贝　120

龟兹，第二个敦煌　124

疏勒，佛国重镇　128

焉耆，西域的天堂　132

乌孙，汉朝奇女子的舞台　135

高昌，西域第一站　139

月氏，丝路开辟原动力　142

第六章　美丽西域，与中原不同的地方

广阔壮丽，西域地区的地形　149

生机勃勃，丝绸之路上珍贵的野生动物　152

千年古墓，记载丝路历史　156

历史旁证，丝路上的出土文物 160
历史趣谈，西域地名演变史 163

第七章 草原丝路，沟通农耕民族与游牧民族

逐水草而走，便利的草原道路 169
汉、唐时期草原丝绸之路的变迁 171
回鹘路，安史之乱下的产物 175
回鹘，明代草原丝路的中间人 178
阿尔泰地区的古代丝绸之路 181
哈萨克地区的草原丝路 184

第八章 海上丝绸之路，大航海时代的前奏

早期的中国航海，从徐福说起 191
兄弟之邦，中原与朝鲜之间的往来 195
秦汉时期，与东洋地区的文化交流 198
遣唐使的友好之船 202
郑和下西洋，中国航海的巅峰壮举 206

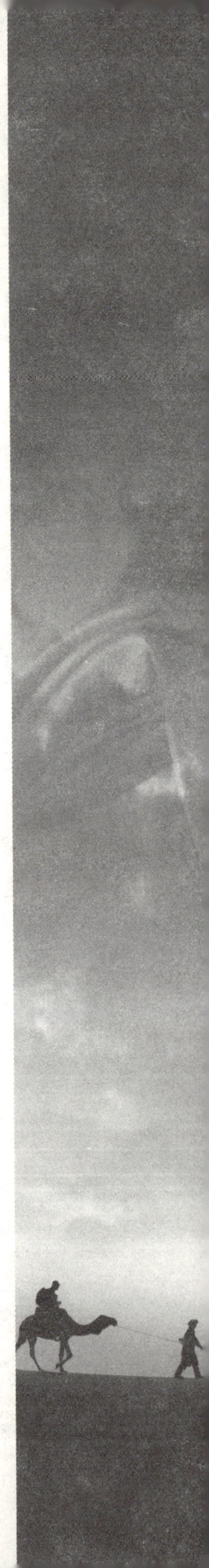

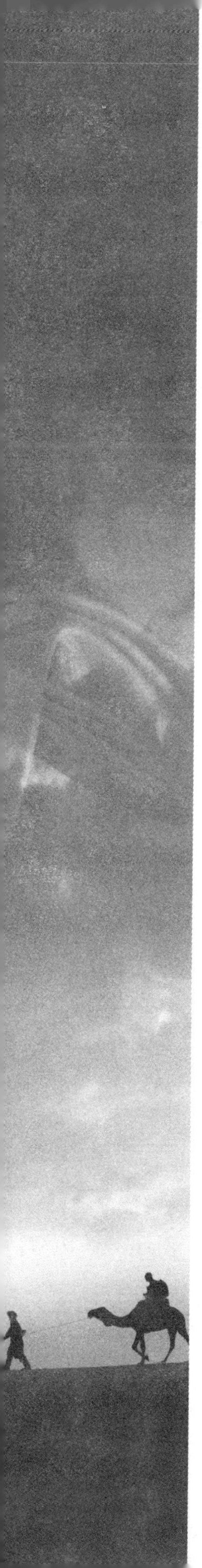

第九章　敦煌，四大古国文化汇流之地

莫高窟，沙漠的高处 217

壁画，莫高窟的艺术精髓 220

敦煌乐舞，穿越千年的画中音 223

敦煌名胜，熠熠生辉的古代艺术结晶 227

敦煌奇景，鬼斧神工的自然杰作 230

经变画中的美丽传说 234

第十章　游览丝路，那些璀璨美丽的名胜古迹

陕西，丝路开始的地方 243

甘肃，丝路重镇云集于此 246

新疆，塞外江南春来迟 250

第十一章　谜团重重的丝绸之路

小雁塔裂而复合之谜 257

罗布泊移动之谜 260

敦煌壁画千年不褪色之谜 263

"楼兰美女"之谜 267

莫高窟大佛长高之谜 270

杨贵妃生死之谜 272

"孙悟空"到底是哪里人? 275

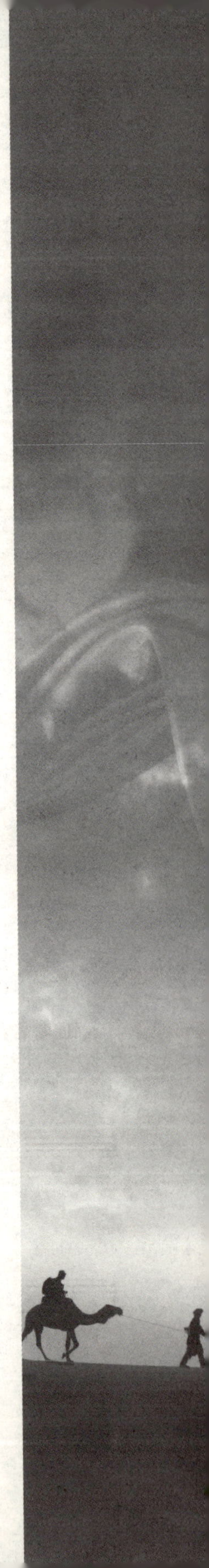

第一章

打通丝路，从长安到西域

丝绸，中国劳动人民的伟大创造；长安，中国盛世的起始点。为了打通中国腹地与西亚、欧洲各国的通商要道，一个叫张骞的人奉汉武帝之命，踏上旅程。

中国，丝绸的故乡

丝绸之路，一个众所周知的词语。这条路不仅代表了我国古代与西方各国的贸易往来，更是一条赫赫有名的文化交流之路，一条将古代中国的盛名远播到西方各国的路。既然名叫丝绸之路，那么必定是与丝绸有着千丝万缕的联系，其中最主要的原因就是，中国是丝绸的故乡。

如今，丝绸虽依然存在于我们的生活之中，但对于纺织品，甚至合成材料制成的服装，我们有了更多的选择。或许不少现代人，已经不清楚丝绸究竟是什么了。丝绸，是一种精致而美丽的纺织品，是用蚕丝织成的。中国古代的劳动人民养蚕，当蚕结茧准备羽化成虫时，将蚕茧放入沸水当中煮，并及时将蚕茧抽成蚕丝。抽出的蚕丝通过牵经、整纬、装造、提花、编织等复杂工艺，制成纺织品。

毫无疑问，丝绸的起源地就是古代中国，在浙江湖州钱三漾出土了距今 4750 年的绢片，是长江流域出土最早、最完整的丝织品。河南青台村出土的罗织物更是距今 5630 年之久，是黄河流域发现最早的丝织品。

编织丝绸如此复杂的工艺，居然早在史前文明就已经出现了。那么，丝绸究竟是怎么诞生的呢?

根据传说记载，中国民族的始祖黄帝有一位聪明的妻子，名叫嫘祖。

有一次，嫘祖在桑树林中喝水，正巧树上的野蚕茧掉入了她喝水的碗里，嫘祖用树枝将蚕茧挑了出来，不小心刮出了蚕茧上的蚕丝，而且这蚕丝越抽越多，越抽越长，连绵不断。嫘祖灵光一闪，马上就将其运用在纺线上，并且开始驯养野蚕。

除了皇帝妻子嫘祖的传说外，《搜神记》里还记载了另一则关于丝绸起源的神话，这一则相对于嫘祖的故事，更有一番动人心魄的意味。相传在古代的蜀地，有着父女二人。父亲外出打工，留下女儿在家养马。一次，父亲外出打工许久没有回来，女儿担心父亲出了什么意外，终日愁眉苦脸。一天，她正在喂马，马突然口出人言，说："姑娘，你为何终日愁眉不展，有什么心事吗？"女儿虽然心中惊恐，但还是将自己担心父亲的事情一五一十地和马讲了。马就告诉女儿，自己有办法可以寻回她的父亲。女儿便许诺说，如果马可以找回父亲，自己就嫁给它。话音未落，马立刻挣脱缰绳跑了出去。历经一番波折，马还真的找到了父亲，和父亲一起回到了家中。女儿心中虽然感激马，但想着自己说要嫁给马，这件事情不能算数，就不再提起此事。而马却不能轻易的放弃，它开始绝食抗议。父亲觉得事有蹊跷，就向女儿询问到底发生了什么，女儿就一五一十地将事情的经过告诉了父亲。父亲觉得此事有辱门风，便用弓箭射杀了马，并且将马皮剥下，晾在了院子里。世上没有不透风的墙，没多久，这件事情就传得人尽皆知了。一天，女儿的朋友和女儿又来到马皮前嘲笑马："你明明是个畜生，为什么要高攀去娶一个女人呢？招来杀身之祸，真是活该。"话刚讲完，马皮突然飞了起来，裹住女儿，转眼之间就不见了。事后父亲和乡邻四处寻找，几日后在一棵大树上发现了他们。女儿和马皮已经融为一体，化成了一个又厚又大的茧，上面更是生满了蚕。此后，当地人便开始饲养蚕，并用蚕茧抽丝织衣。

神话故事毕竟只是神话故事，但养蚕种桑的起源确定是在中国无疑。在 20 世纪以前，养蚕是中国农村地区妇女最主要的工作，所谓的男耕女织就是这个意思。几千年的时间过去了，农耕时代那沧海桑田的美景如今也已经被高楼大厦所取代。那些曾因为丝绸而繁华美丽的城市仍在那里，种桑养蚕的行业也在延续。

蚕桑业早在新石器时期就已经开始了，在 1926 年，山西夏县就发现了一颗只剩下一半的丝质茧。通过这颗茧，我们不难发现早在 5000 多年以前，古人就已经开始切割蚕茧。不过根据科学家的考证，这更可能是古人想要吃掉里面的蚕蛹。在 1973 年，浙江河姆渡文化遗址中出土了一件雕器，上面刻着四条蚕纹。尽管已过去了 7000 年，但上面的蚕纹依旧栩栩如生。根据辨认，上面雕刻的应该是一种野蚕，说明了早在 7000 年前，人类已经开始认识野蚕这种生物。1958 年，浙江钱山漾出土了一批丝线，根据鉴定，这些丝线来自于 4700 多年前。这些丝线是中国南方发现最早的丝绸织物。这些丝线的编织非常有规律，专家因此推断，当时可能已经有了原始的织机。

中国出产的丝绸不仅受到本国人民的喜爱，更受到了西方人民的追捧。根据魏晋南北朝时期所出土的丝绸，发现上面所刺绣的树叶纹有着浓厚的西方风格。在古埃及的文化遗址中所出土的丝织物上也有树叶纹。伊朗波斯时期的雕刻中，有不少人物是穿着树叶纹图案的服装，可见当时中国的丝绸已经进入了波斯帝国，并且成了上流社会的心头好。丝绸之路上所发现的葡萄叶纹的织物，年代可追溯到 3 世纪前后，可见中国织锦在古代中国与西方的外交上扮演了举足轻重的角色。

丝绸的历史不仅仅是一段美丽的历史，更是代表了人类智慧的发展与进步，是了解中国古代文化的重要途径。不管是中国哪一段历史，都抹不去丝绸的影子。丝绸的历史，丝绸之路的历史，就是中国文化的缩影。没有人可以抗拒丝绸的美，而中国人对于丝绸的热爱更是与生俱来。这是一种对美的追求，也是一种对生活的热爱。不仅仅是丝绸，中国的劳动人民善于发现细节，善于美化细节，善于将身边每一样细微的东西都变得美轮美奂，而丝绸就是其中的佼佼者。

要追寻丝绸之路的历史，就离不开丝绸。就让我们从丝绸的故乡出发，去了解那令人心旷神怡的丝绸之路吧。

丝路，在战争的阴影下

丝绸之路是在汉朝开辟的，那么究竟是出于什么样的原因，在什么样的环境下，汉朝才会意外地，或者是有选择性地开辟了丝绸之路呢？或许正应了那句话：有心栽花花不开，无心插柳柳成荫。丝绸之路的出现，源自于西汉和匈奴之间的战争。

在汉朝，匈奴是聚居在中国北方大漠南北的游牧民族，最高首领称为单于。匈奴当时实行的是民兵制，任何官员都可以领兵作战，所有的成年男子都可以披甲上阵。在平时，他们逐水草而居，进行放牧狩猎；在战时，他们可以马上变成士兵。匈奴虽然经济很不发达，但是他们却有着强大的军事力量，因为是游牧民族，马匹众多，所以他们的军队有着极强的机动性，来去如风，利则进，不利则退。战法更是飘忽不定，聚散无常，非常善于发动突然袭击。就是这样的一个民族，给西汉带来了巨大的麻烦。

匈奴的强大起于秦汉时期，正当中原大地秦二世暴虐无道，天下群雄并起之时，北方的大草原上也发生着一场变革。北方匈奴头曼单于的王子冒顿励精图治，训练出一支草原上前所未有的强大骑兵。相对于王子冒顿，头曼单于更疼爱少子，想要废除冒顿的王子之位。冒顿自然不肯坐以待毙，他先是谋杀了父亲头曼单于，成为了新的单于，随后南征北战，收服了草原上的众多部落，最终将北方草原统一。在他的努力下，匈奴从一支支零散的游牧民族一举成为了一个庞大的游牧王朝。冒顿单于掌兵 30 余万，势力空前强大。由于势力的扩张，冒顿单于开始觊觎南方富饶的土地，挥兵南下。

早在秦朝时期，中原大地与匈奴之间的战火就已经燃起，蒙恬北击匈奴，收复了河套南部地区，并且修筑了万里长城，将匈奴驱逐到大漠以北，十余年不敢南下进攻。秦朝灭亡后，楚汉相争，再次削弱了中原王朝的势力。尽管最后刘邦统一天下，建立了西汉王朝，但王朝初期，中原地区的经济状况一塌糊涂，人口锐减，百姓食不果腹，国库空虚，军力更是不堪一击。

汉高祖六年，匈奴终于按捺不住野心，对还没站稳脚跟的汉朝发动了进攻。汉朝进行了抵抗，但是国力衰微的汉朝没有能力抵抗匈奴南下的四十万大军。匈奴大军很快就包围了韩国的都城马邑，开国功臣韩信不仅没有奋力抵抗，反而三番五次地向匈奴求和。韩信懦弱的表现引起了刘邦的怀疑，开始对韩信施加压力。面对刘邦的怀疑，韩信干脆一不做，二不休，真的举旗造反，并勾结匈奴一起进攻。

韩信的背叛让刘邦怒不可遏，他马上召集三十二万大军御驾亲征，阻击匈奴。一开始的时候刘邦取得了几场胜利，这不仅提升了军队的士气，也蒙住了他的双眼。他开始一改过去的小心谨慎，开始轻敌冒进，结果中了匈奴的诱敌之计。刘邦和大军的先头部队被匈奴截击，与主力部队脱离了联系，被困在白登山上。被围困了七天七夜后，谋士陈平为刘邦献策，提议向冒顿单于的妻子行贿，最终才得以脱险。

尽管放走了刘邦，但匈奴南下的步伐并没有停下。同年12月，冒顿单于挥兵攻打代国，刘邦的哥哥——代王刘仲吓得弃国逃跑。匈奴势大，西汉王朝无奈之下只好选择与匈奴和亲。按照刘邦的说法，将汉朝公主许配给冒顿单于，并且送上一笔数目不菲的嫁妆，冒顿单于没有理由不接受。从此以后，冒顿单于就是汉朝的女婿，冒顿死了，接替单于位置的就是刘邦的外孙。自古以来哪有外孙跟外公争权夺势的呢?

然而刘邦的计划并没有获得成功，匈奴的野心并没有因为得到了汉朝的公主和随公主出嫁的大批彩礼而得到满足，尽管没有大规模的南下入侵，但还是会经常地侵扰西汉边境，劫掠财物、人畜，不计其数。

刘邦死后，冒顿单于更是肆无忌惮，不仅将目光瞄向了汉朝的土地财物，甚至开始觊觎他的岳母了。他给吕后写了封信，信中大意为：我是个孤独的皇上，想要来中原游玩一番，你现在也是一个孤独的女人，我们两个自娱自乐，还不如以己所有，换己所无。

论辈分，吕后是冒顿单于的岳母，女婿调戏岳母，这还了得。吕后看完这封委婉的情书后，勃然大怒，马上起兵点将要出征匈奴。群臣极力劝阻，才令吕后息怒。

吕后死后，汉文帝即位了。文帝期间依旧是以和亲作为与匈奴外交的主要政策，修生养息，恢复国力。但匈奴不断侵扰的问题依旧没有解决，在文帝前元三年，匈奴右贤王率领数万大军袭击汉朝，并且大军直逼都城长安。文帝马上派出部队迎击，并御驾亲征作为应援。右贤王见汉军势大，并未与汉军交兵，自行退出塞外。这次的出兵虽然没有交战，但是展现出了汉王朝并未将希望全部寄托在和亲政策上。

文帝前元六年，冒顿单于离开人世，他的儿子老上单于即位。老上单于刚刚即位，文帝就派出公主与其和亲，并派遣宦官中行说进行护送。中行说并不想去匈奴，但是在汉文帝的强迫之下，他还是满怀怨愤地去了。到了匈奴以后，他没有回来，反而马上投降，并且靠着自己溜须拍马的能力很快就得到了老上单于的宠信。中行说为了报复文帝，经常游说老上单于南下攻汉，并且不遗余力地破坏匈奴与汉朝的和亲关系。

文帝前元十四年，老上单于终于对汉朝发兵了。他率领了十四万匈奴大军南下，一路上畅通无阻，还烧毁了前秦遗宫——回中宫。没多久，就已兵至长安 200 里外。汉文帝马上派出周谷、张武两位将军，率军十万驻扎长安，又派出卢卿、周灶、张相如等人率军迎击匈奴。经过一个月的苦战，才将老上单于赶到塞外。但是汉军并没有外出追击，这也代表了汉朝的态度。从此以后，匈奴人日渐猖狂起来，每年都要来汉朝边境劫掠一番。

文帝后元四年，老上单于死了，他的儿子军臣单于即位，依旧宠信中行说，并且随时准备着进攻汉朝。两年后，军臣单于干脆撕破脸，拒绝了和亲，对汉朝发动战争。他点起六万骑兵，分两路杀入关内，文帝马上派兵加强守备。经过数月的调兵遣将，终于将匈奴大军拦截了下来。匈奴见汉军守备森严，只好退回塞外。

一年后，数次击退匈奴大军，保长安不失的文帝去世了。即位的景帝依旧遵守着和亲政策，并且加强了与匈奴的友好关系。匈奴也没有撕破脸皮，只有几股小规模的士兵经常在边境劫掠。

到了汉武帝时期，这位在历史上留下浓重一笔的皇帝不甘心与匈奴和亲，执行保守的防御策略，他决定对匈奴进行反击。元光二年，汉武帝在马邑附近的山谷和代县西部设下伏兵30万，派遣商人聂律引诱匈奴单于，进行伏击。没想到匈奴人发现了他们的伏击，从此断绝了与汉朝的外交关系。

元光六年，汉朝派出车骑将军卫青、轻车将军公孙贺、骁骑将军李广、和骑将军公孙敖，四路大军一起北上。卫青不负重任，一路追击匈奴军队至匈奴祭祖的龙城，并斩杀匈奴士兵700余人，获得一场胜利。李广出了雁门关后，自恃武勇，轻敌冒进，结果遭到了匈奴主力军的埋伏，大败而归，几乎全军覆没，主将李广被擒。李广与匈奴作战多年，在匈奴颇有威名，有过百骑退匈奴千骑的辉煌战绩。因此，匈奴单于要求，对李广要抓活的。在去往单于处的路上，李广假装昏迷，趁匈奴兵不备，夺取一批好马和弓箭，向南疾驰。匈奴兵穷追不舍，但李广箭术惊人，匈奴兵不敢追得太紧。路上遇到李广手下的残部，匈奴兵才退走。公孙敖与公孙贺也未建功，公孙敖被匈奴军击败，损失士兵7000余人。而公孙贺出兵后并未遭遇匈奴军，听闻公孙敖和李广战败的消息，赶紧引兵后退。

元朔二年，汉朝再次出兵，令卫青、李息沿黄河向西进攻。在卫青的迂回战术下，匈奴楼烦王与白羊王疲于奔命，并且切断了他们与匈奴王庭的联系，最终将其一举击败。此战对西汉来说意义非凡，汉朝不仅收复了对匈奴极其重要、水草丰美的河套南部地区，汉武帝更是将这里建成了出击匈奴的前沿阵地。从此以后，匈奴就很难威胁到长安了。

此战以后，匈奴对汉朝的劫掠更加频繁，企图夺回河套南部地区。为了粉碎匈奴的野心，汉武帝在元朔五年派卫青再次出击。卫青连夜奔袭，包围了右贤王的王庭。当晚，右贤王酒醉，无法指挥士兵抵抗，只好带着自己的爱妾，在数百精兵的保护下逃走。此战，汉军俘虏右贤王治下男女

1.5 万人，切断了匈奴中、西部的联系。

汉武帝乘胜追击，在元狩二年再次发动战争。任命霍去病为骠骑将军，率领精锐骑兵 1 万人，千里奔袭，斩杀、俘虏匈奴士兵 8900 余人。同年，霍去病再次出击，消灭匈奴两部，约 3 万人。这一战意义重大，彻底打通了汉朝前往西域的通路，断绝了匈奴与另一游牧民族羌族的联系，令匈奴处在孤立无援的境地。

元狩四年，汉武帝决心对匈奴发起总攻。他先是调集了 10 万骑兵，卫青和霍去病两位大将各领 5 万，两军的主要任务就是深入漠北，寻找匈奴主力进行歼灭。令李广为前将军、公孙贺为左将军、赵食其为右将军、曹襄为后将军，由卫青统一指挥。霍去病则率领赵破奴、徐自卫、李敢和一些匈奴降将一同作战。

霍去病手下配备了匈奴降将，更加熟悉大漠中的地形和在沙漠中行军作战的知识，所以以霍去病为主力。此次大战仅负责粮草后勤的就有数十万人，粮草马匹更是不计其数。

当时在位的已经是伊稚斜单于了，伊稚斜单于手下赵信为其出谋划策，认为汉军行军甚远，人马疲惫，不如以逸待劳。卫青一路披荆斩棘，捕获不少匈奴俘虏，从其口中得知了伊稚斜单于的计划和匈奴军队的驻地。于是命令李广和赵食其两军合并，从旁对匈奴军进行进攻，自己率领主力部队与匈奴主力正面决战。

卫青大军越过大漠，行军不下千里，才找到伊稚斜单于的主力部队。卫青知道匈奴军早就做好了与汉军作战的准备，于是令部下用战车环绕大营，自己率 5000 骑兵发动冲锋。

战至黄昏，天气突变，大漠里飞沙走石，不见天日。卫青觉得机会来了，赶紧命令大军从左右两边包抄匈奴军。伊稚斜单于觉得难以取胜，于是带着数百骑兵精锐突围逃跑了。

此次大战尽管没有彻底消灭匈奴，但也令匈奴元气大伤。同样，汉武帝穷兵黩武，汉朝国力不继，也难以再次越过大漠，追击匈奴。双方就此罢兵，迎来了一个相对稳定的时代。

西汉与匈奴的战争持续了近百年，在这段悠长的时间里，西汉从开始采取和亲政策，到主动追击匈奴，迎来了一个从被动到主动的转变。西汉内忧外患，匈奴的敌人也不仅是有汉王朝而已。在这近百年的战争中，西汉曾派遣使节前往西域各国寻求盟友，共同抗击匈奴。但由于匈奴势大，数次截断西域通路，导致西汉的计划失败了。不过这项举动并非一无所获，相反，使节前往西域，不仅造就了丝绸之路的原型，更是加强了与西域各国的经济往来，增进了汉王朝与西域各国的了解。

危难重重，张骞的凿空之旅

西汉初年，强大的北方游牧民族匈奴，一再骚扰汉朝边境。但因为连年的战争，国库空虚，百姓生活困苦，所以汉初的汉高祖、汉文帝、汉景帝等人不约而同的选择了休养生息，利用和亲来阻止匈奴的南下入侵。经过几代人的积累，到了汉武帝时期，国力开始强大起来，汉武帝雄才大略，不愿再采取保守措施，准备向匈奴发动反击。适逢其会，在一个归化了的胡人口中，汉武帝得知了曾居住在敦煌、祁连一带一个名叫大月氏的游牧民族，因为进攻匈奴控制下的乌孙国，被匈奴驱赶出世代居住的故土，他们的国王甚至被老上单于杀死，并将国王的头做成了酒器。得知这个消息后，汉武帝立刻决定联合大月氏，两面夹击匈奴。想要联合大月氏，那么就必须派使臣去大月氏，但当时到达大月氏并不是一件容易的事情。

最难的不是怎样说服大月氏，而是路途实在太过艰难。当时的西域十分广袤，广义地说，包括中国新疆天山南北和葱岭西边的中亚、西亚、印度、高加索、黑海沿岸等地区。天山北部是极好的天然马场，但当时已被匈奴所占领，为匈奴优秀的骑兵提供战马。西北部伊犁河一带就是大月氏人迁徙的新城。葱岭西边除了大月氏外，还有大宛、乌孙、康居、大夏等国家。这些国家因为距离匈奴较远，没有被匈奴完全占领。想要到达大月氏，就必须穿过匈奴所控制的地区，到达葱岭以西。因此，当汉武帝下达诏令寻找使节的时候，挺身而出的英才并不多，其中最合适的人莫过于张骞。

张骞是汉中成固人，他早先的事情并没有详细的记载，不过汉武帝即位时，他已经是朝廷中的官员了。史书上说，他为人心胸开阔，性格坚忍不拔，待人诚信，这正是张骞能成为一个出色外交家的重要原因。

建元二年，张骞带着由100多名随行人员组成的使节团，由匈奴人堂邑父为向导，从长安出发前往西域。大月氏的故土，河西走廊一带此时已被匈奴人完全占领，尽管张骞一行人加快速度试图穿过河西走廊，还是被巡逻的匈奴骑兵全部抓获。

两国交战，不斩来使。匈奴人得知张骞是使节后，将他们送往了匈奴的王庭，由当时的军臣单于决定使节团的命运。军臣单于得知他们要出使大月氏后，决定不放使节团前往，他表示，大月氏在匈奴的北方，我怎么能让你们过去呢？就像我想派使臣到你们汉朝南边的越国一样，你们也不会让我的使臣穿过你们的国土吧。于是，张骞一行人就这样被软禁了。

为了彻底打消张骞出使大月氏的念头，军臣单于可谓是软硬兼施，威逼利诱无所不用其极。他还为张骞找了一个匈奴妻子，想让张骞在匈奴成家立业。张骞表面上虚与委蛇，但心中始终没有忘记自己的使命。他感觉到自己可能会有艰难困苦要面对，但他没想到，自己居然被困匈奴长达十年。

元光六年，就当匈奴人认为张骞已经完全融入了匈奴社会，没有离开匈奴的心思时，张骞明白机会来了。匈奴人对他的监视日渐松懈，终于有一天，他趁匈奴人不备，带领了他的随从，离开妻儿，逃出了匈奴的居住地区。逃出的使节团不仅缺少生活用品，甚至连维持生命的食物都没有保障。

经历了千辛万苦，张骞一行人终于到达了大月氏所居住的地区，结果却令他瞠目结舌。他们在辛辛苦苦到达的目的地并没有发现大月氏人，漫长的十年，早已物是人非了。与大月氏敌对的乌孙国，在匈奴的教唆下，再次对大月氏发动了进攻。大月氏人无法抵抗，只好再次向西迁徙，征服了大夏国，建立了新的国家。

一次失败并不足以使一个十年都坚持下来了的大汉使节灰心，张骞得知大月氏再次西迁后，立刻动身了。他们在缺衣少食的情况下，穿过炽热的大漠与戈壁，翻越了白雪皑皑的高山，一路上无数的使节为汉武帝的使命献出了自己的生命。最终张骞一行人翻越了葱岭，来到了大宛国。

大宛国的国王早就听说过东方有个非常富饶的国家汉朝，早就想与汉朝交好。但苦于两国之间隔着一个匈奴，并不能与汉朝通使往来，只好作罢。汉朝使节团的来临给了大宛国王一个机会，他马上就答应了张骞护送使节团到康居的要求，张骞也表示如果能够回到汉朝，必将禀报汉武帝，给予厚报。大宛国王派人将张骞一行人送到康居，而康居国王又将他们送到了大月氏。

历尽千辛万苦，张骞终于来到了大月氏，他怀着激动的心情面见了大月氏的国王，不过结果却不像他想得那么完美。原来大月氏人此时早已没有了报仇的想法，他们新的国土相比故土要好得多，这里土地肥沃，物产丰富，更是没有匈奴和乌孙国两个虎视眈眈的敌人，再加上此时大月氏距离匈奴已经非常远了。张骞没有说服大月氏人，但他并没有气馁，在大月氏居住的一年中，多次试图说服大月氏人与汉朝结盟，从东西两面夹击匈奴。最后，张骞还是无奈地带队踏上了返回汉朝的旅途。

为了不重蹈覆辙，这次张骞一行人特意改变了路线，避免通过匈奴人的控制地区，从羌人的地区通过。但他万万没有想到，羌人此时居然也已经成为了匈奴人的附庸，张骞再次被匈奴人扣押了。

在这段时间里，匈奴的伊稚斜单于再次给张骞娶了妻子。就在张骞一筹莫展的时候，刚好军臣单于病逝，军臣单于的弟弟为了争夺单于的位置，向军臣单于的儿子发动了进攻，匈奴发生了内乱。张骞觉得这是个难得的机会，赶紧和堂邑父二人逃出了匈奴。

张骞从匈奴出发时是建元二年，而张骞回到汉朝时，已经是元朔三年了，历时共 13 年之久。出发的百人使节团，最终也只剩下张骞和堂邑父二人。这是多么惨烈的一次外交经历，而且未尽全功，付出的代价又是何等的高昂。

张骞出使西域尽管没有完成联合大月氏一起进攻匈奴的既定任务，但却有着非比寻常的重要意义。从春秋战国时期，长城修建后，中原地区与西域地区就鲜少有沟通来往。张骞出使西域打破了这道无形的壁障，了解了西域各国的状况，更是将中原地区有一个富饶强大国家的消息传递到了西域地区。他亲自访问西域各国，让西汉对于西域各国的了解从无到有，这可以说是一场真正的凿空之旅。

汉朝对西域的经营

西域是广阔的，汉武帝驱逐了匈奴后，对于西域的问题并没有就此罢手，毕竟开疆辟土是每一位皇帝最大的追求，而广阔的西域对于汉武帝来说无疑是一片可以大展拳脚的广阔天地。

元封三年，汉武帝再次派出大将赵破奴出玉门关，此次出击不再是为了匈奴，而是为了征服西域的其他国家。赵破奴先后攻占了楼兰和姑师。太初三年，汉军继续西行，又征服了觊觎汉朝财富的大宛国。这两项举动不仅展示出了汉朝的强大，更是将汉朝政治层面上的影响扩大到了广阔的中亚地区，汉朝在西域的威望大大提高。

早在西汉初年，为了打击匈奴，汉武帝就开始了对西域地区的经营。而随着匈奴逐渐式微，汉朝在西域的势力急剧扩张，满足驻守西域士兵的生活需求成为了重要问题。汉朝先是在长城以北设立了屯垦戍边、移民开垦的大片农业区。后来匈奴的昆邪王和休屠王也归顺了汉朝，两人及其属下四人都被封为列侯。封侯就要封地，而西域这片土地刚好可以利用起来。

于是，汉朝就逐年设置了酒泉、张掖、敦煌和武威四个郡，这四个郡为汉朝经营西域做出了巨大的贡献，并称河西四郡。

河西四郡设置后，汉朝的疆域扩大了，秦朝留下的长城也需要获得延伸。秦长城从令居延伸到了玉门关，用来防御匈奴。河西四郡设立以后，匈奴与西羌之间的联系被阻断，可以说匈奴失去了左膀右臂。而汉朝则与乌孙国以及天山南部其他国家建立了更好的联盟关系，匈奴在西域的控制力进一步被削弱了。

河西四郡的设置还使汉朝与西域各国之间的交通路线变得通畅起来。早在张骞出使西域后，汉朝就已经开始了与西域各国的经济往来，民间和官方的商业贸易蓬勃发展。其中最主要的通道是经过汉朝的农业发达地区，从长安出发，途经河西四郡，到达新疆后，再向西前进，抵达印度、罗马、希腊、波斯等国家。通过农业区是当时必然的结果，农业区人口密集，可以解决商队的食宿问题，一路上危险也比较少，还可以沿途贸易。这条东西方经济交流的通路，就是丝绸之路的前身。

河西四郡的设置促进了当地的开发，屯田垦荒令这片世世代代被当作牧场的地区逐渐转化为农业区，汉朝的经营为这种转化提供了条件。这里的居民主要是汉族的农民，他们从内地移居而来，带着先进的农业生产技术。这些农民大多家境贫寒，广袤而肥沃的土地让他们大有可为。这里的气候极佳，对于发展农业有着得天独厚的优势。河西四郡的降水量并不充足，但发源自祁连山的石羊河、黑河等河水是灌溉农田的绝佳条件。这些河流保证了河西四郡虽然干旱，但农业发展却十分稳定。

除了河西四郡外，汉朝设置了其他管理西域地区的部门。早在西汉打败大宛国后，就在轮台地区设立了使者校尉，这一官职主要是负责管理开垦、屯田等事宜，但实际上西域大部分事情都由使者校尉负责，是汉朝在西域最高级别的行政机构，也是最早的行政机构。

汉宣帝神爵二年，漠北草原上的匈奴再次内讧，驻守在西域地区的日逐王担心自己在内讧中遭遇不测，于是率领部下向汉朝投降。汉宣帝命令攻打车师有功的卫司马郑吉率领西域归降汉朝的龟兹等小国和在渠犁屯田的士兵共五万人马前去迎接。日逐王手下降兵有 1.2 万人之多，降将也有十二人，郑吉将其安排在河曲地区。期间有些匈奴人试图逃跑，郑吉杀伐果断，将逃跑的匈奴人尽数杀死。等护送日逐王抵达长安，面见汉宣帝后，此事才算彻底完结。

郑吉因降服日逐王有功，整个西域为之震动。汉宣帝为了加强汉朝在西域的管理，为了将西域的管理正规化，首创在西域设下了都护府，郑吉也成为了第一任都护。都护一职可以说是汉朝驻西域地区的最高长官，直接对中央负责，手中握有经济大权和军权，甚至可以调动西域不少附属小国的军队。主要职责就是维护西域地方的和平与稳定，并且保障丝绸之路畅通无阻。

汉朝对于西域的管理、确立在西域地区的管理权，从张骞出使西域开始，在郑吉成为西域都护时大成。西域都护府的建立在汉朝管理西域的历史上有着重要的意义，都护府的建立表示西域已经正式归入汉朝的版图，一直到今日，成为了我国不可分割的重要部分。

班超对西域的经营

在张骞出使西域以后，汉朝与西域各国建立了联系，不论是贸易往来还是文化交流，都得到了快速的发展。汉朝与西域各国之间来往密切，是匈奴最不愿意看见的事情。因此，匈奴经常会袭击丝绸之路上的其他小国，或者干脆在丝绸之路上进行抢掠。汉宣帝时期，乌孙就曾与汉朝联合，一起进攻匈奴。东汉时期，匈奴卷土重来，再次阻断丝绸之路。为了保持丝绸之路的通畅，也为了剪除匈奴的羽翼，汉明帝决定派班超出使西域。

班超是陕西扶风人，他为人勤奋，热爱读书，从小家中贫穷，他就在官府中做抄写员，赚些钱养家糊口。尽管班超出身书香门第，但胸中却有着扫平塞外的雄心壮志。有一天，他在抄书的时候，突然将笔扔在了桌子上，感叹到："大丈夫当带三尺剑，在万里之外立不世之功，怎么可能一直靠笔墨纸砚过日子呢？"周围与他一同抄书的都嘲笑他好高骛远，但燕雀安知鸿鹄之志？

班超弃笔从戎后，皇帝就派他出使西域。这正符合他万里之外建立功名的理想，于是就带着30余人上路了。

班超先是到了楼兰，楼兰国王对汉朝使团非常热情，很殷勤地招待了他们。但是没过多久，楼兰王的态度变得冷淡起来。班超敏锐地察觉到事情有变，他和部下商量，一致认为是匈奴的使者到来，楼兰王的立场动摇了，所以开始冷淡对待汉朝使臣。于是，他将招待他的本地人抓来，假意自己已经知道匈奴使者的事情，从他口中诱出了匈奴使者到来的时间和居住的地点。

知道这个消息后，班超马上将所有的使臣召集起来，表明了自己的目的："我们远离国家，来到万里之外的西域，就是为了建功立业。如今，匈奴使者的到来让楼兰国王对我们的态度产生了巨大变化，说不定明天楼兰王就要把我们送给匈奴使者了。你们说，现在我们该怎么办？"班超的部下都慷慨激昂地表示愿意服从班超的命令，于是班超定下了深夜袭击匈奴使团的计划。

月黑风高之时，班超命令十个部下带着战鼓，藏在了匈奴使团住所的后门，并且告诉他们，一见起火就开始敲鼓，装作有许多人马的样子，必定能够迷惑匈奴使臣。其他人带着弓箭，在前门埋伏好。安排妥当后，班超就开始放火，后面埋伏的人开始大声呐喊，匈奴人慌不择路，马上从前门跑了出来。早在前门埋伏好的使臣乱箭将匈奴人全部射杀，班超也亲手杀死三个。没跑掉而烧死在里面的有百余人之多。第二天，班超去见楼兰王，料定匈奴使者死后，楼兰王就没了主心骨。果不其然，楼兰王看见班超以后又惊又怕，只好坚定了与汉朝结盟的立场。

类似的事情还发生在了于阗国。于阗国比楼兰强大得多，当时也背地里与匈奴联合，国内长期有匈奴使者。班超到来以后，被匈奴人收买的巫师就对于阗国王说："天神不满你招待汉朝使者，听说汉朝使者有一匹好马，你将它杀了，天神就会息怒。"于阗王听信了巫师的话，便向班超索要马匹。班超早已将这件事情的来龙去脉打听清楚了，他告诉于阗王的使者，说这匹宝马必须要巫师亲自来牵才行。巫师自恃有于阗王保护，汉朝使者不敢把他怎么样，就亲自去牵马，不料班超胆识过人，立刻将巫师杀死了，并且将巫师的头割下来派人送给于阗王。于阗王也知道班超在楼兰杀死匈奴使者的事情，这次又亲眼见班超杀伐果断，心中对汉朝产生了畏惧，于是就派人杀死了匈奴使者，与汉朝结成了同盟。

班超有勇有谋，除了杀匈奴使者外，面对各国国王他也是舌灿莲花。西域各国国王都十分佩服他，愿意与汉朝结成同盟抗击匈奴。汉朝没有派给班超一兵一卒，就靠着西域各国凑起来的士兵，班超就多次击败匈奴。反匈奴联盟最多的时候有50多个国家联合，让丝绸之路畅通无阻。汉朝为了嘉奖班超，封他为定远侯。

班超经营西域31年，他手中从不像一个将军一样有大量的士兵。但是，他南征北战，鲜有败绩。这不仅是因为他有高超的军事才能，更是因为他精通国与国之间的外交政治，很识大体。汉朝皇帝曾派一名叫李邑的官员护送乌孙使者回国，行至于阗时，龟兹与疏勒两国交战，李邑害怕，不敢冒着风险穿过去。为了找个回国的借口，他给皇帝写了一封信，信中污蔑班超想要在西域做土皇帝，班超在西域的众多功绩也是自说自话，夸大其词，劝皇帝不要经营西域。幸好皇帝对班超十分了解，他斥责了李邑，并叫他立刻去班超那里听从差遣。班超的手下得知了这件事情，愤愤不平，不少人想要杀李邑泄愤。班超经营西域多年，险些因为一个懦夫的一张嘴就将功劳全部抹杀。班超没有为难李邑，叫他护送乌孙使者回长安。班超大度地告诉愤愤不平的部下们，做人要对得起自己的良心，要对得起国家的信任，切记不可因私仇而废国事。

班超直到70多岁时，才写信跟皇帝说，希望能够死在中原，死在自己的家乡。皇帝答应了他的请求，班超于一年后，拖着病弱不堪的身体回到了阔别已久的洛阳。没过多久，班超就去世了。

隋唐对西域的管理

大定元年（公元 581 年），杨坚建立了隋朝，八年后，隋朝消灭了魏晋南北朝时期最后一个分裂势力陈，统一了中原地区，但却未能完整的统一西域地区。尽管如此，隋朝还是在西域地区建立了管理机构，这些管理机构为后来唐朝能够统一西域奠定了坚实的基础。

魏晋南北朝时期，活动于西伯利亚地区的一支古老民族柔然中，发生了剧变。他们部族中负责锻铁的奴隶发动了起义。领导这次起义的是新任酋长阿史那土门，他带领奴隶们打败了柔然，彻底摆脱了柔然的控制。552 年，阿史那土门创建了突厥汗国，并自称伊利可汗。583 年，内部分裂让这个强大的国家分裂成为东突厥汗国和西突厥汗国。

西突厥汗国当时非常强盛，所控制地区远远超过了当年的匈奴势力。605 年，隋炀帝继位后，如何恢复对西域的管辖成为了当时隋朝的主要任务之一。隋炀帝主要采取了五项措施，这五项措施分别从军事、经济、政治、外交等方面着手，积极恢复对西域的控制。

一，知己知彼，百战不殆。尽管隋炀帝想要尽快恢复对西域的管辖，但他没有贸然动手。他先是派出裴矩去了解西域的情况。当时河西走廊的张掖成为了西域贸易的重要枢纽，几乎所有的西域商人都集中在这里。担任礼部侍郎的裴矩在武威、张掖地区负责与西域的互市。从西域商人的口中，裴矩了解了许多西域各国的情况，包括政治、经济、文化、地理、交通以及风土人情。裴矩还摸清了从敦煌到西域的三条通路，这三条主要用于商业的通道被裴矩记载在《西域图记》一书中，为隋炀帝制定西域战略提供了资料。

二，消灭鲜卑慕容氏所建立的吐谷浑国。608 年，隋炀帝联络中国北方的另一支游牧民族铁勒，共同击败了甘肃、青海一代的吐谷浑，并且在此设立了四个郡。这项举措彻底扫清了隋朝通往西域路上的障碍，从此西域对隋朝洞开了大门，隋朝取得了经营西域的权利。

三，设立伊吾郡，铺平通往西域的道路。隋朝击败吐谷浑后，在西域地区声威大震。隋炀帝西巡时亲自来到张掖地区，西域几十个国家的国王和使臣都前来朝拜。隋炀帝召开了一场盛大的宴会，接待了各国的国王和使臣。西域各国因为畏惧隋朝的强大，自愿将西域数千里的土地奉献给隋朝。隔年，在这片土地上，隋朝设立了伊吾郡，从此通往西域的道路一片坦途。

四，征服麴氏高昌。高昌国当时的统治者是麴伯雅，他曾跟着隋炀帝的队伍来到了隋朝的京师，隋炀帝还将华容公主许配给他。回国后，摄于隋朝的强大实力，麴伯雅命令国内改变服装颜色，以表示对隋朝的臣服。

五，设立西域校尉。裴矩在张掖活动时，有许多西域国家派出使臣表示与隋朝交好，但裴矩只是负责互市的官员。为了更好地与西域各国沟通，隋炀帝下令成立西域校尉，以负责接待西域各国的使臣。

隋朝的一系列措施打通了且末郡、鄯善郡和伊吾郡这条线路，为今后统治西域地区做好了铺垫。但是隋朝没多久就灭亡了，未能完成统一西域的大业。西域大部分地区，仍掌控在强大的西突厥国手中。

由于隋朝打下的基础，唐朝在西域问题上表现的更加强势。唐太宗继位不久，就开始推动统治西域的进程。630 年，唐朝就消灭了东突厥帝国，从此唐朝北方再无威胁，可以全神贯注地进行统一西域的行动。

640 年，唐朝消灭了臣服于隋朝的麴氏高昌，并设立了西州和庭州。同年，又仿照汉朝的管理方式，设立了安西都护府。647 年，唐朝夺取了龟兹地区，设龟兹都督府。隔年，唐朝已经完全掌握了天山南北的广大地区，将安西都护府迁移至龟兹。安西都护府的管辖地区也扩大到了龟兹、焉耆、于阗、疏勒四镇。702 年，唐朝又设立北庭都护府，在两大都护府管辖下，还有 40 余个都督府，唐朝在西域的管理体系得到了彻底的完善。

都护府是唐朝在西域地区最高的权力机关，无论军事还是行政，都有极高的自主权。在职能上，军事民事都有专门的负责机构。都护府主要的职责是安抚归附唐朝的大小部族，保持管辖地区内的社会稳定；对内考察官员，罪惩功赏，对外要抵御贼寇的劫掠。

隋唐时期建立的西域管理体系，完善程度远超汉朝时期。唐朝通过两大都护府和下属的各种机构，在西域形成了一套能够坚决贯彻中央政令的管理体制。在这里，唐朝政府不仅与西域各国有着经济上的往来，更是将在唐朝实行的均田制和租庸调在西域地区推广开来，在吐鲁番出土的文书中就说明了这一点。

在军事方面，唐朝的府兵制也成为了西域地区的标准制度，负责戍守西域边疆的不仅有从内地调来的兵将，更是有不少西域本地的民众。

在法律方面，西域地区也与内地保持了同样的流程。吐鲁番出土的一件文书，记载了一件有关借贷的民事诉讼案。原告从安西都护府提出诉讼，安西都护府则下放给高昌县审理，高昌县审理结束后，将案件相关资料上报给安西都护府。这件文书说明了，不仅是政治和军事方面，唐朝的法律在西域也得到了贯彻。

唐朝时期，西域文化与中原文化也因为西域的统一而得到了极好的融合。在西域地区，儒家思想十分盛行，不少西域的考古遗迹中都发现了儒家经典。佛教在西域也是传播极广，不少内地的僧人来到西域传播佛家思想，建立寺院，成为当地寺庙的住持。龟兹地区佛教最为盛行，因为龟兹是安西都护府的所在地，这里常年驻扎着大量军队，还有许多随军而来的家属和在此地做生意的商人。为了满足他们的精神需求，在龟兹有着大量为汉僧开凿的洞窟。洞窟中绘画着美丽的壁画，这些壁画都带有强烈的汉族绘画风格，因此被称为“汉风窟”。在音乐和舞蹈方面，唐朝内地受西域的影响较大，唐朝宫廷的十部乐中，《龟兹乐》《高昌乐》《疏勒乐》都是西域传来的。西域舞蹈在长安更是大行其道，从民间富商到唐朝宫廷，都可能看见西域舞蹈的影子。

隋唐经营西域 180 余年，在这段时间里，唐朝稳固了西北边防，使从中原地区到西域各国的道路畅通无阻，促进了民族融合，更促进了中原地区与西域地区的经济和文化交流。

第二章

帝国的贸易，千年前的丝绸出口

丝绸之路，是中国通往西方的交通要道，引起了历朝历代统治者的重视。它通向中亚、罗马、波斯、印度……它如何发展，如何维护？让我们以历史的眼光，看看丝绸贸易和丝绸之路的变迁与兴衰。

走过河西走廊

河西走廊，这个令人难以理解的名字描述了一片奇特的地区。这里自古以来就是兵家必争之地，这里水草丰美，无数的游牧民族在这里诞生、栖息、繁衍。这里承载着一段波澜壮阔的岁月。

要了解河西走廊的历史变迁，首先要从河西走廊是怎样形成的说起。在数亿年之前，欧亚板块因为印度次大陆板块的碰撞挤压而形成隆起，那就是我们今天所见的青藏高原。与青藏高原同时形成的，还有平均海拔高达 4000 米的祁连山。祁连山是一条弧形山脉，山脉的北侧就出现了一条狭长的走廊，这就是河西走廊。

河西走廊连通了青藏高原和蒙古高原，使黄土高原和塔里木盆地东西相接，是真正的咽喉要塞。想要从中原通往中亚、西亚，那么河西走廊就是最近的通路，而丝绸之路正是从这里穿过的。

春秋时期，羌族活跃在河西走廊一带。战国时，掌控这里的人又变成了新崛起的大月氏人，而乌孙国也在这里有一定的话语权。但是他们都是逐水草而居的游牧民族，并没有在这里建立过城邦。最开始在这里建城的，是秦汉时期崛起的匈奴人。匈奴人凭着自己强大的实力，在河西走廊修建了两座很大的城市，但其职能与现代意义上的城市相去甚远。

到了汉武帝时期，经过三代皇帝的休养生息，汉朝与匈奴的实力对比发生了巨大的变化，卫青、霍去病等大将率领军队千里奔袭，消灭了匈奴人的主力部队，河西走廊正式划入了汉朝的版图。武威、张掖、酒泉和敦煌四郡的设立，更是宣示了汉朝对河西走廊的主权。汉朝在这里屯田戍边，并利用匈奴早先的城池设置了35个县。此后近百年的时间里，河西走廊迎来了飞速的发展。“边域宴闭，牛马布野，三世无犬吠之警，黎庶亡干戈之役”，“商胡贩客，日款塞下，僧侣商贾，驰走不绝”，这些记载说明了当时的河西走廊不仅和平安定，百姓安居乐业，流动人口更是络绎不绝，俨然成为了当地的商业中心。

东汉初期，因为屯田戍边的需要，河西走廊地区出现了大量的移民。这些人从内地而来，并不适应游牧民族的生活，他们开垦田地，将河西走廊的主业由畜牧业变成了农业为主、畜牧业为辅的局面。这一时期河西走廊的人口数量大大增加，中央对河西走廊地区的管理也得到了增强。

东汉后期，群雄割据，硝烟四起。中原大地一片混乱，河西走廊也无法独善其身。不少城市因为割据战争而消亡，其他幸存的城市被各诸侯分割开来。但是武威、张掖、酒泉和敦煌依旧是河西走廊的中心，始终没有改变过。

魏晋时期，虽然中原战乱不止，但河西走廊却相对平静。在乱世中，这样的地区无疑是一片适合安居乐业的桃花源，大量饱受战乱之苦的流民涌入河西走廊。负责管理河西走廊地区的官员张轨为了安置大量流民，增加了新的郡县，并且减轻了他们的赋税。河西走廊的城市规模得到了进一步的扩张。

隋唐时期，河西走廊得到了进一步的发展。隋朝结束了魏晋南北朝的战乱，统一了中原地区。从此，中原到西部地区的通路被打通。隋炀帝西巡时，会见西域二十七国使者，使隋朝在西域的名望大大增加。隋炀帝又重新设置了酒泉、敦煌两郡，又新增了常乐郡。新的郡县的设置，意味着河西走廊再次回到中原政权的手中，但原本经营西域政治经济中心因此由武威变成了张掖。隋朝末年，张轨在武威自立为王，建国大凉。这使刚刚打通的丝绸之路再次被封锁，河西走廊的发展也受到了阻碍。

公元 618 年，唐朝取隋而代之，成为了中国历史上可以说是最强盛统一的封建王朝，河西走廊被划在大唐的疆域之内。唐朝为了巩固对河西走廊地区的控制，设下了凉州、甘州、肃州、瓜州、沙洲，河西走廊地区迎来了前所未有的繁荣。

到了宋朝，河西走廊的情况又有所变化。不同于唐朝的强势，宋朝在外交上十分羸弱。党项族在西北崛起，不仅控制了黄河东部地区，建立了西夏国，更是将河西走廊完全控制了。西夏对河西走廊也是非常重视的，在河西走廊设立了十二监军司，整个地区实行军事化统治。畜牧业重新成为河西走廊的主要产业，宋朝每年都要从河西走廊进口大量的战马。不过从长远角度来说，这种军事化管理和以畜牧业为主的情况，对于河西走廊的发展并不是什么好事，甚至在一定程度上使正常的发展产生停滞。

13 世纪初期，河西走廊这块战略要地被成吉思汗看中了。他先是率军攻破了沙洲、肃州、甘州、凉州，随后更是彻底消灭了西夏，将河西走廊变成了蒙古南下进攻大宋的重要根据地和补给点。蒙古统一全国后，设立行省制，新设立的甘肃省就是以河西走廊为统治中心的。忽必烈与其他游牧民族的统治者不同，他明白河西走廊只有畜牧业是不行的。于是他在河西走廊地区兴修兴利，促进农业发展，百姓安居乐业，河西走廊地区的人口飞速增加。后来又数次调遣士兵到甘州屯田，河西走廊的农业以张掖为中心、呈辐射状快速发展。而畜牧业和商业也非常发达，设立了大量毛皮市场、牛马市场和骆驼市场。

明代初期，河西走廊再次涌入大量移民。这些移民主要负责在此开垦田地，当地驻扎的士兵家属也在河西走廊安家落户。明代，江南地区已经出现了资本主义萌芽。受其影响，明代的商品经济尤为发达。河西走廊的甘州地区成为了全国最大的毛皮产地和毛皮商品集散地，整个明朝乃至西域各国的商人都千里迢迢前来采购，商业让河西走廊地区焕发出了前所未有的光彩。

清朝时期，河西走廊迎来了持续的发展，但河西走廊的经济政治中心却开始转移。清政府在河西走廊地区设立了甘肃布政司，布政司衙门就建立在兰州，兰州开始成为新的河西走廊经济政治中心。雍正八年，为了讨伐在新疆境内活动的准格尔蒙古军队，在甘州、凉州、肃州等地进行了大规模的屯田，以用来解决军粮问题。政府拿出上千万两白银，雇佣当地农民开垦荒地，兴修水利。河西走廊地区又迎来了一次新的发展高潮。

清朝末期到中华民国时期，由于中国成为了世界列强的殖民地，无暇发展河西走廊地区，进行了闭关政策。丝绸之路就这样被封锁了，河西走廊地区的发展就此停止。

从汉武帝从匈奴人手中夺得河西走廊开始，河西走廊就在中原文明的影响下得到了长足的发展。得天独厚的地理位置让它成为了经济贸易的中心和兵家必争之地，但也因此经历了战乱和落没。从河西走廊的发展历程我们不难看到，游牧的生产方式对经济的长足发展并没有好处，传统的农耕业则让河西走廊地区真正形成了城市。

如今，河西走廊已经成为了旅游观光的圣地。这里山河依旧，但岁月在它身上留下了不可磨灭的痕迹，历史给了它深沉厚重的气质。这里悠久的历史和独特的风土人情吸引着来自全世界的游客，不久的将来，河西走廊必定会恢复昔日的荣光。

中亚，复杂的地区

早在公元前6—4世纪，我国的丝绸就已经输出到了海外，就连欧洲的遗迹中都能找到中国丝绸的影子。然而，通往欧洲地区的丝绸之路，就是那条从长安出发，穿过中亚草原的那条丝绸之路。

中亚地区民族众多，且大多是全民皆兵的游牧民族。这就导致了该地区始终处在混乱当中，国与国的外交关系也是非常的复杂。丝绸之路是连接中原地区与中亚游牧民族的重要通路，不管是与中原文明交好的民族还是向匈奴这种与中原文明敌对的民族，都与来自中原的商人进行过贸易。除了张骞开凿的那条通往西域的丝绸之路外，草原上的丝绸之路也是由来已久，甚至早在张骞出使西域之前，就已经将丝绸送入了中亚地区。

在汉朝时期，哪怕是与匈奴势如水火，但汉朝依旧将大量的丝绸贩卖给匈奴贵族。中亚地区除了匈奴外，还有与汉朝结盟共同抵抗匈奴的乌孙国。为了避开乌孙，匈奴人想要进行丝绸贸易只能穿过漠北王庭，翻过阿尔泰山。随着汉朝的逐渐强大，匈奴被赶出了河西走廊，呼韩邪单于更是投降了汉朝。居住在阴山一代的匈奴人，开始向西迁徙。这一部分匈奴人尽管依旧与汉朝为敌，但却始终没有放弃丝绸生意的巨大利润。乌孙地区无法穿越，他们只能穿过大草原。这条通路在后汉时期，匈奴与西域其他国家进行丝绸交易时也派上了用场。

魏晋南北朝时，中原大地陷入了长期的战乱中，但不论是魏还是晋，在身为北方统治者时始终没有放松对西域的掌控，在西域设置的西域长史就是在西域的最高长官。此时北方草原的控制者已经不再是匈奴，在这片草原上，柔然、鲜卑和高车等游牧民族不停地发生战争，草原上的丝绸之路阻碍重重，并充满危险。塔里木盆地的丝绸之路已经有了更大的发展，养蚕技术在西域得到了长足的进步，甚至出现了不少西域风格的丝绸制品。隋唐时期，塔里木盆地的丝绸之路发展更进一步，进入西域各国的丝绸和质量都已经达到了历史巅峰。

在塔里木盆地的丝绸之路形势一片大好时，草原上的丝绸之路依旧有着存在的必要性，这主要是由中亚地区的情况所决定的。公元 6 世纪中叶到公元 8 世纪中叶，这 200 年的时间里，中亚地区最活跃的是突厥人和回纥人。突厥的活动地区主要是在漠北和中亚草原地带，控制着连通唐朝、印度、波斯和东罗马帝国的交通要道。唐朝想要将丝绸从长安运送到西方各大国，就必须经过这条通路，这里也就成为了丝绸贸易的重要中转站。

在突厥之后崛起的是回纥，回纥族并没有向突厥人一样给丝绸之路带来阻碍，反而为唐朝的统一大业提供了帮助。正是因为这层关系，回纥从唐朝手中得到的丝绸远胜于其他国家，并且利用这些丝绸让草原上的丝绸之路迎来了一个黄金时代。从公元 8 世纪中叶到 9 世纪中叶，回纥人控制着草原上的丝绸贸易，足有百年。后来吐蕃占领了塔里木盆地和帕米尔高原，塔里木的丝绸之路就被切断了。回纥族与中亚地区的粟特商人开始频繁往来于漠北王庭、伊犁以及碎叶之间，于是沿途就形成了北庭、伊犁和碎叶三个集中的丝绸贩卖中心。

中亚地区的粟特商人经营丝绸也有着悠久的历史，但尽管他们是优秀的商人，却也无法将丝绸贸易完全掌控在自己手中。自从张骞出使西域后，丝绸已经成为了西域人民十分珍视的宝物，不少国家以穿丝绸为贵族的象征。丝绸背后的巨额利润驱动着每一个擅长经商的民族，于是，垄断经营成了他们共同的目标。

安息人、大月氏、粟特人在经商上都是一把好手，因此他们之间的竞争也是异常激烈。特别是安息人，为了垄断丝绸贸易，千方百计的阻挠汉朝与罗马帝国（古称大秦）的来往。汉朝数次派出使臣想要接触罗马，但都被安息破坏了。后汉时，班超派遣甘英出使大秦，行至波斯湾，遭到了安息人的欺骗，最终也没有到达罗马帝国。安息人为了垄断丝绸贸易编造了无数的谎言，就是因为丝绸贸易背后的巨大利润。

有垄断自然就有反垄断，事实上中亚地区的反垄断战争一直是声势浩大、异常激烈的。波斯国地处欧亚大陆的中心地带，想要将中亚的丝绸运往西方，那么最近的道路就是通过波斯。对于这条从长安到波斯的丝绸之路，东方和西方的国家都虎视眈眈。为了争夺这条通路，甚至发生过数次战争，公元 2 世纪，安息帝国就和罗马帝国有着长期的战争。

欧洲与亚洲之间的贸易总是存在着阻碍，东罗马人也曾试图从安息帝国的北部绕过里海，直达中国，但是草原上的游牧民族并不是那么好说话，各民族之间交战不停，所以这条道路始终没有被开辟。东罗马人为了获得丝绸，甚至自己开发了养蚕技术。在公元 5 世纪中叶，东罗马帝国还向突厥使臣展示过他们的养蚕技术。

粟特民族自古以来就以商业为主要谋生手段，不管是陆路还是草原，到处都能发现他们的足迹，他们是丝绸之路上一支重要的商队。西突厥占领中亚地区后，专门经营丝绸生意的粟特人开始以巨大的利益诱惑西突厥的统治者经营丝绸业。随后，为了打开销路，西突厥派遣康居使臣前往波斯，希望能够得到在波斯经营丝绸生意的经营权。波斯的统治者毫不留情地拒绝了这个建议，并且将作为贡品的丝绸全部烧毁。波斯统治者表示，绝对不会购买从突厥而来的丝织品。

从波斯进入欧洲的路走不通，粟特商人只好再次向西突厥的可汗提出建议，可以前往东罗马，从东罗马进行丝绸贸易。可汗再次派遣使者，从东亚穿过高加索山脉向西前进。抵达东罗马后，使节说服了东罗马与突厥进行丝绸贸易，东罗马也派遣了使者进行回访。几次以后，双方终于达成了协议。突厥不仅与东罗马达成了丝绸贸易的协议，更怂恿东罗马出兵攻打波斯，如果东罗马击败了波斯，那么亚欧大陆的门户将成为突厥与东罗马直接进行丝绸贸易的重要通路，突厥也将成功垄断丝绸贸易。从此，东罗马与波斯开始了 20 年的大战。波斯帝国国力强盛，在东罗马与突厥的两面夹击之下，依旧立于不败之地。最终，突厥军队因为气候的原因退出了这场战争，而波斯也与东罗马达成了和平协议。

中亚地区的复杂情况不仅是民族众多的原因，更是与丝绸贸易息息相关。虽然养蚕技术并不是什么不可破解的秘密，但只有中原地带出产的丝绸才是最好的。为了垄断丝绸贸易，中亚地区陷入了更大的混乱之中。这就是金钱的力量，但也是丝绸的魅力所在。

去往印度的通路

印度是一个历史悠久的古国，而我国与印度在很久以前就有着贸易往来，文化与艺术的交流也是络绎不绝，印度的佛教至今仍给中国带来深远的影响。承载着两国交流的那条通路，就是南方丝绸之路了，但这条路的历史真实性，却始终存在着一些疑点。下面，我们就来看看通往印度的这条南方丝绸之路是否存在，而丝绸之路时期的印度又经历着怎样的历史变迁。

在张骞首次出使西域，历经 13 年，终于回到汉朝时，张骞向汉武帝报告了一件事情，那就是在大夏国的集市上，他看见有人在贩卖蜀锦。当地人告诉张骞，这些蜀锦是大夏商人从身毒国（即印度）带来的。张骞由此断定，身毒国距离四川一定不远。回到汉朝不久，汉武帝就再次派遣张骞向西南地区进发，希望能够打通前往身毒国的商路。可惜来到云南境内，他们没有取得当地居民的信任，因而西南商路没有被打通。

西藏地区始终与印度有着密切的联系，这条丝绸之路一直到唐朝才正式地被政府掌控在手中，因为要从长安出发，穿过吐蕃，所以这条路也称为吐蕃路。

吐蕃人是今天我们的藏族同胞，而吐蕃也就是我们今天所说的西藏地区。根据史书记载，吐蕃一直是西羌的属国，一直到了唐代，吐蕃才开始频繁的与中原文明来往。在贸易往来和文化交流的影响下，吐蕃的社会也开始逐渐发达起来。贞观十五年，唐太宗将文成公主嫁给了吐蕃王松赞干布，由江夏王李道宗护送。松赞干布亲自前来迎接，看见唐朝使臣穿的服装十分华丽，于是也开始学起唐朝人的衣着打扮。从此以后，丝绸等中原制品开始在吐蕃贵族中盛行起来。随后，吐蕃还派出不少贵族家的子弟，前往唐朝留学。

唐高宗时期，文成公主又请求唐朝政府派遣养蚕种桑、造酒、造纸等方面的工匠前来吐蕃，唐高宗答应了。文成公主将工匠引入吐蕃，不仅让当时的吐蕃社会更加进步，更是令中原文化在吐蕃深入人心。至今西藏人民仍记得文成公主的贡献，青海、西藏等地区至今仍能找到文成公主的雕像，西藏地区也流传着许多关于文成公主的美丽传说。

唐中宗时期，唐朝政府又将金城公主嫁到吐蕃。金城公主的嫁妆十分丰厚，不仅有数万匹丝、绸、锦、缎，还有来自各行各业的能工巧匠。这使得中原文化大量输入吐蕃，唐中宗也表示，自文成公主嫁入吐蕃后，吐蕃的社会已经发生了许多改变。如今，西藏有些地区的人民还将耕地用的犁叫作“金城公主”，可见金城公主对吐蕃的影响之深。

从长安出发，途经青海，进入西藏，主要有两条路，一条是文成公主进入西藏所走的道路，另一条是从青海湖的吐谷浑首都，向南翻过昆仑山，最终到达西藏。西藏也是重要的交通枢纽，想要从中原地区到达南亚各国，西藏是一条必经之路。

唐代高僧义净曾写下一本《大唐西域求法高僧传》，在书中首次提出吐蕃路的概念。关于吐蕃到印度的丝绸之路，从该书中可以看出几个重要情况。高僧义净在书中记载的高僧多达 56 人，其中 30 余人走的是海路，剩下的20余人是从吐蕃路前往印度的。第二点，书中记载，贞观时期，玄照禅师曾前往大兴善寺玄证禅师处学习梵语，随后便踏上了西行之路。一路历经艰险，终于进入了吐蕃境内，在文成公主的帮助下前往了印度。玄照回国时，路经尼泊尔，在尼泊尔国王的帮助下，回到了吐蕃。再次见到文成公主，文成公主赠给他不少盘缠，他才顺利的回到了长安。

除了高僧前往西藏拜佛求经外，唐朝使节出使印度，同样是经过吐蕃路的。法国学者曾将汉朝使节王玄策、李义表等人的经历搜集成册，其中记载了王玄策数次出使印度都是从吐蕃路经过的。贞观二十二年，王玄策出使印度时，正巧遇到摩揭陀国王去世，为了争夺权势，发生了内乱。王玄策向周边国家征求援助，四周的国家纷纷出兵救援，王玄策组织他们击败了叛乱的军队。由此可知，唐朝政府与前往印度路上的国家交往甚密。

唐朝与印度的来往毋庸置疑，两国之间除了僧人间的文化交流和使节的政治交流外，还有技术交流。对后世影响颇深的甘蔗熬糖法就是经由吐蕃路传到唐朝的。

相对于证据确凿的吐蕃路，南方丝绸之路的存在则显得不那么明显。尽管有不少资料证明南方丝绸之路从公元前2世纪到公元7世纪一直在使用。公元1世纪，根据两名印度僧人的记载，他们沿着伊洛瓦底江向上，曾到达过云南。公元7世纪开始，南方丝绸之路有了详细的记载，《新唐书》中记载了从大理到南部各国之间的距离。

罗马，永恒之城

罗马帝国，曾是一个强盛无比的国家，在世界的历史上留下了浓墨重彩的一笔。罗马帝国，更是连接长安的丝绸之路的终点。在那个年代，世界上最强盛的国家莫过于东方的唐朝和西方的罗马，两个国家的接触是具有划时代意义的，而促成这一重大事件的重要因素，就是丝绸。

在我们的祖先首次接触到罗马帝国的信息时，他们为这个同样强大的国家取了“大秦”这样一个无比中国风的名字，原因是“其人民皆长在平正，有类中国，故谓之大秦”。面对罗马时，“非我族类，其心必异”的祖训被抛在脑后，由此可见，我们的祖先对于罗马是抱着极好的印象的。对于我们的祖先来说，他们并没有亲身见过罗马，那么罗马究竟是什么样子的？罗马人又真的与中国人相似吗？就让我们回到那个年代，在历史的见证下认识那个辉煌一时的罗马帝国。

罗马究竟是怎样诞生的，相对于事实记载，它的传说更加深入人心。在遥远的地方，有一个名叫阿尔巴的国家，国王努米尔有个漂亮的女儿西尔维娅。国王的弟弟阿穆利乌斯是个野心家，一直觊觎着国王的位置。终于有一天，时机成熟了，他将自己的哥哥赶下王位，并且逼迫哥哥的女儿西尔维娅做一辈子守贞的女祭司，这样国王就不再有血脉流传，他的王位也可以千秋万代。阿穆利乌斯没有想到的是，西尔维娅与战神马耳丝相爱了，他们生下了一对双胞胎。阿穆利乌斯十分愤怒，下令将西尔维娅处死，将双胞胎抛进台伯河以绝后患。

执行这项任务的人不忍心对两个可爱的小生命下手，但他也没有胆量违背国王的命令。于是他将双胞胎放进一只摇篮，将摇篮轻轻地放入河里，让他们漂流而去。一只失去了孩子的母狼救起了双胞胎兄弟，用自己的奶水哺育他们，直到一个牧羊人发现这两个孩子。牧羊人将孩子带回了家，分别给他们取名为罗穆卢斯和瑞摩斯。双胞胎兄弟长大后，杀死了阿穆利乌斯，夺回了属于外祖父的王位，并且回到台伯河边，在他们获救的地方建造了罗马城。

不论传说如何，罗马人始终是在台伯河边崛起的，尽管崛起的时间并不算太早。公元前 100 年，罗马才出现了第一位皇帝——奥古斯都。他是一位精明而伟大的君王，用封建帝制取代了上一个文明希腊使用的共和制。奥古斯都掌握了前所未有的巨大权力，他开始大兴土木，将罗马城建设得宏伟豪华，并且要求其他城市也像罗马城一样，以展示罗马帝国是有多么的富强和繁荣。

罗马人尚武，喜欢观看斗兽和角斗。他们充满了艺术天赋，精美的绘画与雕塑在城市中随处可见。他们热爱科学，在公元前 1 世纪就已经发明出了许多精密的医学仪器和手术工具。这样的一个民族，怎么可能不热爱丝绸这种优雅而美丽的纺织品呢？

距离罗马城 240 公里，有着罗马帝国另外一座富饶而美丽的城市——庞贝。庞贝城始建于公元前 6 世纪，是除了罗马城外的帝国第一大城。这座城市依山傍水，西接西西里岛，南通罗马与北非，让这座城市成为了文化与经济交流的重要枢纽。庞贝城内不仅建有辉煌壮观的太阳神庙、巨大的斗兽场这种上层人士热衷的地方，也有公共澡堂和小市场等普通市民喜爱的场所。就是这样一座宝贵的城市，毁灭于公元79年维苏威火山大爆发。

由于火山灰掩埋了这座城市，所以城市中大部分物体都保存得十分完好。考古学家在庞贝城一件普通的房屋中，发现了一尊印度女神拉克丝密的雕像。雕像本身并不罕见，但在遥远的庞贝城里发现了这样一尊雕像，难道不是那个时候东西方有着经济贸易和文化交流的重要依据吗？

事实上，不仅是在庞贝城，在北欧的丹麦地区也发现了印度佛像。而在印度东海岸，考古学家也挖掘出了一个罗马商铺的遗址，并从中出土了大量的罗马货币。由此可知，罗马与印度的交往十分密切，那么罗马与中国的贸易又是怎样的？也有如此多的文化交流吗？

丝绸和佛像不同，难以在2000多年以后依旧保存完整，所以在罗马并没有出土中国的丝绸。但是，许多研究者认为庞贝古城那些保存完好的壁画上，那些天使、英雄和王公贵族所穿的长袍极有可能是丝绸制成的。

早在罗马出现之前，中国的丝绸已经沿着丝绸之路通过中亚与波斯，最终运达希腊。到了罗马帝国时期，丝绸成了千金难求的宝物，上至君王，下至富商，无一不用穿着丝绸制品以显示他们高贵的身份，这让罗马人开始疯狂地追求起中国丝绸来。古罗马市场上，丝绸曾被抬高至12两黄金一磅的高价，这甚至迫使元老院颁布法令，禁止人们穿丝质服装，因为这将使罗马帝国的黄金大量外流。

日本，生产丝绸的丝绸进口大国

日本，自古以来都是作为中原政权的属国存在的，据说是秦朝时期出海寻找仙药的徐福，将文明与先进的技术带到了日本。其中，就包括了种桑养蚕的技术。自古以来，日本就有自己生产丝绸的能力，由于他们的技术得自中原，所以纺织出的丝绸与中原地区相比也只是略微逊色。尽管如此，日本到了明清时期，仍大量从中原地区进口丝绸。

从公元 1419 年到公元 1547 年，这其间日本派遣勘合船前往明朝 17 次之多。这些勘合船将日本的特产运送到中原，又将以丝绸和书籍为主的大量商品带回日本。明朝也经常派使者前往日本，不过明朝使者前往日本时多数是带着“天朝上国”的派头而来，每次都携带大量的礼物，其中多数是以丝绸为主。明朝此举不只是从外交的角度来考虑问题，更是进行着一种“贡赐”的特殊贸易方式。在“贡赐”贸易中，明朝数次赐给日本大量的丝织品，直到发生“宗设之乱”后，两国之间特殊的贸易往来开始名存实亡，最终停止。

“宗设之乱”其实就是一场日本大名之间争夺与明朝贸易权的战争。在明朝时期，日本的政治局势发生了巨大的变化，原本号令天下的将军开始逐渐失去权势，甚至完全沦为傀儡。日本国内群雄割据，战乱四起，许多权臣争权夺势，而与明朝的“贡赐”可以说是一笔人人都想要的巨大财富。

在明朝时期第八次的“贡赐”贸易中，日本的使团派出了3艘船，这3艘船都是日本的武士大名的，代表着将军的彻底失势。3艘船中有2艘是大内氏的，1艘是细川氏的。细川氏的大名觉得自己只派出了一艘船，获得的利益很有可能要少于大内氏，于是就偷偷地派汉人宋素卿乘一艘快船，希望能够抢先到达大明。宋素卿于1509年11月抵达北京，因为国书在使团手中，所以用千两黄金贿赂了宫中的太监刘理，刘理收了钱，在皇上面前说了不少好话，所以皇帝不仅没有追究国书的问题，反而对宋素卿大加赏赐。

第八次赴明贸易中，尽管最终大内氏还是取得了优势，但细川氏悄悄派出宋素卿前往明朝的事情引起了大内氏的不满。在组建第九次贸易团的时候，大内氏决定自己派出三艘船，以宗设谦道为首，前往大明。细川氏得知大内氏组织商团以后，马上又派出宋素卿乘一艘船，快速前往大明。不过这一次是大内氏先到一步。大内氏先到达了宁波港口，但几艘船还没有经过明朝的检查，所以等到宋素卿抵达时，双方一同开始了检查。

检查至双方的文书证明时，发现双方都有，但是却有新旧的区别，宗设谦道和宋素卿为谁真谁假产生了激烈的争执。不管怎么样，宋素卿都比宗设谦道更有门路，他熟练地找到了太监赖恩，于是很快就比宗设谦道的船先进港口区了。市舶司设宴款待两个使团，但将细川氏的使团领袖安排在了比大内氏使团更重要的位置，引起了大内氏使团的不满。双方在日本国内早已积怨已久，这一次矛盾被彻底激化，双方在宁波展开了一场大战。

大内氏派来明朝的商人里，有许多曾经做过海盗，宴会结束后，宗设谦道马上取出他们的武器，率领部下进攻细川氏所居住的嘉宾堂中。细川氏因为缺少武器，被打了个措手不及，死伤数人。宋素卿侥幸逃脱，在明朝士兵的保护下幸免于难。宗设谦道见宋素卿被明朝士兵带走，马上率人进行追击，他们烧毁了宋素卿的船，然后一直追到绍兴城下。但见绍兴戒备森严，只好返回宁波。他们一路之上烧杀抢掠，杀死明朝士兵、官员数名，最后乘船向日本逃窜。不料，宗设谦道的船在海上遭遇了风浪，被吹到了朝鲜地界，被当地守军诛杀大半，剩下的人被俘虏后送回了明朝。

这件事情发生以后，明朝与日本之间的关系降到了冰点，除了貌合神离的官方贸易外，明朝政府下令严禁民间与日本等国发生贸易往来，尤其是牲畜、军需品、铁、铜钱、丝织品等商品，更是加强了控制力度。

丝绸也在禁止卖给日本的商品名单中，但是高额的利润引诱着商人们铤而走险，两国开始了频繁的走私贸易。

日本平户时期，将来自中原地区和东南亚地区的船只称为唐船。嘉庆之前，唐船和西方国家的货物充斥着日本的日常生活，各国商人在日本的港口云集，一时之间日本的土界港成为了有名的商业城市。每年，中原地区的商人都将大量的丝织品运到日本，而西方国家也运来了大量的白丝，导致丝绸价格疯狂下跌。

明末清初，沿海依旧有许多人从事丝绸走私。根据史料记载，当时台湾的郑成功交付几个商人大量的银两，命他们在苏杭等地购买丝织品。一部分交给郑成功，而另一部分则直接运到日本进行贩售，然后将本钱和利息交给郑成功。在郑成功的保驾护航之下，这些商人的生意越做越大。公元 1661 年，浙江查获走私船 1 艘，船上有 30 余人，其中商人多达 6 人。这些人在苏杭采购了大量丝织品，可见当时尽管严令禁止，但民间丝绸贸易依旧非常兴盛。

从明朝到清朝，中原输入到日本的生丝数量越来越多，有日本学者统计，26 年间增长了三倍左右。出现这种情况的原因是明朝中后期，有许多葡萄牙人通过澳门中转，将大量的生丝运送到日本。而到了清朝时期，葡萄牙人和荷兰人相继退出了生丝贸易，能为日本提供生丝的主要还是中原地区。

随着时代的发展，闭关锁国的清朝逐渐落后于被欧美列强轰开大门的日本。尤其在甲午海战以后，就连刚愎自用的清政府都认识到，日本这个弹丸小国已经更先进了。所以两国不仅贸易往来更加频繁，甚至还派出了大量留学生前往日本，开始了一场东渡热潮。

当时有不少有识之士大力支持东渡日本留学，湖广总督张之洞说："出洋一年，胜读西书五书。入外国学堂一年，胜中国学堂三年。"并且他还表示，出国留学的话，东洋要比西洋强。

张之洞的话虽然不是很客观，但从他的角度出发，确实是如此。他坚决支持留学生前往东洋留学，也有不少官员站在了他这一边。在这种情况下，清政府制定了规定，其中一条就是在日本大学、中学毕业的学生，通过考试后，可以授予进士、举人的身份。

对于清政府向日本派遣留学生的事情，日本是非常欢迎的。这些留学生为日本增加了许多收入，甚至因此展开了一场开办学校的热潮。像日华学堂、成城学堂、弘武学院都是当时开办的，而一些知名的大学，如政法大学和早稻田大学，也特意为中国留学生开了新的部门。

清政府第一批赴日留学生是在1896年挑选完毕，当时仅有13个人。10年以后，中国赴日的留学生猛增到了8300多人。这个数字达到了一个巅峰，随后开始逐渐减少。最主要的原因是日本的政策，从官方的角度来看，日本发布了"取缔留学生规制"，而私底下中国的留学生也是倍受歧视，不少中国学生因此放弃了留学日本的打算。这时候清政府也开始慎重选择留学生的人选，所以到了1909年的时候，留学生已经降低到了5000人，

1911 年武昌起义后，就只有区区的 1000 人。

中日的友好交流随着中日战争的爆发而结束，东渡日本的留学生们为中国的软弱落后而悲哀，这对推翻清朝统治起到了巨大的作用。

东南亚，源远流长的中国文化圈

中国是世界四大古国之一，古代中国不管是在经济还是文化上，都对世界有着重要的影响力。周边的一些国家都受到了中国文化的影响，尤其是东南亚地区的老挝、越南、柬埔寨、菲律宾、缅甸、泰国等国家。

随着航海技术和造船技术的进步，海上丝绸之路被开辟了出来，无论是下西洋还是去东洋，都要经过东南亚地区，就是在这一时期，中国将丝绸传入了东南亚各国。尽管丝绸早在商周时期就已经出现了，并且沿着丝绸之路传遍了亚欧大陆，但对于东南亚的人们来说，是如此的新奇。随着海上丝绸之路，与丝绸一起传入东南亚各国的还有中国的文化。

中国文化对于越南的影响最早可追溯到 2000 多年以前，越南的东山地区就出土过许多带有中国秦汉时期风格的青铜器。另一个证明中国文化对越南产生影响的是，宋朝时期在越南找到了失传已久的“黄帝炎”曲谱，这说明了中国的乐器在汉代时期就已经传入越南了。中国的《东周列国志》《水浒传》《三国演义》等小说在越南也是家喻户晓，中国的许多名医，如张仲景、孙思邈、扁鹊等人都在越南被当作医神崇拜。

中国与柬埔寨的交往也是由来已久，最早的记载是在三国时期。中国元朝时期，中国著名的旅行家周达观曾来到柬埔寨考察，柬埔寨当时被称为真腊，所以他著作的游记叫作《真腊风土记》。书中记载了荔枝是如何传入中国的，柬埔寨人将播种荔枝种子的山称为“中国荔枝山”。

中国与老挝的交往也有着悠久的历史，中国的民间故事在老挝流传，中国的手工作坊在老挝蓬勃发展，甚至有许多中国人来到老挝，跟这里的人们共同开发老挝。

中国与缅甸最早的交往是在东汉时期，缅甸国王听说汉朝的富饶而强大，因此三次派出使者前往汉朝朝拜皇帝，并且将缅甸独特的音乐带到了汉朝。三国时期，蜀国丞相诸葛亮七擒孟获，平定了云南。随后，中原地区的先进生产技术便传入了云南，又从云南传入了缅甸。缅甸人对于诸葛亮特别崇拜，在缅甸境内有数座武侯庙。

中国和泰国的文化交流与和老挝的交流时间差不多，中国的建筑工艺最早传入了泰国。根据史料记载，泰国国王建设王宫的建筑材料就是从中国进口的，并且在建筑时仿造了中国的式样，就连上面贴着的对联，使用的都是中文。《三国演义》等知名小说也是很早就传入了泰国，并且被翻译成泰文广泛发行。

中国与菲律宾、印尼等国家也是交往已久，在古代，中原地区就有大量的移民迁往那些国家，和当地人民共同开拓土地。相传这些迁到菲律宾、印尼的人，是黄巢起义时的起义军，起义失败后才逃到了这里。他们来到这里不仅为这片土地注入了活力，更是将纺织丝绸的技术带到了这里。至今印尼历史学家都承认，他们祖先养蚕种桑的技术是从中国传来的。

中国明朝时期，航海技术和造船技术得到了长足的发展，与东南亚国家的联系更加密切。从明朝直到民国时期，东南亚诸国曾派出使节访问中国 90 余次。这些记录证明了东南亚各国与中国的交往非常频繁，这一期间中国的文化对东南亚的文化造成了巨大的影响。

海上丝绸之路的开辟与繁荣对于东南亚地区的人民产生了巨大而深远的影响，甚至直接对古代东南亚社会的发展进程引起了重大改变。

从社会经济的发展和人民的生活来看，大量的商品涌入了东南亚地区，改变了当地人民的生活。元代时期通过泉州销售到海外各国的产品多达 100 多种，其中包括丝绸、陶瓷、金属器皿、作物、粮食等。在这些产品中，又以丝绸和瓷器数量最多。元代时期，泉州是最大的港口，从泉州销往世界各地的产品，其中有许多是销往东南亚的。中国的产品在当时代表着更好的审美观，更先进的生产水平，所以深受东南亚地区人民的欢迎。

海上的贸易从经济上还促进东南亚地区的对外贸易发展，不少小渔村因为发展对外贸易而繁荣起来，随着各地商人的不停涌入，各种商品的不断流入，这些小渔村变成了繁华的大城市，人口也从几十人变成了几万人。马六甲地区就是因为贸易往来而繁荣起来的代表。15 世纪时期，马六甲还是个只有 30 多个人的小村，100 年以后，马六甲已经有 10 万人了，成为了当地最繁荣的都市，在人山人海的市场之上，一天能听到的语言有 70—80 种之多。

各类生产技术的传入也推动了东南亚国家农业和手工业的发展，进入东南亚地区，不仅有中国人，还有印度人和阿拉伯人，各国的生产技术纷纷传入东南亚。东南亚地区的养蚕种桑、纺织丝绸、陶瓷制造、茶叶种植、造纸印刷等技术都是从中国传入的，这些技术丰富了东南亚地区人民的生活，促进了他们的手工业发展。这些技术也从东南亚传到了其他国家，例如养蚕纺纱的技术从东南亚地区传入了荷兰等国家，这些国家也是大力发展手工业，并且开始贩卖丝绸，成为了中国的竞争对手。

海上丝绸之路的开辟将中国的文化传播到了东南亚地区，形成了一个中国文化圈。通过商品交换的发展，各国的移民大量涌入东南亚地区，中国、印度和阿拉伯的文化都传入了东南亚地区，将东南亚地区的社会发展进程推上了一个新高度。

第三章

沿途见闻，东西方文明在对话

一条丝路，不仅是贸易的纽带，更是文化的桥梁。2000多年前，东西方文明就已经在丝路上接轨。外来作物、佛教、舞蹈、美术、音乐的传入，四大发明的输出，促进了东西方国家的发展。丝绸之路，它究竟带来过什么？

以葡萄为代表，外来的作物

“葡萄美酒夜光杯，欲饮琵琶马上催。醉卧沙场君莫笑，古来征战几人回。”葡萄传入我国已久，在古代就已经有了不少关于葡萄的记载。葡萄有着许多作用，不管是酿酒还是食用，都是难得的美味。但其实葡萄并不是我国土生土长的作物，它是沿丝绸之路带来的外来作物。与葡萄一起被丝绸之路带来的作物还有很多，如果没有丝绸之路，至少我们在饮食方面会单调许多，这并不是危言耸听。那么，究竟有哪些我们经常吃的食物是“外来户”呢?

葡萄是一种十分古老的水果，学者认为早在23000万年前到6700万年前就已经有类似葡萄的作物了。在张骞出使西域归来时，将葡萄带回了汉朝。根据《史记·大宛列传》记载，大宛国一直使用葡萄酿酒的，人们喜欢喝酒，而马喜欢吃苜蓿。汉朝的使节带回了葡萄和苜蓿的种子，将其种植在了肥沃的土地上。但关于葡萄，也有着另外的记载。有的学者认为早在周朝，我国已经开始培育葡萄了，这种说法缺少有力的资料证明。

葡萄是丰收的象征，与葡萄拥有共同象征意义的还有石榴，石榴同样也是从丝绸之路传入中国的外来作物。史书上记载，石榴主要产自安石国，也有说法说是产自石国。安石国就是安息，安息帝国兴盛之时国土面积十分强大，国土横跨如今的伊朗至阿富汗一带。石榴树上有许多树瘤，所以选择榴字作为名字。

新疆曾是葡萄的重要产地，因为独特的气候条件，新疆的葡萄特别美味，而新疆的葡萄干也是当地特产，销往全国各地。除了葡萄，新疆还是哈密瓜的主要产地，与今日不同，在古代，哈密瓜可是只有贵族才有资格享用的水果。哈密瓜进入我国时间较晚，一直到了宋朝时期才有明确的文献记载。但根据其产地，毋庸置疑是从丝绸之路传来的。当时，哈密瓜是作为朝廷的贡品，因为运输的路途遥远，哈密瓜又不好保存，所以只有少量的哈密瓜能够安然无恙地送到朝廷。这少量的哈密瓜，除了皇帝自己享用的外，还会赏赐给重要的大臣，只有深得皇帝宠信的，才能分到一整个，少数人只能得到半个或者四分之一个。

除了以上几种水果外，还有许多其他的作物都来自丝绸之路。包括出产于印度的红兰花，来自大宛的酒杯藤，来自大宛的芝麻，来自波斯的胡桃。不少中外史学家都认为，这些外来作物都是张骞出使西域带回来的，然而并不是。《史记·大宛列传》中只提到张骞将葡萄和苜蓿带回了中国，但张骞出使西域的凿空之旅，对丝绸之路的开辟有着非常重大的作用，尽管将这些外来作物带回中原的不是他，但依旧与他有着重大关系。

这些外来作物对当时人民的生活有着巨大的改变与影响，这些新作物的作用并不只是体现在作为食物上，其中许多都有着难以替代的作用。葡萄就不用说了，除了食用外，酿酒也是很好的材料。石榴相比葡萄有着更加多的用处，可以食用，也可以造酒，更可以入药、杀虫。胡桃可以食用，也可以用来榨油，芝麻更是制作食用油很好的材料。

总而言之，这些新品种的作物进入中国，对农业、畜牧业、制造业甚至医药行业都有着巨大的影响。

敢于引入外来作物，并且能够让这些作物为本国发展做出贡献，这也是我国古代人民的智慧。不少国家都曾引入外来物种，但失败的例子不在少数。往往这些外来物种不仅没有被良好地利用，甚至对生态环境造成了极大的破坏。美国东方学家劳费尔说："中国人的经济政策有着十分长远的眼光，他们将外国植物纳为己用，甚至完全将它们融入到自己完整的农业系统当中，这令我非常的敬佩。中国人是善于思考、通晓事理、心胸宽广的民族，乐于接受外人所提供的好的事物。在植物经济方面，中国人一直在世界上名列前茅。在宇宙中任何有用的作物，在中国都有栽培，这就是中国的独到之处。"

丝绸之路除了将西方各国的植物引入中国，还将中国的植物品种传播到西方各国，比如中国的梨和桃。在公元前 1—2 世纪，中国的桃种已经传入波斯，又从波斯传入亚美尼亚、希腊等国。到了公元 1 世纪，桃种已经进入了罗马，罗马学者称其为波斯树。中国桃种也很早传入了印度，玄奘法师所著的《大唐西域记》中曾记录了中国的桃和梨传入印度的情况。被罗马学者称为亚美尼亚树的杏树也来自中国，与桃同期进入罗马。

除了水果，中国的许多药材也受到了西方国家的喜爱。比如肉桂、生姜、黄连等。肉桂被波斯人称为"达秦尼"，阿拉伯人则将其称为"达锡尼"，两者都是"支那树"的意思。大黄与黄连，阿拉伯史学家认为是由中国传入的，特别是大黄，马可·波罗详细记载了肃州地区大黄产量极多，各国商人都前往肃州地区购买大黄，然后又贩卖到世界各地。在西方国家，玫瑰花象征着爱情，这种说法在现代才传入中国，但实际上，玫瑰是从中国传到西方的。

丝绸之路的开辟促进了东西方的交流，大大丰富了世界各国人民的生活。如果没有丝绸之路，我们就只有走遍世界才能发现如此之多的作物，我们的生活也将变得单调许多。

水晶和彩石，西方的珍宝

“丝绸之路”这个名字是由德国地理学家李希霍芬提出的，顾名思义，这条道路主要是用来进行丝绸贸易。但经过史学家的考证，这条商路并非一开始就是做丝绸贸易的，更早的时候，这条路主要是用来贩卖玉石的。

西方人将这条商路命名为丝绸之路，这并不难理解，通过这条路，大量的丝绸从东方涌入了西方。但是反过来，这条路从西方带回了什么呢？许许多多的物品不可一一尽数，但玉石也是极其重要的贸易品。中国人喜欢玉石、水晶、宝石等器物，但相比中原地区来说，西域的新疆等地才是出产美玉的地点，玉门关正是因为西域的玉石由此关进入中原而得名。不仅是西域的玉石，其他通过丝绸之路进入中国的奇珍异宝也是很多的，比如产自罗马的珊瑚、水银、琥珀；产自中亚的玛瑙、砗磲（大型贝类动物的甲壳）、水晶、琅玕（一种类似玉的美石）等物品；产自南亚和印度的金钢、玳瑁、苏合（苏合树分泌的树脂，有着活血化瘀的功效）、熏陆（熏陆香，一种名贵香料，可入药）、郁金香等物品。这些东西不仅美丽漂亮，而且身价不菲。除此之外，还有一样海外来的珍宝，给我国人民的生活造成了巨大变化，也促进了我国陶瓷事业更进一步的发展，那就是玻璃和琉璃。

玻璃最早是由埃及人发明的，根据目前的考古资料，埃及人在公元前 12 世纪就已经掌握了制造玻璃和琉璃的方法。随后，制造玻璃和琉璃的方法又被腓尼基人学会了，并在叙利亚发扬光大，叙利亚当时成为了全世界制造玻璃与琉璃的中心。东罗马帝国时期，君士坦丁堡的玻璃和琉璃制造业也非常发达。11—12 世纪，意大利的威尼斯人将君士坦丁堡制造玻璃的方法推广到了欧洲。从此，玻璃在欧洲风靡一时，并且成为了寻常百姓家中常见的物品。

最早进入我国的玻璃就是从东罗马帝国传入的，那是我国还处在南北朝时期，人们从未见过如此美丽的事物，玻璃对当时人们的冲击力远超真正的宝石水晶，一时之间被引为奇珍，价值连城。《太平御览》中就对其有所描述："大秦有五色颇黎（玻璃），红色最贵。"《旧唐书》中也有所记载："贞观十七年，拂菻王波多力遣使献赤玻璃。"《新唐书》中对玻璃也有类似的记载。众所周知，玻璃作为一种人造物品，价值并不高，但是唐朝人并没有掌握制造玻璃的技术，于是就成为了价值连城的宝贝，甚至一面普通的玻璃镜，都能卖上百万贯钱。

琉璃是汉朝传入我国的，当时琉璃主要是作为装饰品使用，常见的有琉璃珠、琉璃器皿和琉璃瓦。《三国志》中记载："大秦出赤、白、黑、黄、青、绿、绀、缥、红、紫十种琉璃。"与玻璃不同，北魏时期中国就已经有了制造琉璃的技术，这奢极一时的装饰品就被拉下了神坛，走入寻常百姓人家。

除了玻璃和琉璃之外，真正的珠宝也大量地传入了我国。张骞出使西域，开辟了丝绸之路，而中亚、西亚许多镶嵌着宝石的装饰品也传入了中国，并且影响着中国的传统珠宝文化。尽管已经有资料证明了彩色珠宝通过丝绸之路传入了中国，但事实往往比资料更能说明情况。在丝绸之路东段，甘肃和新疆等地，出土了大量镶嵌珠宝的文物。东汉刘恭墓就出土了许多有着浓重中亚风格的饰品，这些饰品上镶嵌着青金石、绿松石和珊瑚。古代青金石的产地主要是阿富汗地区，这无疑说明这些物品的来源是中亚地区。

北方丝绸之路和附近的汉代墓葬中，出土了许多琥珀。这些琥珀产自波罗的海，沿着北方丝绸之路传入。魏晋南北朝时期的墓葬中出土的饰物更加丰富多彩，不仅有青金石、绿松石，还有红宝石和碧玺。这些饰品工艺先进，上面的雕刻带有中西亚风格。

隋唐时期是古代中国最为强盛的王朝，也是世界上最富强的国家。这一时期的对外政策十分开明，许多国家的商人都前来进行贸易，可谓是万国来朝。在这一时期，同样出土了大量镶嵌着珠宝的饰品，这些饰品不少都来自印度。除了饰品外，唐代的两个墓葬中还出土了两枚印章，这两枚印章上雕刻着巴列维语，这说明唐朝与波斯也有着密切的往来。法门寺、何家村窖藏中出土了许多彩色宝石，一同出土的还有琉璃器皿、波斯银币、东罗马金币。我国虽然有彩色宝石的矿藏，但在唐朝时期并没有大量开采。所以，这些物品来自波斯、阿拉伯等地区的可能性更大。

到了宋朝时期，珠宝成为了宋朝大量进口的商品，除此之外，外国使节更是将宝石作为进贡宋朝的贡品。但尽管如此，宋朝时期出土的文物，珠宝与玉器并不常见。学者认为南宋、北宋时期，与游牧民族的长期战争，可能是墓葬中珠宝玉器比较少见的原因。

蒙古政权对于宝石的热爱丝毫不逊色于其他政权，元朝时期，王公贵族们对珠宝的追求更胜于昔，他们不仅在饰品上镶嵌珠宝，甚至衣帽、鞋子上都要镶嵌珠宝。正是因为元朝统治者对于珠宝的热爱，西域的珠宝源源不断地流入中原地带。陶宗仪所著的《南村辍耕录》中记载了这样一件事情：一位回族富商将一块重达一两三钱的“红刺”（即红宝石）卖给了当地官员，元成宗十分喜爱，于是将这块“红刺”镶嵌在了自己的帽子上，每逢节日或隆重场合才戴，可见元朝统治者对于珠宝的喜爱是多么深厚。

中国使用彩色宝石的巅峰时期在明代，现今出土的明代墓葬中，带有彩色宝石的物品数目极多，远远超过了之前的各个朝代。明代皇陵定陵出土了 248 件首饰，其中镶嵌的宝石多达 587 颗，珍珠 305 颗。藩王陵梁庄王墓中出土金、银、玉等名贵器皿 1400 多件，珠宝首饰 3400 多件，镶嵌的宝石多达 700 多颗。宝石在明朝不仅使用数量增加，而且宝石的地位也在增加。明朝后期，许多需要镶嵌玉石的传统礼制物品开始转而用宝石来代替，比如明代人成亲女子多戴有凤冠霞帔。

古代人喜欢佩戴玉制品，认为君子如玉，玉代表了谦虚温和的品质。但随着宝石进入中国，这种传统观念遭受了重大的冲击。宝石是美丽的，而人们对宝石的热爱也代表了人们对美丽的追求。这种追求不仅影响官员富商，更是将珠宝文化深入了中国社会中。

琵琶，并不是中国乐器

沿着丝绸之路传入中国的，除了美食、珍宝之外，还有数不尽的文化与艺术。如果说画作与书法因为文化限制没有办法达成共识，那么音乐却是无国界、雅俗共赏的艺术形式。通过丝绸之路，西域的乐器和音乐大量的传入中国，对中国古代的音乐发展起到了巨大的影响，并且丰富了人民的业余生活。

早在张骞打通了西域通道的时候，外国的乐曲就随之传入了中国。《晋书·乐志》中记载："张博望入西域……惟得摩柯兜勒一曲。"摩柯兜勒曲是天竺乐曲，先传到了中亚，然后才从中亚进入中国。书中还记载："李延年因胡曲更造新声二十八解。乘舆以为武乐。"说明中国人民不仅接受了外来的音乐，更在外来音乐的启发之下创作出了新的音乐。

中亚地区知名的布哈拉音乐，也在后魏时期传入了中国，印度歌曲在前凉时期传入了中国，撒马尔罕乐曲在武后时传入了中国。到了隋唐时期，官方设置的十部乐中的安国乐、康国乐和天竺乐也都是从丝绸之路传来的。唐朝天宝十三年，在综合了天竺音乐和中国音乐的优点后，举世闻名的《霓裳羽衣曲》问世了。宋朝词牌名《苏幕遮》，就是外来乐曲《苏摩遮》的一种变化。根据学者考证，《苏摩遮曲》是从波斯传来，是波斯人祭祀"苏摩”神时的乐曲。

不仅仅是乐曲，我国古代许多知名的音乐家也与中亚地区息息相关，许多人都是从中亚而来，或者是中亚人的后裔。北齐时期著名音乐家曹妙达、安马驹和安来弱就都有着中亚背景。唐朝时期著名乐工白明达、石宝山，琵琶艺术家康昆仑、米嘉荣，琵琶能手曹保、曹善才、曹纲，都是中亚人的后裔。其中康昆仑在当时更是家喻户晓的大明星，而名士刘禹锡也曾为米嘉荣作诗。《乐府杂录》中曾记载：“长安街东，有康昆仑，琵琶号第一手。”王建的《凉州行》的两句，“城头山鸡鸣角角，洛阳家家学胡乐”，更是反映了当时来自中亚地区的音乐颇受广大人民的喜爱，这种热情促使着他们去学习中亚音乐。

无形的音乐能够广受人民好评，那么有型的乐器就更加受人民的追捧了。许多乐器早早就传入了中国，在短时间内就得到了认可，并且被改造成中国固有的乐器，还为之创造了不朽的名曲。

提到我国琵琶名曲《十面埋伏》可谓是无人不知，无人不晓，甚至可以说是我国的十大名曲之一。作为我国古代的主要乐器，琵琶对古代的歌舞艺术起到的作用可以说是非常重大，从宫廷乐队到歌姬弹唱，哪里都能看见琵琶的影子。在敦煌的壁画和云冈石窟的雕刻中，都能见到这种乐器的影子。著名词人白居易还著有一篇《琵琶行》，其中用优美的语言描述了琵琶的声音：“大弦嘈嘈如急雨，小弦切切如私语。嘈嘈切切错杂弹，大珠小珠落玉盘。”琵琶在我国的音乐史上留下了浓重的一笔，至今仍有深远的影响，但是琵琶却不是我国土生土长的乐器。

在南北朝时期，琵琶通过丝绸之路传入了我国。因为是从波斯传来，所以当时称为“胡琵琶”。中国现代的琵琶与“胡琵琶”不尽相同，是经过数次改良演变而来的。在琵琶的故乡波斯，琵琶被称为巴尔巴特琴，在波斯也是十分流行的乐器，至今仍深受当地居民的喜爱。

相对于琵琶的人尽皆知，另一种从波斯传入我国的乐器就没有那么高的知名度了，这种乐器优雅、浪漫、空灵，就像一个婉约的女子一般精致，这种乐器就是箜篌。中国古代也有箜篌，不过不似后来的箜篌一般竖立放置，而是卧放的。为了区别两种箜篌的不同，波斯引入我国的箜篌被称为“胡箜篌”或“竖箜篌”。箜篌与竖琴有着异曲同工之妙，是一种优雅而美丽的乐器。可惜的是因为古代箜篌鲜有保存至今仍十分完好的，所以人们更多认识箜篌只能出自古代流传至今的资料中了。

如果说箜篌是“阳春白雪”，那么唢呐就是不折不扣的“下里巴人”了，“阳春白雪”得到的是文人雅士和王公贵族的喜爱，“下里巴人”则得到了更多普通大众的欢迎。唢呐至今仍是我国民间常见的乐器，与锣鼓一起演奏时，气氛欢腾、热烈，常见于婚丧嫁娶、迎神祭祀等场合，使用范围极其广泛。有些地方戏曲中，也有唢呐的一席之地。

在古代，唢呐的运用并不是在民间，更多的是在军营当中。唢呐制造的气氛可以很好地烘托雄伟、壮阔的场面，用来提升士气再好不过了。

“下里巴人”的唢呐已经在中国民间牢牢扎根，不少人都觉得这是中国土生土长的乐器，但其实，唢呐是从阿拉伯等国家，沿丝绸之路传入的。最早是在元朝时期传入，到了明朝开始有着广泛的运用。明朝时期的记载更多是描述唢呐在军乐中的运用。

丝绸之路连通了东方和西方，在文化与艺术的交流当中，无国界的音乐起到了举足轻重的作用，使中西方的文化交流变得更加便利。至今，丝绸之路仍是一条文化艺术交流的重要走廊，不仅是在中国，在丝绸之路沿途各国家、各民族的艺术与生活中，都可以看见丝绸之路带来的影响。

旋转的热情，他们跳的舞

西域的舞蹈与中原的舞蹈可谓是大不相同，中原的舞蹈优雅含蓄，而西域的舞蹈则热情大方。两种不同的风格的舞蹈碰撞在一起，激起的火花可谓是优美壮丽。但是西域的舞蹈传入中原的原由却令人难以置信，最早西域的舞蹈传入中原是因为马。

大宛国生产汗血宝马，当汉武帝从张骞口中得知这件事情的时候，不顾一切地发动远征。尽管战争让汉朝付出了无数的代价，但最终汉武帝的目标达成了，成批的大宛马被送入了汉朝，而随之一起传入的还有游牧民族高超的马上技巧、胡人骑马所穿的衣服，还有波罗戏、白马舞、马舞等附加品。

波罗戏是一种在马上击球的游戏，起源于波斯，这种游戏在大宛国十分流行。唐代的杜环在《经行记》中记载："国土有波罗林，林下有球场。"当波罗戏传入中国后，上至帝王将相，下到贩夫走卒，都迷上了这项运动。

白马舞和马舞也深受欢迎，汉朝将白马舞进行了本土化，将白马舞改成了"青骢白马舞"，此舞由 16 个人一起表演，伴奏的乐曲分为 8 段。马舞与白马舞虽然名字只差一字，但表现方式却截然相反。白马舞是一种舞蹈，而马舞则更像是一种杂技。马舞，顾名思义是马在跳舞。由专业人员精心饲养的马可以随着音乐翩翩起舞，做出各种动作。曹操的儿子曹植曾得到过一匹大宛良马，他将这匹马献给了曹丕，并且写了一份《献文帝马表》。《献文帝马表》中提到："臣于先武皇帝世，得大宛紫硁马一匹，形法应图，善持头尾，教令习拜，今辄已能。又能行与鼓节相应。谋以表奉献。"这匹马不仅可以跟随鼓点行走，更能够跟随节奏向人行礼跪拜，可见这匹马已经被训练得十分聪明，不仅通音律，更懂人性。马舞传入中原后，在汉代与唐代最为风靡，并且成为了宴席上经常用来取悦客人的表演艺术。

汉乐府中的康国乐、石国乐和安国乐实质上不仅是乐曲，更是美丽的舞蹈，是从西羌传来的。最早传入中国的，是并没有载入史册的康国胡旋舞、石国胡腾舞和安国的柘枝舞。这三种舞蹈是随着丝绸之路的开拓和汉朝与羌族的战争而传入中国的，目前只有通过唐诗中的描述才能得知这究竟是一种怎样的舞蹈。康居、安国、石国都是丝绸之路上的重镇，康居更是连通欧亚草原的重要地带。这里战争频发，这里的舞蹈就是由出征的战士们带回中原，成为广受汉唐人欢迎的舞蹈。

在汉朝过后，魏晋南北朝时期，胡舞更是大批的进入中原，酷爱胡舞的东汉灵帝就是将胡舞推广的重要人物。《后汉书》中云："灵帝好胡服、胡帐、胡床、胡坐、胡饭、胡箜篌、胡笛、胡舞，京都贵戚皆竞为之。"

除了传入的西域舞蹈外，本地的舞蹈也广受西域文化的影响。汉朝的对外开放政策导致了大量西方歌舞沿丝绸之路涌入汉朝，民间乐舞得到了巨大的发展空间。外来舞蹈传入，受到影响最深的是楚乐舞，由于西汉采用了董仲舒"罢黜百家，独尊儒术"的政策，儒学成为了当时的主流思想，而西汉也在宫廷中按照周朝的礼制设置了八种宫廷雅乐舞。这八种雅乐舞主要是用于祭祀等正式场合，而私下充满浪漫气息的楚舞成为了汉朝乐舞的主导。

西域传来的乐舞充满动态美感，舞姿形态中的跳跃、腾踏动作展现出一种乐观、向上、开朗、朝气蓬勃的审美观。这种舞蹈与循规蹈矩的周朝礼乐有着极大的不同，也与最初传入的西域舞蹈风格并不一致。它代表了一种不受拘束的精神，代表着一种潇洒、浪漫、苍劲有力的动态美。

汉代乐舞不仅广受汉代宫廷喜爱，更是与人们的生活息息相关。汉代的石画上记载了许多与生活相关的画面，其中楚乐舞中的袖舞、巾舞、七盘舞、干舞、戚舞、建鼓舞、磐舞、相如舞等，都不留空白地展现了出来。

到了唐朝，西域传来的舞蹈发生了更大的变化，主要分为健舞和软舞两种，也可以说是武舞和文舞。所谓的武舞就是干舞和戚舞，舞蹈者手持干戚，衣着简短干练。文舞手持羽毛，衣着宽大。而健舞中最受欢迎的就是从西羌传入的胡旋舞、胡腾舞和柘枝舞。

根据《唐书》记载，在开元、天宝年间，康、米、史、俱密等国家将擅长胡旋舞的女艺人当作贡品献与唐朝。唐朝著名诗人白居易就著有《胡旋女》的诗歌："胡旋女，胡旋女。心应弦，手应鼓。弦鼓一声双袖举。回雪飘飖转蓬舞。左旋右转不知疲，千匝万周无已时。人间物类无可比，奔车轮缓旋风迟。"

胡腾舞同样受到了广泛的关注，诗人李端也作了一首名为《胡腾儿》的诗歌："桐布轻衫前后卷，葡萄长带一边垂。帐前跪作本音语，拾襟搅袖为君舞。安西旧牧收泪看，洛下词人抄曲与。扬眉动目踏花毡，红汗交流珠帽偏。醉却东倾又西倒，双靴柔弱满灯前。环行急蹴皆应节，反手叉腰如却月。丝桐忽奏一曲终，呜呜画角城头发。"

关于柘枝舞，有诗人刘禹锡所做的《和乐天柘枝》作为描写："鼓摧残拍腰身软，汗透罗衣雨点花。"沈亚之也在《柘枝赋》中写道："鹜游思之情香兮，注光波于秾睇。"可见此舞蹈动作优美，舞者姿态表情都十分动人。

随着丝绸之路的开辟，亚洲各地的舞蹈源源不断的输入中国。可惜的是其中大部分并没有被完整地记载下来，就与中国固有舞蹈融为一体，从此以后便不为人知。从丝绸之路传入中原地区，一路之上的少数民族地区广受西域舞蹈影响，产生了多种多样的舞蹈形式。

宗教，外国人信奉什么？

宗教作为人类发展史上重要的文化组成部分，无论是起源还是传播都具有重大的意义。在丝绸之路上，宗教同样是文化传播中的重要内容。通过丝绸之路传入我国的宗教主要来自印度和西亚地区，其中有佛教、袄教、景教和摩尼教。佛教是世界三大宗教之一，对于佛教就不在此赘述了。

袄教，又称为波斯教、火袄教或者拜火教，武侠小说《倚天屠龙记》中的明教就是根据此教进行创作的。袄教的创始人名叫琐罗亚斯德，出生于伊朗东部。袄教崇拜火焰、太阳、月亮等天体。袄教在成立后，便开始迅速向东方传播。先是随着丝绸之路传入中亚地区，随后又传入了新疆，然后到了中原。袄教在南北朝时期备受推崇，在隋唐时期也非常兴盛。在北齐时，朝廷还专门设置了管理袄教的官员，这一行为也受到了隋唐两朝的效仿。

北齐时期管理袄教的官员叫作萨甫，隋朝叫萨保，唐朝则叫萨宝。不难看出这个官职名称是由音译得来，有学者认为这是回鹘语中商队首领的意思，也有人认为这应该是叙利亚文中长老的意思。唐朝规定，这个官职必须是由胡人担任，长安出土的《米萨保墓志》中提到：“公讳萨保，米国人也……”可见，担任萨保一职的是一个中亚人。

祆教在唐朝时期最为盛行，长安、洛阳这样的大城市中都建有祆教祠。到了会昌五年，唐武宗崇尚道教，发动了毁佛运动，下令大肆拆毁佛寺。在这次运动中，祆教作为外来宗教同样受到了打击，从此沉寂了下来。

景教脱胎于基督教，但与基督教有着很大的不同。景教教徒不崇拜圣母玛利亚，甚至不用神像。教士之间等级森严，并且对于不同的等级有着不同的要求。例如景教的普通人员是可以结婚生子的，但是主教以上三级则不能。景教诞生于叙利亚，从基督教中独立后，一直处于被基督教打压、排斥的状态。为了得到发展，景教信徒在波斯集会，并定下了向东方传播教义的计划。

贞观九年，景教教士阿罗本来到长安传教，贞观十二年在义宁坊建了大秦寺。在公元 1623 年，长安发掘出了一块唐代设立的《大秦景教流行中国碑》，这是研究景教在中国情况十分珍贵的资料。这块碑上的装饰充满了基督教风格，两边雕刻着双翼天使，正中间是一块十字纹。碑下面记录着人命、职位和立碑的年份。根据碑文记载，贞观九年阿罗本从大秦来到长安传教，刚刚来到长安就受到了唐朝的热烈欢迎，宰相房玄龄亲自迎接。贞观十二年，建大秦寺，有僧人 21 位。唐高宗时期，在全国各地兴建景教寺庙，阿罗本受封镇国大法王。在圣历、先天年间，佛教崛起，景教开始没落，幸亏有多名西方传教士共同维持。到了唐肃宗，景教再度流行起来，景教寺庙也增加了不少。唐德宗时期，传教士伊斯从大秦来到中国，大将军郭子仪对此人分外赏识，于是景教的传播畅通无阻。景教教徒怀着感激之心，立下了这块石碑。

根据碑文的记载，贞观九年景教进入中国，在唐高宗和唐肃宗发展至顶峰。唐肃宗时期，全国上下遍布景教寺庙，信徒也是人数众多。与祆教同样，到了唐武宗时期，毁佛运动开展，外来宗教受到了影响，景教也被禁止了。大量的寺庙被毁，信徒也流失殆尽，只有少部分人还坚持信仰景教。

景教在中国的流行程度远超祆教，景教的经典被译成汉文广泛传播。根据《三威蒙度赞》后所附的经文所说，大秦景教的经文典籍有530部之多，其中译成中文的有30余部。到了清朝光绪末年，英国人斯坦因和法国人伯希和从敦煌盗走了许多经文书卷，其中就包含了景教经典的5部，这也是现存最完好、最重要的景教文献资料。

摩尼教是在祆教、景教之后传入中国的，是一个非常年轻的宗教。在公元3世纪左右，波斯人摩尼创立了摩尼教，摩尼集合了祆教、景教和佛教等宗教的教义，宣传善恶二元论，将善与恶用光明和黑暗来比喻，突出了两者的对立。摩尼教的创始人摩尼被波斯王巴拉一世公开处死，但摩尼教却没有受到毁灭性的打击，反而在北非、南欧、亚洲等地区传播广泛。

摩尼教于公元7世纪末传入中国，有《佛祖统记》记载："延载元年，波斯国人拂多延，持《二宗经》伪教来朝。"《二宗经》就是后来的《摩尼教经》，"拂多延"并不是人名，而是波斯语中"知晓教义者"的意思，就像"释迦牟尼"中"牟尼"是"智者"的意思一样。延载元年是摩尼教传入中国最早有记录的时候，但也有学者认为在南北朝时期，摩尼教就已经进入中国了。

摩尼教进入中国后，在回鹘地区广泛传播，回鹘族崛起后，摩尼教开始进入中原，流行了起来。在大历三年时，长安建立了摩尼教的寺庙——

大云光明寺。三年后，在扬州、荆州、洪州、越州等地都兴建了摩尼教的寺庙。元和二年，在回鹘的要求下，东都、太原地区也都兴建了摩尼教的寺庙。直到武总会昌三年，摩尼教于祆教、景教一样被禁止传播，但摩尼教在民间势力庞大，在地下进行秘密宣传。

由于宗教性质，祆教和景教与朝廷联系密切，而摩尼教主要走的是民间路线，摩尼教的理念也经常成为团结人民反抗统治者的重要工具。梁末帝贞明六年，摩尼教首领母乙聚众造反，自立为皇帝。当时统治者立刻派重兵镇压，经过长达三个月的时间，才将平叛成功。南宋时期，陆游对摩尼教进行了了解，认为摩尼教是一种对朝廷十分危险的教派，他将摩尼教比作汉朝的黄巾军、晋朝的孙恩，还有被平定不久的方腊。元明时期，摩尼教改名为明尊教，继续在民间活动。

丝绸之路连通东西，中国历史上与西方文明的思想碰撞大抵开始于此，并且互相激发、互相学习，从对方的文化体系中汲取本地文化发展所需要的东西。正是这种碰撞，让人类不断发展进步。

第四章

风尘仆仆，走在丝路上的人

风沙茫茫，驼铃声声，丝路之上，往来行人络绎不绝。赶路的商人，和亲的公主，远来的使者，取经的僧人，兴致勃勃的旅行家，冒险的考古学家……一路上留下了许许多多动人的故事。

细君公主，愿为黄鹄兮归故乡

和亲是汉朝、乃至后来中原统治者们为了与游牧民族搞好关系所经常采取的措施。不管文学作品将和亲这件事情表述得怎样优美，对那些远嫁的女子来说，和亲是一件非常残忍的事情。也有许多因和亲而名留青史的名字，如王昭君、文成公主等。她们都对中原政权与其他政权的友好交流起到了至关重要的作用，艺术家、文人也对她们的功绩大肆渲染。在这条丝绸之路上，对中西方交流做出巨大贡献的还有一位可怜的细君公主。

细君公主名叫刘细君，这位刘姓公主是名副其实的汉室宗亲，但却不是汉武帝刘彻的亲生女儿。她的父亲是江都王刘建，为人淫乱暴虐，并且曾企图谋反。结果谋反不成，东窗事发后自缢而亡，他的妻子也被同谋所杀。而当时的刘细君年纪还小，不可能是谋反的知情者，所以得到了赦免。她从小就生活在皇宫之中，头脑聪颖，在琴棋书画和吟诗作赋上的才华远高于其他的兄弟姐妹。

西汉元狩四年，张骞上奏，劝汉武帝联合乌孙国共抗匈奴，汉武帝应允，派遣张骞带领使者团和大批财物出使乌孙。乌孙一直是匈奴的属国，对匈奴十分畏惧，但看见汉朝使者带来的大批财物后，也不由得动了心，于是开始重视与汉朝的关系。乌孙王同意了与汉朝结盟，共同抵御匈奴，随即派出使者，带好彩礼，前往汉朝迎娶汉朝公主。而这位被汉武帝指派的公主，就是刘细君。

元封三年，汉武帝正式下诏书，将刘细君嫁与乌孙王。乌孙王此时已年事甚高，这一场婚姻注定是没有幸福的。但君命不可违，刘细君幽怨地踏上了前往“去长安八千九百里”的乌孙国，随行的还有数百人的队伍，其中宦官和工匠占了大部分。

出使汉朝求亲的使者早就将汉朝地大物博、财富力强的情报送回了乌孙国，因此细君公主到达乌孙国时也受到了极大的欢迎，并且马上被封为了“右夫人”，当地人更是赠与了她“柯木孜公主”的美誉，意为皮肤雪白美丽就像马奶酒一样的公主。

当匈奴得知这一情况后，马上也派出了一位单于的女儿，嫁给乌孙王，被封为了“左夫人”。乌孙距离汉朝甚远，又常年生活在匈奴的淫威之下，所以尽管与汉朝结为了兄弟之邦，但终究不敢轻举妄动，企图在匈奴与汉朝之间保持一个平衡。

细君公主此前一直生活在中原地带，过惯了富庶的生活，塞外的荒凉是她所不能适应的。不仅如此，她与丈夫语言不通，生活习惯更是截然不同，更别说身边还有一个比她更能讨好乌孙王的左夫人。但她也知道，自己嫁给乌孙王是身负重任的，所以她利用自己从汉朝带来的财物，上下疏通，为推动乌孙国出兵匈奴做了许多工作。

不知道是汉武帝心疼细君公主，还是因为细君公主还有任务没有完成，每年汉朝都会派使臣前来探望细君公主，并会带来汉朝的物产让细君公主一解思乡之苦。随细君公主出嫁的工匠还为她在乌孙国修建了一座汉式的宫殿。

细君公主的丈夫名叫猎骄靡，在乌孙国的历史上也算得上一位杰出的政治家。不过多么杰出的人物也难以抵挡生老病死，猎骄靡也明白这一点。他生怕自己一死，将来政治局势会令这位来自汉朝的公主遭遇不测，破坏乌孙国与汉朝的同盟关系。更何况，他与细君公主并无太深的感情，几乎每一两年才见上一次，见面时也因为语言不通，只能面面相觑、无话可说。于是，猎骄靡决定趁自己还活着，将细君公主嫁给自己的孙子，下一任乌孙王的继承人岑陬。岑陬与细君公主年龄相仿，或许在猎骄靡的眼中，细君公主和自己的孙子才更相配，但是在细君公主的眼中却并非如此。

细君公主知书达理，从小就接受了儒家思想的教育，将礼义廉耻牢记于心。乌孙国这种新王即位，同时也将旧王所有妻妾一同接收的行为令她不能接受。她上书汉武帝，表示自己不能接受乌孙国这种习俗，希望猎骄靡一死，就可以返回汉朝。和亲并不只是一场婚姻，在婚姻的背后最主要的是两国交好的政治目的。为了联合乌孙国打击匈奴，细君公主留在乌孙是势在必行的。汉武帝回信表示，既来之则安之，到了哪里就遵循哪里的风俗，这样才能达成联合乌孙抵御匈奴的目的。细君公主只好听从汉武帝的命令，嫁给了原本该叫她奶奶的岑陬。

两年后，猎骄靡去世，岑陬即位。细君公主为岑陬生下了一个女儿，取名为少夫。但产后没有多久，细君公主就离开了人世，此时她还不到25岁。

细君公主的一生十分短暂，但是却充满了传奇色彩，她不仅是一位为了汉朝与乌孙国之间的友好而牺牲的公主，更是一位才华横溢的女子。她被迫嫁给了年纪老迈的猎骄靡，生活在塞外这片她始终无法适应的环境，满腔悲愁寄于心中，写出了千古流传的《黄鹄歌》：“吾家嫁我兮天一方，远托异国兮乌孙王。穹庐为室兮旃为墙，以肉为食兮酪为浆。居常土思兮心内伤，愿为黄鹄兮归故乡！”

原本的藩国公主，到后来的罪臣之女，再到后来的皇室公主，最后又称为了乌孙王的夫人。刘细君短短的人生中有着大起大落的几番沉浮，其中有苦有乐，有笑有泪，遍尝人世间的酸甜苦辣。为了国家利益，为了民族大义，她的贡献与牺牲是不可忽视的，甚至可以说汉朝边疆数十年的稳定与她的付出是息息相关的。

玄奘法师，真实的西游记

《西游记》是我国古典四大名著之一，它的地位由一本禁书逐步变成大家喜闻乐见的故事，近年来改编的影视作品更是不计其数。西天取经的师徒四人形象各异，但每一个都会给人留下深刻的印象。其中，那个观众眼中老实懦弱的唐僧，在历史上是有真实形象的，那就是唐朝高僧玄奘法师。现实中的玄奘法师可不像文学与影视作品中描写的那样懦弱，而是一位勇敢的旅行家。

玄奘法师西行的故事家喻户晓，他的行动更是促进了亚洲东西方的交流，在佛学发展中有着崇高的地位。玄奘法师西行所走的路，就是丝绸之路。要说他为什么会踏上西行之路，那么就要从他的经历说起。

玄奘法师出生年缺少白纸黑字的记载，所以有着公元600年、公元

607年和公元596年三种说法。据称，他出生于河南，本名陈祎，是家中的三儿子。从小玄奘法师就对佛学有着浓厚的兴趣，这主要是受他二哥陈素的影响。陈素在玄奘法师很小的时候就出家了，法名长捷。玄奘法师于13岁时出家为僧，与长捷一起在洛阳净土寺学习佛经。玄奘法师学习佛经分外认真，达到了废寝忘食的地步。没多久，这位13岁的小沙弥就因为精通佛法而一鸣惊人。公元618年，唐朝建立，玄奘法师与长捷来到了长安。原本他只想要找个安定的地方学习佛经，但唐朝刚刚建立时，政局动荡，并不安定。于是，玄奘法师就南下去了四川成都。成都是当时佛教文化的中心之一，玄奘在成都刻苦学习佛经佛法，很快就能登上讲坛为其他人教授佛学了。成名以后，他又怀着普度众生的心态，四处游历，相继到荆州、赵州、相州等地讲学。公元627年，他才再次回到长安，此时他已名满天下，他渊博的佛学知识和惊人的口才早已在长安传开了。

20几岁的玄奘法师被人称为“佛教的千里马”，但在学习过程中他依旧有许多不能解决的问题。不仅有些经文解释不通，而经文之间还互相矛盾，这让他觉得有些无所适从。一天，他忽然想到，既然唐朝的经文不能解答他的疑惑，那他为什么不到佛教的发源地去寻找佛学经典为自己和唐朝的其他僧人答疑解惑呢？于是，他联合其他几名僧人上书朝廷，请求准许他们去西方求取真经。可惜，朝廷并没有批准他们的计划。

与玄奘法师联合上书的几名僧人，遇到挫折后都退缩了，只有玄奘法师没有放弃。既然政府不批准，那他就自己去，不管一路上有多少艰难险阻，他都不打算放弃自己的誓愿。公元629年，玄奘法师独自离开长安，踏上了西行之路。一路上风餐露宿，玄奘法师始终为了自己的信念而咬紧牙关坚持着。一直到了凉州，他的生活才开始好转。在凉州停留的时候，当地的僧人认出了玄奘法师，于是便要求他公开讲经，传播佛法。他在当地深受佛教弟子欢迎，甚至许多信仰佛教的外国商人也对他十分敬佩。当玄奘法师说出他要独自西行求取真经的时候，商人们更是佩服得无以复加。也幸亏这些商人将玄奘法师的事情传播到了西域各地，因此玄奘法师在西域各地都受到了当地商人的照顾。

唐朝刚建立不久，根基未稳，西域诸国更是需要警惕的对象。河西一代边防极严，百姓不能自由西行。玄奘法师在凉州暴露了身份，凉州都督李大亮听说了玄奘法师要去西域，并没有为他打开方便之门，反而强迫他回京师去。在当地慧威法师的帮助下，玄奘法师连夜出城，风餐露宿，一路狂奔到了瓜州。瓜州刺史独孤达是一位虔诚的佛教徒，他十分敬佩玄奘法师，不仅没有捉拿他，甚至还撕毁了凉州发来捉拿他的公文，并叫他赶快逃走。

玄奘法师出了玉门关后，一直孤身而行，直到碰见一位名叫石槃陀的少数民族僧人，两人结伴而行，也算有个照应。在出发前，石槃陀还找了一位当地的老人，这位老人有丰富的旅行经验，他为玄奘讲述了沿途的情况，并且在临行前向玄奘法师提出了换马的要求。老人对玄奘法师说，由此向西有大片的沙漠。我的老马来往伊吾十三次，已经认识路了，你我两人换马，可以将你安然无恙地送过沙漠。玄奘法师接受了老人的建议，骑上了老人的老马，与石槃陀一同西行。

西行的路没有坦途，一路上有数个唐朝哨卡。为了通过这些哨卡，玄奘法师可谓是本领尽出，但还是遇到了许多危险，有一次甚至差点被哨兵射死。翻越了关卡后，玄奘法师进入了茫茫的大漠，没多久，就在大漠中迷失了方向。在找不到水源的危险情况下，玄奘法师又丢失了随身携带的水囊，在这种情况下，绝无可能通过沙漠，玄奘法师只好返程。在回去的路上，玄奘法师反复思考，自己多年的梦想难道在这里就要放弃了？最终他还是决定继续西行，咬紧了牙关将自己的生命交给了这片难以捉摸的沙漠。在途中，玄奘法师曾五日滴水未进，奄奄一息。幸好他换乘了老人的老马，在最危机的时候，老马将他带到了一处水泉处，他这才捡回了性命。

穿越沙漠，玄奘法师到达了哈密。接着又穿过哈密，来到了高昌国。高昌国国王是虔诚的佛教徒，在内地商人不断的宣传下，他早就听闻了玄奘法师的大名。他殷勤地接待了玄奘法师，并且希望他能够留在高昌弘扬佛法。玄奘法师好不容易才穿越沙漠，怎么可能因为这种情况而止步呢?于是他开始绝食抗议，一直到绝食的第五天，高昌王才决定放行。临走时，高昌王赠送给他百两黄金，银钱三万，布匹500匹，马匹30匹，随从25人，又修书给沿途各地，命当地政府派人护送，还约了许多商人与玄奘法师同行。

看似西行之旅不再有危险了，但准备再充分，西域的环境还是危机四伏的，仅仅是穿越天山时，高昌王派来护送他的人就有三分之一冻饿而死了。穿越天山后，玄奘法师来到了西突厥可汗居住的素叶城。西突厥的统叶可汗热情地接待了玄奘法师，并且特意选派了懂得汉语的人护送玄奘法师西行。当时西突厥的势力很大，有西突厥的人护送，玄奘法师一路上的危险减少了很多，最终安然无恙地到达了印度。

到达印度后，玄奘法师开始游历、学习、参观和讲学，在印度一呆就是十几年。在这十几年中，他的足迹遍布印度各地，几乎到达了印度每一座知名的寺庙，阅读了大量的佛教藏书。印度当时最大的佛教寺庙是烂陀寺，寺中住持戒贤禅师已经一百多岁了，他对玄奘法师寄予厚望，并给与了许多帮助。等玄奘法师游历归来，戒贤禅师又让玄奘法师住持烂陀寺的佛学讲席。

印度当时宗教发展十分迅速，并且百家争鸣，互相竞争。有一次，一位婆罗门的教徒写了40条教义，挂在了烂陀寺的门前，扬言说只要有人能破其中一条，那么他愿意赌上自己的人头。数日内，烂陀寺作为最大的佛教寺庙居然没有一人敢出来应对。玄奘法师作为一个外来僧人，展开了与婆罗门教徒的辩论。一番激烈的辩证后，婆罗门教徒无言以对，不得不履行承诺，砍下自己的人头。就在他要动手之时，玄奘法师表示愿意放过他。

不仅佛教与其他宗教有争执，佛教内部不同的法门也有争执。一次，一位小乘教派的和尚写出了一部《破大乘论》，狂妄的叫嚣大乘学者绝不可能破其中任何一字。为此事，大乘佛教的僧人与小乘佛教的僧人进行了激烈而宏大的辩论。辩论会有18位国王参加，参与的僧侣多达6000人。玄奘法师以一个外来僧人的身份被推举为大会的主讲者。大会举行了18天，在这18天里玄奘法师将自己对大乘佛教的独到见解毫无保留地讲述给了在场的僧人，整整18天，居然无人敢上台反驳他。大会结束后，这位唐朝僧人名震印度，任何一个学派的人都对他佩服得五体投地。之后玄奘法师又参加了一次长达75天的“无遮大会”，与会人数高达50万，可以说是印度历史上规模最庞大的一次佛教盛会。

经历了这一切的玄奘法师，在印度可以说是功成名就。此时他离开唐朝居然已经有十多年了。于是，他决定返回唐朝。玄奘法师在印度的友人极力挽留，印度鸠摩罗王甚至表示，如果玄奘法师愿意留在印度，那么他将为玄奘法师建造一百座寺院。面对这巨大的诱惑，玄奘法师最终还是决定回到自己的祖国。公元643年，玄奘法师满载着印度的佛教经典踏上了回国的路程。一路历经千辛万苦，几次险些罹难，最终到达了唐朝附近的于阗。

此时此刻，玄奘法师突然想起，自己离开唐朝的时候并没有得到唐朝政府的批准，于是他给唐太宗写了一封信，说明了一切的经过。唐太宗的回信很简单，表示得知玄奘法师去西域求经归来，非常欣喜，并且决定派各地官员沿途护送。玄奘法师从唐太宗的回信中得到了鼓励，最终于公元645年顺利回到长安。

玄奘法师沿着丝绸之路离开唐朝，又从西域南边回国，历时十七年，跋涉五万余里，为中国与印度之间的友好交流起到了极大的促进作用。他将自己在沿途的见闻口述成《大唐西域记》一书，为当时了解丝绸之路上各地的情况提供了非常宝贵的资料。

马可·波罗，开启新时代的旅行家

马可·波罗是元朝时期最负盛名的外国旅行者。他在《马可·波罗游记》中所描述的东方世界，令西方国家激动不已，甚至可以说是《马可·波罗游记》刺激了海上新航路的开辟。不过大名鼎鼎的马可·波罗来到元朝，竟是一个意外。

马可·波罗出生于1254年的意大利水城威尼斯，父亲名叫尼古拉·波罗，是当地的一名商人。在公元1260年，尼古拉·波罗和他的弟弟利玛窦·波罗从君士坦丁堡出发，前往东方经商。途径钦察汗国时，两名外国商人受到了当地统治者别儿哥汗的器重，他们带来的货物也被别儿哥汗高价购买了。此时钦察汗国正与伊儿汗国交战，尼古拉和弟弟无法回国，只好留在钦察汗国。这一呆就是一年之久，眼看回家遥遥无期，尼古拉和弟弟干脆转道向东，到达布哈拉。尼古拉又在布哈拉呆了三年，此时一名伊儿汗国前往蒙古觐见蒙古大汗的使臣途径此地，便向他们提出了一同前往蒙古的邀请。

尼古拉二人跟随伊儿汗国使臣一同抵达蒙古，和使臣一起接受了忽必烈的召见。忽必烈同样对两位异国商人非常赏识，后来居然委以二人重任，希望他们代表蒙古，与蒙古使臣一起出使罗马教廷。半路蒙古使臣身染重病，二人只好自己上路。公元1269年，二人还在前往罗马教廷的途中，突然获知教皇去世了，新的教皇还要些时日才能选出。反正时间还多，二人就顺路回了威尼斯。这时，尼古拉才得知自己的妻子已经去世了，家中只有15岁的马可·波罗。两年以后，忽必烈建立元朝，尼古拉要回元朝复命，因为妻子已经去世，尼古拉只好带上马可·波罗同行。路上又过了三年，抵达元朝上都时，马可·波罗已经21岁了。

年轻的马可·波罗聪明伶俐，又因为父亲深受忽必烈的赏识，所以马可·波罗也深受忽必烈宠信。马可·波罗被委以官职，在元朝政府任职了17年，经常充当元朝御史，在全国进行巡视。又因为其见多识广，所以经常参加外交事务。期间，马可·波罗父子多次提出想要回威尼斯，但忽必烈都没有放行。

公元1291年，马可·波罗父子得到忽必烈授命，护送公主前往伊儿汗国成亲，并终于松口说，任务结束就同意他们两个回国的请求。1292年，父子二人随送亲队伍出发，两年后，送亲队伍抵达波斯，马可·波罗父子完成任务，踏上了回乡之路。此时二人离开威尼斯已经26年了。

父子俩多年以来得到元朝政府和伊儿汗国赠送的大量财宝，这事震惊了当地人，当地人甚至称呼他们的房子为“百万富翁的宫殿”，称呼马可·波罗为“百万富翁马可”。他们回到家乡不久，意大利半岛上的两个商业大国就开始了战争，其中一个就是马可·波罗所居住的威尼斯。马可·波罗身为巨富，个人出资制造了一艘巨大的战舰，投入了战斗。或许马可·波罗是一位出色的旅行家、外交官，但他并不是一个好的军官。公元1298年，马可·波罗战败被俘。在监狱里，闲来无事的马可·波罗便向狱友讲述他在东方的奇妙经历，他的狱友对此啧啧称奇，并且将马可·波罗的口述记录了下来，这就是著名的《马可·波罗游记》。

《马可·波罗游记》一面世，就受到了广泛的关注。这本书不仅为人们揭开了神秘东方世界的一角，其中马可·波罗往来东西方的路线更是极其重要。这本书马上被广泛传播，并且被翻译成数种文字。这本书被人称为“世界奇妙书”，书中介绍的东方文化如此发达，社会如此富庶，这是西方人所不能想象的。在西方人眼里，毕竟当时横扫欧洲的蒙古人是如此的恐怖，与文明二字相去甚远。人们不敢相信其中的内容是真的，许多人认为书中的记载只是荒诞的幻想。甚至在马可·波罗临终之前，都有亲友怀着好意劝说他，叫他承认书中记录的并不是真的，戳破谎言他才能解救自己的灵魂。马可·波罗十分郑重地告诉亲友，他所说的一切都是真的，都是他亲眼所见的事实，而且书中所记载的神奇还没有他所经历的一半。

《马可·波罗游记》不算什么鸿篇巨著，但后来的几百年里，人们对世界的认识越来越多，才发现这本书究竟多么有价值。书中不仅记载了马可·波罗本人的经历，更是系统的说明了如何从欧洲通往亚洲。根据书中记载，马可·波罗走完了丝绸之路的全程，丝绸之路上经历的各国和城市，都有详尽的记叙。不仅有中国北方，包括印度、东南亚地区、日本等地也都有所记载。

《马可·波罗游记》掀起的东方热一直持续了几百年，中世纪时期，随着航海技术的进步，许多航海家、冒险家开始扬帆远航，展开对这个世界的探索。发现美洲的哥伦布就是受到马可·波罗鼓舞的一位，尽管他的目的地是印度，他却到了美洲，但这并不能抹去他发现新大陆的功绩，时隔几百年，马可·波罗的探险精神仍然影响着有理想探索世界的人们。不管什么时候，在这种精神的激励下，总是会有人不断去探索，发现新的世界。

斯坦因，是侵略者还是发现者

敦煌莫高窟如今是全国重点文物保护单位，也被称为千佛洞。洞中的壁画、雕塑，都展现了极高的艺术水平，闻名于世。敦煌莫高窟的形成历经了数个朝代，规模巨大，其中的藏经洞更是有着大量的文物。莫高窟在元代以后就鲜为人知，在几百年里，洞中的一切都保存得十分完好，直到藏经洞被发现。藏经洞的发现吸引了世界各国大量的冒险家、学者和考古学家。当时看守莫高窟的是一名叫王圆箓的道士。这位穷困潦倒的道士根本不知道他所看守的莫高窟有着多么高的价值，一位来自英国的考古学家仅用几百两银子就换走了大量的文献、经卷。这名英国考古学家就是马尔克·奥莱尔·斯坦因。

或许在中国人的眼中，斯坦因是一名不折不扣的文化大盗，他掠夺走的敦煌文物多达一万多件，至今这些文物都保存在大英博物馆中。但是，从客观的角度来说，他是一位出色、聪慧并且尽职尽责的考古学家。

斯坦因出生于1862年匈牙利的一个犹太家庭，他的父母都是虔诚的犹太教徒。当时犹太人的处境并不好，在社会中遭受排挤。为了让斯坦因有个好的前途，他们忍痛让斯坦因成为了一名基督教徒。因为成为基督教徒，斯坦因就可以走出那个小小的犹太社区，踏上一条不受管制的自由之路。十岁时，斯坦因被送往德国留学，他天资聪颖，很快就在学校中学会了德语、英语、希腊文和拉丁文。后来，他又前往莱比锡和维也纳上大学，在大学里，他又学会了梵文和波斯语，21岁他就取得了博士学位。年纪轻轻便掌握了六门语言，可见斯坦因的才华非常出众。25岁时，为了更远大的抱负，他孤身一人来到了印度，开始了他的考古生涯。

斯坦因将其一生都奉献给了考古事业，更是将最好的年华挥洒在了亚洲这片土地上。在英国与印度政府的支持下，他先后在中亚进行了三次规模较大的探险。

第一次探险是为了发掘和田地区和尼雅的固态遗迹，第二次除了和田和尼雅遗址外，还发掘了楼兰古国的遗迹，深入河西走廊，在敦煌附近的长城一线发现了大量的汉朝竹简，又来到了莫高窟，拍摄莫高窟中的壁画。临走时用少量银两从王道士手中骗取了敦煌文献24箱、绢画和丝织品5箱。第三次他除了重访和田、尼雅和楼兰的遗址外，再次来到敦煌，从王道士手中取得570多件敦煌文物，还发掘了黑城子和吐鲁番等地的遗址。本来他还打算进行第四次探险，但因为有了前车之鉴，他的申请被南京政府拒绝了，他私下进行的探险活动取得的部分文物至今不知所踪。

斯坦因的四次中亚探险可以说是冒着极大的风险，他一路上翻越冰雪覆盖的昆仑山，穿越塔克拉玛干大沙漠，克服了许多常人不敢想象的困难，也收获了大量文物，并且获得了英国女王的赏识。他被英国女王授予了爵士勋号，牛津大学和剑桥大学也授予了他名誉博士的学位。这一切是斯坦因作为一个考古学家的丰功伟绩，但这些却是建立在让中国失去大量有价值文物的基础上的。

斯坦因首次探险时主要是在新疆一带发掘古代遗迹。但是早在 1902 年，他就从他的好友，一位匈牙利的地质学家口中得知，敦煌莫高窟有着大量精美的壁画和雕塑。尽管首次探险没有来到敦煌，但是他心中早已做好了来敦煌的打算。第二次探险，他就开始有目的地越过帕米尔高原，来到中国新疆，沿着古代丝绸之路向东而行。

一路上，他经过了曾经探查过的和田与尼雅，随后又挖掘了楼兰遗迹，用他阴险狡诈的手段从遗迹中获得了大量珍贵的文物。就在他踌躇满志地赶往敦煌时，突然得知一个消息，他主要的竞争对手，法国考古学家保罗·伯希和也在新疆探险。于是他加快脚步，决定赶在伯希和之前来到敦煌。

1907 年，斯坦因到达了敦煌，此时藏经洞还没有被发掘，他打算简单地在敦煌进行补给，并趁机考察一下洞窟，观看一下那些精美的壁画，然后离开敦煌前往罗布泊沙漠进行探险。到达敦煌不久，他就从一位定居敦煌的新疆商人口中得知了藏经洞的事情，这对于一个考古学家来说是天大的惊喜，他马上兴致勃勃地赶往莫高窟考察。到达千佛洞时，王道士为了筹集修整洞窟的经费，外出化缘。斯坦因没有遇到王道士，却碰见一个当地的小和尚。在小和尚的手中，斯坦因看见了精美的经卷，尽管他不懂汉语，但他也明白，这一定是一件古老而有价值的文献。为了将这些经卷弄到手，他甚至放弃了前往罗布泊沙漠的计划，打算等王道士回来。但王道士久久不回，斯坦因不想浪费时间，于是留下他在当地的一个翻译等待王道士，自己则带着工人前往长城附近挖掘汉朝简牍。

一个多月后，斯坦因才返回敦煌，此时王道士已经回来了。王道士从翻译蒋孝琬口中得知斯坦因想要看看藏经洞，但藏经洞是官府交给王道士看管的，他也不敢轻易地让斯坦因查看。斯坦因见王道士不肯答应，就下定决心展开持久战，在莫高窟里住了下来。斯坦因得知王道士正在化缘以修整洞窟，最终决定从洞窟作为突破口。他装作对洞窟感兴趣的样子，请王道士做他的向导，去洞窟中参观。王道士对于这件事情感到非常兴奋，他带着斯坦因参观洞窟，并且对壁画上的故事进行讲解。洞窟参观完了，斯坦因装作意犹未尽的样子，向王道士借经卷，并假称是钻研用。王道士思考了许久，最终将一本由唐朝高僧玄奘法师翻译的一部佛经借给了斯坦因。斯坦因如获至宝，因为这一小小的举动说明王道士已经踏入了他的圈套。

王道士是个坚定的因果论者，宿命论对他来说远比金钱的诱惑更加管用。斯坦因假称自己是玄奘法师的崇拜者，王道士拿来这卷经书一定是上天的旨意，为了让他将这些印度已经找不到的经书送回他原来的地方。就是这样的鬼话，王道士居然相信了，他趁夜拿出了一些经卷，交给斯坦因和蒋孝琬筛选。一开始斯坦因还兴致勃勃地打算给这些宝贝做个详细的目录，但后来这惊人的数目让他不得不放弃了这一打算，只能尽量多的带走这些珍宝。而小心翼翼的王道士也发现自己的行为并没有东窗事发，于是就和斯坦因开始了一场罪恶的交易。斯坦因用金钱和保密的承诺从王道士手中换来了 24 箱经卷和 5 箱丝织品，在一年半以后，这些东西被完好的送到了伦敦。斯坦因此时也离开了敦煌，但并不是因为他的贪婪得到了满足，而是因为当地人已经注意到了斯坦因，当地政府也警告了他。

斯坦因是聪明的，他知道自己做的事情见不得光，于是他组织了一支考察队，考察河西走廊地区，而他的助手蒋孝琬则留下了。斯坦因考察期间，蒋孝琬再次来到莫高窟，从王道士手中得到了230捆手稿和3000多卷文本。这些东西都被斯坦因加急送往了伦敦。

斯坦因第三次探险再次来到了莫高窟，王道士这次不再小心翼翼，而是以老朋友的姿态热烈款待了斯坦因。王道士将斯坦因给他的钱每一笔开销都记得明明白白，给斯坦因过目，而斯坦因在乎的却根本不是这些，斯坦因在乎的只是莫高窟中的文物。王道士对斯坦因抱怨，政府拿走了文物，却不给他好处，早知道就全部交给斯坦因了，幸好他私藏了不少。他私藏的文物毫无悬念地落到了斯坦因的手上，共有4大箱文书之多。斯坦因又花钱在民间收购了不少莫高窟丢失的文物，此次带回伦敦的共有5箱共计600多卷。

斯坦因是一名大盗，也是一名发现者。

翘首望长天，神驰奈良边

不仅是陆上丝绸之路有着许多的名人往来，在海上丝绸之路同样有着许多为国际文化交流做出贡献的人。他们有旅行家，有僧侣，还有年轻的学生。而阿倍仲麻吕，就是日本遣唐使中的优秀学者，他的一生为中日文化交流做出了杰出贡献。

阿倍仲麻吕出生于公元 698 年，他的父亲阿倍船守是日本的一位官员。阿倍仲麻吕可以说是出身名门，但却没有沾染贵族子弟的纨绔作风。从小他就刻苦学习，并且对一切知识都保持着旺盛的好奇心。

公元 716 年，日本大和国将要派遣使者前往唐朝，使团中有相当一部分位置是留给出色的学生的，阿倍仲麻吕凭借着自己优秀的成绩成为了赴唐留学生中的一员。第二年他就随着遣唐使团出发了，一路历经艰难，在 10 月份到达了长安。

这个时候正值唐玄宗李隆基在位，李隆基是唐朝后期为数不多的明君，他励精图治，广开言路，开创了唐朝另一个黄金时期，史称开元盛世。此时的唐朝，社会稳定，经济文化都十分发达，人民安居乐业。都城长安更是繁华，是当时世界上最繁华的城市之一，各行各业都呈现出欣欣向荣的景象。除了本地的居民外，世界各国的商人、使者、留学生，更是往来不绝。

唐朝最高学府是国子监，各国选出的优秀学生来到唐朝后，都在国子监里学习，唐朝对这些学生也是给出了许多优待。阿倍仲麻吕作为出色的留学生，刚刚到达长安就在国子监学习了。

唐朝时，国子监分为东西两个：一个在东都洛阳，另一个在西京长安。国子监有六个学馆，对应六门学科，分别是国子学、太学、四门学、律学、书学、算学。国子监的课程并不繁重，所以学生们还有许多时间去完善自己的兴趣爱好，不少学生都会选择在课程之余学习书画、音乐、手工艺等学科。阿倍仲麻吕选学的就是中国诗歌，他的诗词精妙绝伦，不论是在唐朝还是现代，都倍受诗人追捧。

阿倍仲麻吕在国子监学习了十年，在这其间，他还取得了唐朝的子民的身份。公元 727 年，他参加了科举考试，一举中了进士。后来在左春坊司经校书的管理，负责经史子集。虽然这个官职并不大，但是阿倍仲麻吕依然非常高兴。这个工作可以让他阅读更多的唐朝书籍，可以让他减少与唐朝大臣之间的距离。

阿倍仲麻吕工作认真负责，表现突出。因此，唐玄宗还特别接见了他，对他大加赞赏。后来他还数次升职，先后做过左拾遗、左补阙、秘书监等职务。这些职务官职也不大，但是可以常伴皇帝左右。阿倍仲麻吕一直在唐朝为官，侍奉过唐玄宗、唐肃宗、唐代宗三朝君王。

阿倍仲麻吕对于唐朝的诗歌十分热爱，他努力地学习唐朝的诗歌，也与当时的许多著名诗人交了朋友。诗人们聚在一起，经常吟诗作对，留下了许多美丽的诗歌。唐朝诗人储光羲十分敬佩阿倍仲麻吕的才华，诗人魏万更是将其引为知己。魏万离开长安，要返回王屋山的时候，阿倍仲麻吕对其依依不舍，将自己的日本裘服送给了魏万。李白为此做了一首诗：“身着日本裘，昂藏出风尘。”

不仅唐朝的诗人喜欢阿倍仲麻吕的诗歌，就连唐玄宗也是对其青睐有加，他御赐了一个中国名字给他，从此阿倍仲麻吕在唐朝就叫作晁衡。

日本遣唐使团每次都会带来新的留学生，并且将上一次带来的留学生带回去。公元734年，日本的遣唐使团再次来到长安，阿倍仲麻吕的同学都随使团返回了日本。阿倍仲麻吕此时在唐朝已经呆了十年，他思念家乡，思念远在日本的父母，但是因为他已经是唐朝官员了，不能随意离开，于是向唐玄宗请假，回国省亲。

唐玄宗接到阿倍仲麻吕的申请后，立刻召见了他，表示出了浓浓的留恋之情。尽管如此，他还是批准了阿倍仲麻吕回家省亲的要求。得知了阿倍仲麻吕要回日本的消息后，他的在国子监的老师、朋友、同学们都来看他，为他写了许多送别诗，这让阿倍仲麻吕更加舍不得离开唐朝了。一边是远在日本的父母，一边是大唐的皇帝和朋友们，阿倍仲麻吕百感交集，写下一首诗："慕义空名在，偷忠孝不全，报恩无有日，归国定何年。"

最后，阿倍仲麻吕选择了留在唐朝。又过了18年，阿倍仲麻吕迎来了下一次的遣唐使团。如今，带领遣唐使团的已经是他当年的同学吉备真备了。阿倍仲麻吕看见吉备真备后，一时之间热泪盈眶。吉备真备告诉阿倍仲麻吕他父母的情况，并且告诉他，他的父母经常站在海边眺望大海，希望在临死之前能够见儿子一面，这些话让阿倍仲麻吕再次燃起了回日本的想法。

第二年，日本使团准备回国的时候，阿倍仲麻吕再次向唐玄宗请求回国。唐玄宗感动的对阿倍仲麻吕说："爱卿来到中国已经有36年了，人生苦短，能有几个36年呢？你将你最好的时间都献给了大唐，这一次，朕就准你回家省亲。"于是，唐玄宗又封阿倍仲麻吕为卫御卿，作为大唐护送使臣的官员，回日本。

临行前，阿倍仲麻吕在唐朝的朋友纷纷前来送行，唐朝著名诗人王维在阿倍仲麻吕的送别会上为其做了一首名为《送秘书晁监还日本并序》的诗。

阿倍仲麻吕来到唐朝的时候刚刚19岁，风华正茂。等到他返回日本的时候，已经55岁了。他告别了唐朝的朋友，返回日本，上船之前也是一阵唏嘘。

然而，返程的路上也不太平，出海的第二天，天气就转阴，接着就狂风大作，卷起巨大的海浪。尽管返程的日本使团乘坐的是大船，但依旧难以与狂乱的大自然抗衡，船的桅杆被吹断，在风浪中朝着不认识的方向去了。就这样，阿倍仲麻吕乘坐的船在海上漂流了一天一夜才得以靠岸。

阿倍仲麻吕与使团领队藤原清河进行了一番商议，整个队伍人困马乏，不如休整一段时间再返回日本。他们没有想到的是当地的居民十分不友好，禁止使节团上岸，他们无法补给食物和淡水。船员们几次试图与当地人交流，但当地人不由分说便向他们发动攻击，许多人就这样不明不白地死在了土著人手中。这些土著人将他们视为大敌，在夜里还偷袭了他们，更多的人将自己的生命留在了这座无名的海岛。无奈之下，他们只好回到船上，寻找返回唐朝的路。一路上又经历了许多风浪和困难，回到长安的时候几百人的使节团已经只剩下11个人。

阿倍仲麻吕的遭遇很快就在唐朝传开，不少人都以为他遇难了。李白还为他赋诗一首："日本晁卿辞帝都，征帆一片绕蓬壶，明月不归沉碧海，白云愁色满苍梧。"等到公元755年，阿倍仲麻吕回到长安时，众人才唏嘘感叹，惊喜万分。既然没有船回去，阿倍仲麻吕只有留在唐朝继续任职，藤原清河也留在了长安。

此时的唐朝盛世已过，安禄山起兵作乱，安史之乱就这样开始了。唐玄宗为避难，离开长安，带着大臣逃向蜀中，阿倍仲麻吕和藤原清河作为唐玄宗的爱臣也随队前往。

在蜀中待了一年多，太子李亨继位，唐玄宗成了太上皇。阿倍仲麻吕被唐肃宗李亨封为左散骑常侍，后来又委任他做镇南都护，管理南方边境的军务。公元 766 年，唐代宗继位，又加封为安南节度使，可以说是位极人臣了。阿倍仲麻吕于公元 770 年去世，享年 73 岁。唐代宗追封其为潞州大都督。

阿倍仲麻吕将自己的一生都献给了中日友好的事业，尽管在日本有许多人不理解他，认为他不肯回国，更改自己的姓名，并且做了外国的官员，这是对不起祖先的。不过日本的官方却能理解他的行为，在公元 836 年，国仁天皇追封他为正二品。

鉴真，日本文化的恩人

中日文化交流渊源已久，有阿倍仲麻吕这样在中国度过自己人生的日本人，也有在日本扎根的中国人，高僧鉴真就是这样一位为中日友好交流做出巨大贡献的僧人。

鉴真高僧出生于 688 年的扬州，俗家姓名叫作淳于，他的父亲是一名非常虔诚的佛教徒。在那个年代，扬州可以说是佛教最为盛行的地区，至今仍有许多知名古刹。耳濡目染之下，鉴真从小就对佛教文化很有兴趣。14 岁的时候，鉴真就随父亲到大云寺出家，跟随智满师傅做了一个小和尚。鉴真 18 岁的时候，跟随南山律宗的开山祖师道岸律师学习律宗。

公元 707 年，鉴真从扬州到洛阳，又到长安，一路宣扬佛法。当时最知名的弘景律师为其受具足戒，鉴真成为了当时级别最高的僧侣。

鉴真在洛阳和长安这一期间，遍访名师，不仅学习了佛教文化，还对建筑艺术、中医中药等知识都做了系统性的学习和研究，具有非常全面而丰富的知识技能。

公元 713 年，鉴真回到扬州，在扬州的大明寺讲授律戒，成了著名的授戒大师，他的学生多达 4 万余人，住持建筑的寺庙多达 80 多所。他还参与指导了大量佛像与壁画的制作，抄写了 1000 多卷佛经。从此，鉴真法师闻名世界。

日本当时也十分崇尚佛教，但是日本佛教界比较落后，戒律不严格，管理混乱。当时政府是对僧人免除赋税的，许多人为了逃避赋税将自己的头发剃光，假称自己是和尚。因此，日本的土地没有人耕种，也没有人纳税，政府赤字严重，举步维艰。还有许多自行出家的僧人品格极差，不仅不念经诵佛，反而经常行偷盗之事，甚至对社会治安造成了巨大的威胁。

日本天皇得知唐朝的僧人遵守清规戒律，佛法精深，十分羡慕。在全国都在唐化这种情况下，也想要让日本的僧人有一个严格的受戒制度。想要达成这一目标，一个来自唐朝的高僧前来宣扬佛学，建立一个正规受戒制度是必不可少的。

日本政府无奈之下只好派出年轻的僧侣荣睿、普照二人跟随遣唐使团前往唐朝聘请知名高僧。首次前往唐朝，荣睿和普照就聘请了两名高僧前往日本。但这两名高僧并没有授戒的资格，只能讲解佛经。这种高僧并不能满足日本政府的要求，荣睿和普照只好第二次来到中国，直接到扬州大明寺找到鉴真法师，希望他和他的弟子能够去日本。

鉴真法师对东渡日本这件事情十分动心，因为他听说日本王子是南越惠恩禅师转世，日本的长屋王也很崇尚佛法，曾经还制作过1000套袈裟给唐朝僧人。能够让日本这个崇尚佛法的国家拥有健全的戒律制度，成为了鉴真东渡日本的最大动力。

荣睿和普照得知鉴真法师愿意东渡日本，十分兴奋，马上就做好了准备。鉴真法师问自己的弟子谁愿意和他一起去日本，一连问了几遍都没有人回答他。鉴真和尚心里明白，这次去日本十分艰险，漂洋过海向来都不是一件容易的事情，极有可能葬身大海。但鉴真仍有几分不满，他慷慨激昂地说：“弘扬佛法是僧人的本职，此去必定会有许多危险。但是为了弘扬佛法，哪怕葬身大海又有什么可怕的呢？即便大家都不跟我去，我也会孤身前往。”鉴真法师的慷慨激昂打动了他的弟子们，当场就有21人报名，跟随鉴真法师东渡日本。

当时远航出国需要得到官府的批准，这是一件很难的事情，所以，鉴真一行人准备偷偷地出行。他们经过一番秘密准备，提前放出消息说要去天台山国清寺烧香，因为陆路不方便，所以从水路出行。有这个理由，官府便不再为难他们。

跟随鉴真一起出行的弟子有一个叫如海的和尚，他本来不想去日本的，但是大家都踊跃报名，他不想显得自己对师傅不忠心，于是就跟着他们报了名。因为当时荣睿和普照是由鉴真的徒弟道航推荐的，所以如海心中对道航十分怨恨。他一直想着，如果道航不引来日本和尚，师傅就不会想要去日本，师傅不去日本，大家就不用冒着风险东渡了。

如海的怒火越压越深，终于爆发了，他对道航抱怨，道航说：“你不愿意去日本，大可以不报名，现在抱怨些什么。”两个人大吵一架，大多数人都站在了道航的一边，如海觉得很没有面子。

为了报复道航，他上告官府说鉴真一行人勾结海贼，于是官府马上下令通缉荣睿、普照和道航。鉴真得知这个消息后，动用了大量关系才让官府把抓走的弟子放回来，不过这一次的东渡计划就搁浅了。

这些危难没有打消鉴真东渡的决心，没过多久，他自己出钱向官员买了一艘军用船，自己准备了粮食、佛经、药品等东西，并且招募了 80 余名工匠，于公元 734 年从扬州出发，前往日本。这一次东渡也失败了。因为刚刚行至长江出海口，就遇上了巨大的风浪，船身被砸穿，只好找个港口修船。第二次东渡计划再次搁浅。

第三次东渡开始于一个月后，修补好的船迎着风浪行至舟山群岛，不幸触礁。这次触礁十分严重，船体破碎，海水进入船舱，很快船就沉入了大海。船上的人员纷纷跳海逃生，爬上一座荒岛才保住性命。如果没有路过的军船，他们可能都会饿死在荒岛上。第三次东渡计划再次失败。

第二年，鉴真准备第四次东渡。此次东渡还没开始就受到了许多人的劝阻，毕竟已经有了三次的失败。鉴真没有忘记自己的初衷，也没有改变自己的计划，他第四次率船出海。有人见劝阻无效，只好告知官府这一消息，官府将鉴真抓了回来，送回了扬州，第四次东渡又失败了。

第四次失败以后，鉴真沉寂了三年，三年以后，鉴真再次东渡。这一次十分顺利，出了长江口，渡过舟山群岛都没有遇到什么风险。航行了一个月以后，突然遇到了强烈的大风，导致行船改变了方向。在海上漂流了半个月，终于在海南岛的崖州停靠了。在崖州住了一年多，鉴真一行人才启程回长安。路上日本僧人荣睿身患重病，去世了。荣睿在这么多年里一直伴随在鉴真法师身边，两人建立了深厚的感情。鉴真法师十分悲痛，放声痛哭，一夜之间就哭瞎了眼睛。面对如此不幸，鉴真法师也没有放弃，继续北上。到了江西境内，跟随着他的弟子祥彦也身染疾病，去世了。

一连串突如其来的打击让鉴真法师一下子老了很多岁，他的身体开始不能支撑艰苦的旅行，但他还是凭着坚定的意志，跋涉了三年多的时间，终于回到扬州。

鉴真法师五次东渡日本，全都失败了，而且失败的代价一次比一次惨重。不过他的内心就如同初次一样，没有任何的动摇，反而更加坚定。鉴真法师五次东渡的消息震惊朝野，就连唐玄宗李隆基都为之震撼。日本遣唐使领队藤原清河得知了这个消息，与打算和他一起回国的阿倍仲麻吕到扬州拜访鉴真大师。

藤原清河对鉴真说:“大师你为了东渡日本弘扬佛法，经历了五次失败，几次险些丧命，这种精神，令我十分感动。这次我们回日本，有四艘大船，衣食用度样样俱全，大师如果还想东渡，那么请大师跟我们结伴而行。”

阿倍仲麻吕也说:“我是日本人，不过在唐朝为官 36 年。唐朝和日本的交好是我最大的心愿。大师坚强的意志震撼我的肺腑。可是大师，如果你前几次可以得到朝廷的帮助，那么也将不会有这么多的磨难。我希望大师不要放弃你的理想，和我们一起东渡。”

鉴真法师此时已经 66 岁了，并且双目失明，但这并没有影响他的东渡日本的决心。听了藤原清河与阿倍仲麻吕的话，内心十分开心，认为此次东渡将会一举成功。

几天以后，鉴真法师真的上了遣唐使团回国的船，一起东渡。这次鉴真法师带了弟子和工匠共 23 人，还携带了许多佛像、佛经、菩提子等佛教用品，还有大量的医疗书籍，以及东晋书法家王羲之、王献之等人的书法名帖。

鉴真法师没有与藤原清河、阿倍仲麻吕乘同一艘船，他乘上了第二艘。第一艘船出了意外，遇到风险返回了长安。而第二艘船虽然也遭遇了风暴，但还是被海浪送到了日本的冲绳岛，成功抵达了日本。

鉴真法师到达日本都城奈良城的时候，日本天皇派遣特使迎接，被安排在东大寺。天皇还授予了鉴真“传灯大师”的称号，并且拜托他立坛授戒。鉴真立坛后，第一批授戒的对象就有日本的太上皇、圣武天皇、皇太后、皇子和400多名僧侣。从此以后，日本的自誓授戒成为了历史，正规授戒成为了官方唯一承认的途径。这种情况损害了日本其他僧人的利益，但是在天皇的大力支持下，这种正规的授戒制度就确立了下来。

鉴真法师71岁的时候，天皇让他负责教授僧侣，并且给了他一大片土地，建立唐招提寺。孝廉太上皇亲自为唐招提寺书写了匾额，这里成为日本佛教僧人向往的圣地。

鉴真法师在日本生活了十年，十年里他不辞辛劳的努力工作，他丰富而专业的知识为日本的发展做出了巨大贡献。他让日本佛教有了正规授戒的资格，传授佛经，开创律宗教派。日本的佛教经典有许多翻译上的错误，鉴真法师也一一纠正，为佛教教育打下了良好的基础。

建筑方面鉴真法师也为日本做出了巨大贡献，鉴真法师在国内建了80多所寺庙，有着丰富的经验。到了日本以后，他为日本寺庙的建造起到了极大的指导和示范作用。唐招提寺，从建筑的外观，到内里的雕塑壁画，都是鉴真法师亲自指导的。

鉴真法师带来了王羲之、王献之的书法名帖，也为日本的书法研究起到了巨大作用，鉴真法师本人也是一位书法名家。

鉴真法师还精通医药，他虽然双目失明，但仅仅靠着嗅、尝、摸三种方法，就能鉴定出中草药的品种，对日本的中医药研究做出了巨大贡献。

他还经常亲自给人治病，日本中医一直铭记着鉴真法师的贡献，如今在日本的中药草袋子上还印着鉴真法师的头像，将鉴真法师当成他们的祖师。

除了鉴真法师本人，鉴真法师的徒弟和带去的工匠也在日本一展所学，不管是文学艺术，还是养蚕种桑，都做出了巨大贡献。

鉴真法师在中日外交历史上，做出的贡献令人难以企及。他数次东渡失败，依旧百折不挠，这种精神也令后世称道，日本人称他为“日本文化的恩人”。

天赐仙翁，以寤朕志

在武侠小说《射雕英雄传》中，描写了一位名叫丘处机的道士，他武艺高强、嫉恶如仇，并且还传授了成吉思汗许多养生之道。现实中的丘处机尽管不像小说里那样武艺高强，但是在丝绸之路众多的僧侣、学者当中，也算是一位奇人。

在内地与西域的交往中，有一条通道是经过蒙古地区的巴里坤，或者通过阿尔泰地区进入西域。这条道路是我们古代北方游牧民族与中原、西域和中亚交往的通道。在唐朝末年，丝绸之路被吐蕃截断后，这条通路就成为了唐朝政府与北庭、安西两大都护府来往的主要通道。众多北方的游牧民族从中原获得的大量丝绸，想要贩卖去欧洲、中亚地区，这条路也是必经之路，所以这条路也被称为草原丝绸之路。元朝著名的旅行者——长春真人丘处机，就是通过这条道路来往于中原、西域和中亚地区的。

长春真人是全真道龙门派的创始人，早在前往西域之前就已经久负盛名，宋、金两国多次邀请他来访，他都拒绝了。他去找成吉思汗，也是因为成吉思汗与众不同的宗教政策，成吉思汗对于各种宗教实行一视同仁的政策，而且成吉思汗觉得如果能够争取到长春真人的支持，那么会对从政治上反对蒙古人的汉人产生巨大的影响。在见到成吉思汗之前，丘处机道号长春子，对于他的谣传很多，成吉思汗也是听说了丘处机已经年过 300，有着仙家长生的秘术。因此，年迈的成吉思汗对于丘处机颇感兴趣，连续发了两封邀请函，希望丘处机能够不畏路途遥远与沙漠的艰险，来向他传授长生之术。

长春真人收到诏令后，没多久就启程了，踏上丝绸之路时，他已经 74 岁了。长春真人愿意赴这场远行，也是因为他拯救世人的慈悲心肠和大弟子尹志平劝告他，不管什么时候，开化度人都正是时候。因此，长春真人开始了自己万余里的西域之旅，劝告成吉思汗少造杀孽，爱护子民。

当时的丝绸之路被金国与西夏控制着，因此丘处机只能横穿蒙古高原，从阿尔泰山通过，才能到达中亚地区。在经历了漫长的旅途后，丘处机终于来到了如今的阿富汗地区，见到了成吉思汗。成吉思汗第一次召见他的时候就迫不及待地向他询问是否真的有长生不老的灵药。丘处机没有打马虎眼，很坦率地告诉他，世界上有保持健康的方法，但却没有长生不老的灵药。尽管这个答案让成吉思汗失望，但是丘处机的坦诚与直率却赢得了成吉思汗的好感与尊敬。

此后，成吉思汗数次召见丘处机，丘处机则为成吉思汗讲解道家的哲学，出人意料的是成吉思汗对此十分感兴趣，津津有味地听了许久。后来，成吉思汗返回漠北的时候，丘处机也一直陪伴在他的身边。后来丘处机多次向成吉思汗请求回乡，成吉思汗才批准。历时三年，丘处机终于回到了中原，带着成吉思汗颁给他的金虎头令牌，用来号令所有的道士，管理所有的道观。

丘处机外出西域的时候，曾在撒马尔罕住了九个多月，在此期间他认识了契丹人耶律楚材。两人互相欣赏对方的才华，经常一同郊游，谈论诗歌，成了忘年交。此时丘处机已经是 75 岁高龄，而耶律楚材只有 33 岁。

耶律楚材于 1190 年出生在一个契丹皇室家庭，他是辽太祖耶律阿保机的九代玄孙，1218 年，被成吉思汗召到漠北行宫做官，第二年就跟随成吉思汗的军队一同西征。耶律楚材幼年丧父，但他的母亲精通诗词歌赋，耶律楚材因此也是十分博学。上知天文，下知地理，旁通律历、算术、道学、医术等学问。他在成吉思汗身边的时候，也主要做天文、地理、医术、卜算之类的咨询工作，有时也从事汉文文书的处理。成吉思汗给丘处机的第二份诏书就是耶律楚材所起草。耶律楚材对于丝绸之路，乃至西域的繁荣也做出了很大的贡献。在蒙古统治的地区，耶律楚材推行轻徭薄赋的政策，并且约束蛮横惯了的蒙古官员横征暴敛。在商业管理上，他反对西域商人向人民放高利贷。耶律楚材著有《西游录》《湛然居士集》等作品，其中记载了大量关于西域和丝绸之路的情况，对如今的研究工作也有着重要贡献。

长春真人回到燕京时已经 77 岁了，80 岁时逝世。之后，随他一同前往西域的弟子李志常，将与丘处机在西域的所见所闻编撰成了《长春真人西游记》一书。这本书中记载了这样一件事情：丘处机等人来到蒙古地区，在色楞格河上游路过成吉思汗妃子的一座行宫，这里规模惊人，有车帐近千座，王妃们食用的米面等粮食都是从西域天山以南的地区供应。一斗小米就要花上 10 两银子，80 斤白面要花 50 两银子。

丘处机诧异于当地的交通十分发达，来往的商人很多，农业也十分兴盛，水利灌溉系统也是非常发达，当地还有很多汉族工匠。于是，丘处机在那里修建了一座道观，仅仅用了一个月的时间就建好了。丘处机将这座道观取名为栖霞观，栖霞就是他故乡的名字。

丘处机居住的撒马尔罕当时是十分重要的交通要道，城中各民族混杂，还有许多汉族工匠。而在返回中原的路上，他还到了叶尼塞河流域，在那里有上千名汉朝工匠，他们的织布技术十分熟练，并且纺织产业形成了相当的规模。这种纺织厂极有可能是元朝政府创办的，原料就是从中原运来的，这很可以说明当时中原到蒙古的草原丝绸之路是极为通畅的。

岑参，流浪在西域的诗人

在丝绸之路上的众多旅行者中，岑参是其中很特别的一位。他是诗人，也是官员。他外出西域是在朝野上下十分腐败的背景下，而为的也不过是求个官职。但是，岑参的经历也值得在丝绸之路上留下他的名字。

岑参生于公元 715 年前后，是唐朝荆州江陵县人氏。他出身于贵族家庭，他的曾祖父岑文本、伯父岑长倩、堂伯父岑羲都做过宰相。不过先人显赫的身份没有为他带来什么好处，反而让他处于一个尴尬的境地。尤其是堂伯父岑羲，因为政治风波而被杀，还牵扯到其他族人，大多数都遭到了流放。岑参生于岑羲被杀两年后，当时岑家已经破落了。岑参的父亲岑植也很有才华，成为了仙州和晋州的刺史，担任润州句容县令的时候，当地人民对他的贡献铭记于心，还为他立过德政碑。岑参家中有兄弟五人，分别是岑谓、岑况、岑参、岑秉和岑亚。二哥岑况和岑参是其中成就最高的，唐朝著名诗人王昌龄就曾写诗赞美他们："岑家双琼树，腾光难为俦。"

在岑参很小的时候，他的父亲就去世了，一直照顾着他的就是几位兄长。他从小就十分刻苦的读书，特别擅长写文章。9 岁的时候，他写的文章就比得上许多大人了，到了 20 岁的时候，他就到洛阳上书朝廷求官。少年天才并没有一直顺利下去，一直求了 10 年，直到他 30 岁前还是一无所获。30 岁时，他考中了进士，做了一个参军，官阶只有八九品，并且在之后的五年里，他未曾得到过提拔。如果是一个普通人，对这个结果可能已经心满意足了。但是宰相世家出身的岑参，仕途变成这个样子，他感到万分失望。穷则思变，在当时的社会环境下，岑参想要高升，那么只有一条路，就是远赴塞外。

在唐朝文宗以后，进士想要快速升官，最好的办法就是去西域任职。包括朝中的宰相，大多之前都是在塞外的节度使。李林甫、杨国忠身处上位后，卖官鬻爵，靠正当途径做官的士人想要升官就变得更难了。因此，当时想要升官，从军前往塞外是非常流行的。

对于岑参远赴塞外从军的目的，不少学者对其颇有微词，认为岑参热衷功名，贪恋财富，但实际上这就是唐朝的风气，岑参作为一个唐朝人，自然难以超脱其中。还有不少学者觉得，唐朝的人虽然世俗、实际，但很真实。岑参也是标准的唐朝人，那怕所求就是庸俗的功名利禄，但他能以真性情示人，才能写出真性情的诗歌来。

我们今天来看，岑参远出塞外的理由不止那么肤浅，虽然有追求个人功名利禄的因素在，但是更包含了对重文轻武、好男不当兵等封建思想的一种挑战，他以身报国，保卫边疆的理想与抱负是非常值得肯定的。

岑参曾先后两次沿着丝绸之路到达西域，身份是安西节度使高仙芝府中的书记官。第二次他是北庭都护府伊西节度瀚海军使封常清身边的节度副使。他在西域境内和丝绸之路上都留下了自己的足迹，有他自己的诗歌为证。他从大震关越过陇山，经秦安、兰州，沿着河西走廊向西而行。唐朝时期前去西域也要从玉门关和阳关出关，唐朝玉门关已经因为掌控了哈密道，转移至晋昌城西北部。去往北庭要从北道走，出新玉门关向西，前往安西地区，则出两关均可。我们可以知道，岑参前往安西出的是阳关，因为他在不少诗中都提到了阳关，并且还有诗歌提到路上经过了敦煌，玉门关距离敦煌很近，到达敦煌，那就说明是从阳关走的。

岑参对他在丝绸之路的经历做了许多生动形象的描述，他的从军生活也让他的诗歌气势磅礴、大开大合，带有浓厚的时代感和自己独特的艺术风格。他所记载的事物很多，他为驿站与丝绸之路的畅通写过一首诗：“一驿过一驿，驿骑如流星。平明发咸阳，暮及陇山头。……西来谁家子，自道新丰厚。前月发安西，路上无停留，都护犹未到，来时在西州。十日过沙碛，终朝风不休。马走碎石中，四蹄皆血流。”

这些诗歌对研究丝绸之路从伊州到碎叶城这一段有着极大价值，史书中提到丝绸之路上有驿站的事实如果没有岑参的诗歌，那将变得很难验证。同样，我们也可以知道，丝绸之路上的驿站非常繁忙，丝绸之路上来往的客商也是极多的。由于驿站的设立，让交通变得便利，行进的速度也大为提高。

吐鲁番火焰山地区也是前往西域的必经之地，那里的景貌在岑参的诗中也有着详尽的描写："火山今始在，突兀蒲昌东。赤焰烧虏云，炎氛蒸塞空。不知阴阳碳，何独燃此中。我来严冬时，山下多炎风。人马尽汗流，孰知造化功。"只要亲眼见过火焰山、亲自到过火焰山的，都觉得岑参的描写十分形象。

在焉耆国的西边，丝绸之路有两处险要之地，东边有库木什阿克玛山，唐代时期改名为银山碛；西边有铁门关。这两处是孔道，一线天的地形，对于防守西域中道极其重要。岑参在诗中也多次提到这两个地方："铁关天西涯，极目少行客。关门一小吏，终日对石壁。桥跨千仞危，路盘千崖窄。试登西楼望，一望头欲白。"岑参写出了两地险峻，更对唐朝派来把守铁门关的小吏进行了描写，不仅描写出了小吏的状态，更可以从中看出唐朝对丝绸之路的管理情况。

岑参在西域多年，对西域的景色有很深的了解，对于西域的生活，更是有着亲身的体验："黄沙碛里客行迷，四望云天直下低。为言地尽天还尽，行到安西更向西。"这首诗将一个一望无尽、天地相接的大戈壁生动的展现在了读者面前，更抒发出了诗人四海为家、深感天地苍凉的情怀，还表示了自己到了安西还要再向西的决心。西域地区经常有大风沙："十月天山风似刀，城南猎马缩寒毛。"西域地区，轮台的大风更加猛烈："轮台九月风夜吼，一川碎石大如斗，随风满地石乱走。"岑参最为世人所知的诗歌有两首，其中一首是描述西域寒冬中的雪景："北风卷地白草折，胡天八月即飞雪。忽如一夜春风来，千树万树梨花开。散入珠帘湿罗幕，狐裘不暖锦衾薄。将军角弓不得控，都护铁衣冷难着。"

除了西域的风景和感悟外，岑参还有不少歌颂在西域恶劣环境里保卫边疆军人的诗歌："关西老将能苦战，七十行兵仍未休"，"亚相勤王甘苦辛，誓将报主静边尘。古来青史谁不见，今觅功名胜古人。"在《天山雪歌颂肖治归京》中，岑参将守卫边疆的战士们比喻成了万古长青的松树：“正是天山雪下时，送君走马归京师。雪中何以赠君别，惟有青青松树枝。”

尽管历史上的学者们对岑参毁誉参半，但在他的诗歌之中经常表现出忠君爱民的心情，并且展现出一种一往无前的精神，也正是因为如此，岑参成为了丝绸之路上最著名的诗人。

第五章

遥远的遐想，丝路上消失的国家

楼兰、于阗、龟兹、大宛、精绝、高昌、疏勒……这些城市早已消失在黄沙之中，只留下这些美丽的名字，伴随丝绸之路永远地印在人们的记忆里。

楼兰，大漠的新娘

楼兰，是古代西域的一个小国，在中国古代这样的小国并不少见，但楼兰这个名字至今仍被人们津津乐道。原因很简单，楼兰这个名字本身就充满了浪漫气息，而楼兰古城从一片繁华到当今的废墟，原因至今还是一个未解的谜。那么，就让我们了解一下楼兰这个大漠中的美丽“新娘”。

楼兰这个名字最早见于《史记》，是张骞打通西域后，丝绸之路上的必经之地。但是这个充满浪漫气息，令人神往的国家却不是那么的友好。汉朝的使节来往西域，必定会经过楼兰。楼兰曾与匈奴相勾结，在路上劫掠、甚至杀害汉朝使者，正因如此，历史上的文人墨客们才会写下一些明显仇视楼兰的诗句。如李白的《塞下曲》:“愿为腰下剑，直为斩楼兰。”岑参在《武威送刘单判官府安西行营便呈高开府》中写道:“浑取大宛马，击取楼兰王。”王昌龄《从军行七首》中的“黄沙百战穿金甲，不破楼兰终不还”，气势磅礴，令人热血沸腾，成为了千古佳句。

其实楼兰并非与匈奴交好，它其实是与汉朝比较密切的。但迫于匈奴的压力，楼兰只好变成了一株“墙头草”，左右摇摆。面对这种情况，张骞为汉武帝献策，楼兰地处丝绸之路的要害，不如一举将楼兰攻破，收归己有。汉武帝采纳了张骞的建议，于是命将军赵破奴率数万大军出兵楼兰和姑师两国。面对楼兰、姑师这种小国，数万大军实在有些兴师动众，赵破奴只率领了 700 先锋军便攻破了楼兰和姑师，并且俘虏了楼兰王，楼兰宣布对汉朝臣服。尽管楼兰与姑师都不强大，但 700 先锋连破两国，还是深深地震撼了西域各国，特别是乌孙、大宛这种与汉朝有着联系的国家。

匈奴得知楼兰投降汉朝，马上派兵出击楼兰，楼兰不敢抵抗，最终只好将两名质子分别送入匈奴和汉朝，向双方称臣。此后，楼兰就一直在两国之间扮演着墙头草的角色，可怜的是不仅不能左右逢源，反而经常两面不讨好，汉朝曾对楼兰质子施以宫刑，还派人刺杀过楼兰王。

对于楼兰过去是个什么样子，记载并不多，只能靠考古学家们慢慢发掘、还原了。虽然至今还没有完全还原古楼兰是什么样子，但至少可以肯定的是，如今淹没在黄沙中的楼兰古国，曾经是一片芳草萋萋、树木成林的地方。在广阔而荒凉的西域中，有这样一片美丽的土地，不愧"大漠新娘"的美名。那么究竟是什么原因让这片美丽的土地变成如今的不毛之地呢？

对于楼兰古国消失的秘密，不少学者给出了自己的猜测，其中以环境破坏说最为受到认可。也有人认为，学者们所给出的原因，可能其中几种共同发生摧毁了楼兰。滥砍乱伐导致水土流失，没有森林抵御大漠吹来的风沙，加上河流改道，楼兰日益干旱，这片土地越来越不适宜人类生存，最终一场瘟疫成为了压垮骆驼的最后一根稻草。整个楼兰人去城空，"大漠新娘"就这样淹没在了滚滚的黄沙当中，直到多年以后，才再次重见天日。

1900 年 3 月，瑞典著名探险家斯文·赫定带领探险队在新疆境内探险。他们的目的是罗布泊，而想要探索罗布泊，就需要穿越这一片沙漠。就在探险队在沙漠中艰难穿行时，一位他们雇佣的当地人丢失了斧子。就在他离开探险队寻找斧子的时候，突然狂风大作，他在大风中艰难的穿行，而在被大风扬起的风沙中，他看见了一座深埋于地下的城堡。他马上将这个消息告诉了斯文·赫定，斯文·赫定第二年着重考察了这座城堡，通过发掘的文物，他断定这里就是消失已久的楼兰古城。

楼兰古城的发现，这在当时可是个大新闻。世界各地的考古学家、探险家们蜂拥而至，从楼兰古城的遗址中带走了一大批有价值的重要文物，而其中最大的一批是由敦煌大盗斯坦因发现的，在三间房屋里的两个灰堆中，找出了多达几十件的文物。或许几十件文物相对于他从敦煌带走的东西来说不值一提，但是这几乎是楼兰剩下的所有了。根据考察，斯坦因找到文物的灰堆是当时官府的垃圾堆，当年人们认为一文不值的东西，如今却成为我们追溯楼兰历史最重要的依据。

楼兰古城遗址十分破败，几乎只有几段破败的城墙，几间被狂风掀去了顶的房子和一座小乘佛教的佛塔。我们能够从破碎的陶瓷中看到楼兰人当时丰富的文化生活，能够从绵延几十里的、已经干涸的河道中看到楼兰当时是如何的水草丰茂，能够从城角的烽火台看出楼兰当时与汉朝的密切关系。但如今，在风沙的洗礼下，楼兰只剩下一片苍茫寂寥的残垣断壁。

曾经的丝绸之路重镇，曾经辉煌一时的商业中心，如今的一片废墟。这无疑是为我们敲响了警钟，虽然大自然的威能不是我们人类可以抗争的，但人类对环境的过度索取更是将自己推上了绝路。

于阗，美玉的故乡

要说起古代中国最受欢迎的奢侈品，那肯定就是玉了。古代中国人对玉的崇尚远超金银等物，不仅爱玉，更为玉增加了许多使命。那么最好的玉石出产自哪里呢？如今，和田玉的鼎鼎大名已经远播全国。和田，在古代叫作于阗。

于阗的由来，还要从一个传说讲起。传说在古印度，阿育王统治时期，阿育王的王子遭到王妃的陷害，双眼被人挖出。阿育王震怒，迁怒于身边的大臣，将他们全族流放到雪山上，任由他们自生自灭。阿育王没想到的是，这些人坚强地活了下来，并且在于阗西边建立了一个小国。从此东西两国势同水火，战争不断。在最后的战争中，臣子们组成的小国最终输给了东方的国家。胜利后，东方的国家为了收拢西方的民众，就将新的国家建立在于阗这块土地上。

当时的老国王膝下无子，于是就去寺庙中祈祷，希望神佛能够给他一个孩子。他虔诚的祈祷感动了神明，神像的额头裂开，从中跳出一个婴儿来。国王赶紧将孩子带回了皇宫，开始举国欢庆。这个孩子从小就展现出了与众不同，他从来不肯吃奶。老国王老来得子，对这个孩子疼爱的不得了，赶紧带着孩子去寺庙中询问神佛如何养育这个孩子。神像的地面上突然显出一个女子乳房的形状，孩子便上前吸吮。靠着地面上的乳房，孩子顺利地长大了。这个孩子无论是智慧还是武勇，都胜过老国王，成为了一代明君。因为感谢大地对他的哺乳，于是国家就取名为地乳。于阗这个名字，在梵语中就是地乳的意思。

当然，传说毕竟只是传说，于阗真正的由来与当地其他国家也没有什么不同。于阗国最早期的居民是从伊朗、印度和汉朝来的移民，早在公元前2世纪，于阗这个小国就已经出现了。张骞出使西域，返程时就通过了于阗。

西汉末期，中原地区陷入战乱之中。于阗国趁机开始扩张，国力扩大十倍不止，一时之间成为了丝绸之路南段的霸主。公元445年，吐谷浑国的统治者慕容慕利延在与北魏的战争中失败，退到于阗。为了东山再起，他率军杀死于阗王，全面占领了于阗国。公元648年，吐谷浑被唐朝击败，于阗才重新复国，并且正式纳入唐朝的管辖范围。公元674年，唐朝在于阗设置了都督府，封于阗王尉迟伏阇雄为都督，从此以后，于阗王世代受封于中原政权。

宋朝建立以后，与于阗的来往更加密切。于阗盛产玉石，而宋朝统治者又偏爱玉石，玉石就成为了两国沟通的最好媒介。但也就在宋朝时期，于阗国在与喀喇汗国的战争中消失了。

战争的原因与古代许多战争的原因相同，是因为宗教。于阗是个知名的佛国，在丝绸之路上，于阗的地位十分重要，佛教由西方传播到东方，大多要经过于阗。于阗王尉迟胜继位后，下旨立佛教为国教。

在公元9世纪末到13世纪初，新疆塔里木盆地西部以及帕米尔高原西北，出现了一个回鹘联合其他民族建立起来的突厥政权，以喀什噶尔为都城，这个国家就是今天我们所说的喀喇汗王朝。

喀喇汗王朝立国时，大多数人民也都是信仰佛教的。后来萨曼王朝向喀喇汗王朝发动“圣战”，喀喇汗王朝战败，为了避免萨曼王朝继续侵略，喀喇汗王朝将信仰改成了伊斯兰教。萨曼王朝没有了侵略的理由，喀喇汗王朝才得以幸存。在两代喀喇汗王的宣传下，20 万国民全部皈依了伊斯兰教。

阿尔斯兰汗继位成了喀喇汗王朝的统治者，当时喀喇汗王朝已经举国信仰伊斯兰教，国内统一稳定，阿尔斯兰汗心中就升起了对外扩张的野心。他模仿萨曼王朝，以宗教为理由，向佛国于阗发动了进攻。

当时于阗的统治者是世代信仰佛教的李氏家族，对于喀喇汗王朝逼迫佛教徒皈依伊斯兰教的行为非常不满，于阗开始接收、庇护遭到迫害的佛教徒。阿尔斯兰汗对这种情况十分满意，因为他找到了一个发动战争的绝佳理由。

公元 962 年，喀喇汗王朝对于阗发动了战争。于阗无力抵抗进攻，只好派出国内的王子前往宋朝请求帮助。然而，宋朝此时也泥菩萨过河，自身难保，并没有向于阗伸出援手，只组织了一个 157 人的佛教使节团，表示对于阗的支持。幸好丝绸之路上的佛教国家还有不少，吐蕃和高昌等国派出了军队，帮助于阗在战场上取得了优势，并且还进行了一定程度上的反攻。

这场轰轰烈烈的宗教战争历时长达八年，最终于阗的军队获得了胜利，他们占领了喀什噶尔，阿尔斯兰汗孤身出逃，前往中亚。尽管宋朝没有出兵，于阗还是表达了对宋朝的敬意，向宋朝送出了部分战利品。于阗没有得意多久，喀喇汗王朝的军队卷土重来，打回了喀什噶尔，两国的战争始终没有停止。

喀喇汗王朝此时的统治者已经变成了博格拉汗，博格拉汗觉得扩张不能停滞不前，既然攻不下于阗，不如向西扩张，攻打萨曼王朝。于阗国没有错过这次机会，马上在背后发动了攻击，逼迫喀喇汗王朝的军队回头防守。喀喇汗的军队被打了个措手不及，这一仗大败而归，就连博格拉汗都战死了。于阗的军队乘胜追击，第二次攻进了喀什噶尔。

博格拉汗的死亡成为了此次战争的转折点，他的侄子比他更加英勇善战，头脑也更加聪明。他深知单凭喀喇汗王朝的兵力无法彻底打败于阗，于是向波斯、印度和中亚部分国家雇佣士兵。集结 14 万大军，并且倾巢而出，很快就将于阗的军队赶出了喀什噶尔，并且展开了对于阗的反攻。

面对 14 万大军，于阗王明白自己无力抵抗，于是效仿当年的喀喇汗王朝，决定举国上下改变宗教信仰。于阗将军乔克和努克是虔诚的佛教徒，他们坚决不肯改变信仰，率领其他不想改变信仰的军民躲进了昆仑山，成为了一支游击队。喀喇汗王朝和雇佣军占领了于阗后，并没有见好就收，他们深入昆仑山，想要将乔克与努克这一支队伍消灭。结果因为不熟悉昆仑山中的地形，反而被乔克和努克的军队数次击败，雇佣军伤亡殆尽，喀喇汗王朝不得不撤军。

几年后，喀喇汗王朝经过一番休养生息，再次对萨曼王朝和于阗发动了战争。双线作战的喀喇汗王朝十分勇猛，尽管没有战胜萨曼王朝，但却顺利占领了于阗全境。这一次于阗再也没有翻身的机会，国中的寺庙被烧毁，佛像被砸碎，经书大量丢失，佛教徒与僧侣除了逃到西藏、青海地区的外，大多数都被杀死了。从此丝绸之路上再也没有于阗这个国家。

于阗国曾是丝绸之路上一颗璀璨的明珠，不仅文明程度较高，经济、军事实力较强，还盛产美玉。可惜就是这样一个国家，在残酷的战争中消失了。

大宛，消失的汗血宝马

马，是古代战争中地位极高的工具，一支拥有好马的骑兵队伍，无论是机动性还是攻击力都将大大增强。所以，对于好马的争夺在古代从未停止过，这也是河西走廊成为兵家必争之地的原因。至今我们仍能听说汗血宝马的传说，而汗血宝马在古代还有一种称呼，那就是大宛马。

大宛马产自大宛国，大宛国也是丝绸之路上的交通要道之一，准确的地理位置在帕米尔高原西麓，锡尔河上、中游，是西域三十六国之一。这里水草丰美、山清水秀，农业和畜牧业都十分发达，正是因为这里卓越的地理条件，才让大宛国的马名扬天下。

大宛国的祖先是从伊犁河流域迁徙到该地的，而中国历史上首次发现大宛国，就是张骞出使西域的时候。大宛国的地理位置十分奇妙，在匈奴的西南方向，在汉朝的西方，距离汉朝有一万里的距离。西汉时期是大宛发展的鼎盛时期，大宛治下的城镇多达 70 多座，人口有几十万之多。而正因如此，汉朝才与大宛发生了轰轰烈烈的战争。

张骞出使西域后，为了与西域其他国家保持联系，汉朝派出了大量的使者出使西域，他们走时带着汉武帝的诏令和礼物，回来的时候带上回礼，并为汉武帝讲述当地的风土人情。而来自大宛的使者，向汉武帝报告了一个非常重要的信息，那就是大宛国有好马，但是大宛人却将马藏了起来，不肯献给皇上。

张骞第一次出使西域的时候，就已经向汉武帝报告过大宛马的事情，其中特意提到有一种马，出汗鲜红如血，可日行千里，当地人称之为“天马的后代。”汉武帝相对于文治来说，更喜欢武功，所以，威武的宝马良驹更是他的心头最爱。汉武帝通过与匈奴的战争也明白，好马就是骑兵队伍最大的倚仗，有了好马，自己的骑兵就可以纵横天下了。当时汉武帝就想要从大宛取得这种宝马，但是由于与匈奴开战，这件事情就被搁置了。如今有使者再次提醒，汉武帝又想起“天马后代”的事情，心中马上燃起了熊熊的火焰。

中国是礼仪之邦，汉武帝自然不能想要大宛马就立刻出兵攻打大宛国。汉武帝时期，国富民强，用重金买马也不在话下。于是，汉武帝派出以韩不害为首的使节团，前往大宛重金求马。

大宛国自从张骞来访以后，一直对富庶的汉朝念念不忘，一听说汉朝使者来了，大宛国王毋寡马上就接见了汉朝使臣。韩不害也不绕弯子，当即提出想要重金求马的要求，并且献上了汉武帝交付的贵重礼物。

汉武帝此次诚意十足，使者所带金银珠宝不计其数，其中更是有一匹纯金打造的骏马。这么多的金银摆在面前，就算是泥人恐怕也要动了心。但是大宛国的汗血宝马并不是很多，这些马不仅是大宛国的特产，更是国宝，毋寡此时忍下内心对财富的渴望，决定与大臣们商议一下。

当天晚上，毋寡就在王宫召集群臣，商议是否要将宝马卖给汉朝。大宛国的君臣实在贪婪，他们既不想将宝马拱手相让，更不想让使者带来那些珠光宝气的礼物离开大宛。考虑到汉朝距离大宛有万里之遥，使者团在路上都要死掉大半，更别说汉朝旁边还有匈奴虎视眈眈。大宛君臣心中生出一个念头，那就是就算我们抢了这些财物，汉朝又能把我们怎么样呢？

第二天，毋寡就对汉朝使者表示，大宛国不愿意献出宝马，使者留下财物就可以走了。这个结果是汉朝使者无法接受的，韩不害当即怒斥毋寡，小小大宛不肯献出宝马，已经冒犯了大汉天威，如今还想扣留财物，实在是痴心妄想。韩不害当着大宛文武百官的面，将金马砸了个稀巴烂。毋寡大怒，但又不好当面翻脸失了一朝君王的面子，于是定下毒计，命令依附大宛国的小国郁成国派人半路劫杀汉朝使臣。

大宛国此举触怒了汉武帝，汉武帝自继位以来，汉朝兵力强盛，仓廪充实，汉朝使者哪怕出使敌邦匈奴也没有过如此待遇，这实在是汉朝的奇耻大辱。汉武帝马上命国舅李广利抽调 6000 御林军，又从各郡国调集囚犯 2 万人，出征讨伐大宛。

此战与天时有违，正值秋收时节却发生了蝗灾，军粮没有及时送到。汉朝军队只好沿途向臣服于汉朝的西域各国征集粮食，如果不从则视为大宛同党，一同攻打。汉军经过万里跋涉，到达大宛时已经是人困马乏、弹尽粮绝了。即便如此，战争刚刚开始时，汉朝还占了上风，一直到大宛骑兵加入战斗，与郁成国两面夹击，汉朝才战败撤军。

6000 御林军，2 万囚犯，这样的战败本不伤国家根本。但是此次战败对于汉朝的国际地位有着极大的负面影响，一些小国开始效仿大宛，对汉朝使臣百般刁难，甚至还有的国家转头讨好匈奴。为了维护国家威严，汉朝政府上下一心，支持汉武帝出兵征讨大宛。

此次出兵汉武帝做了万全的准备，仅运输军需的各类牲口就多达 30 万，作为随军肉食的羊甚至有 50 万只之多。同时，征集各地的地痞无赖，囚犯恶少，组成了一支多达 20 万的军队，命令李广利戴罪立功，务必将大宛一举拿下。

李广利首次出征吃亏在粮草不足，并且选了一条极其难行的道路。这一次，李广利吸取了教训，换了一条路走，并且先去攻打在效仿大宛对汉朝不敬的轮台国。在轮台国毫无准备的情况下，李广利率领的 20 万大军就冲进了城内，将轮台国攻下，轮台国就这样从历史上消失了。

轮台国一天之内就被汉军踏平的消息不胫而走，传遍了西域，沿途的国家一改大宛击败汉军后的傲慢，争先恐后地驱逐匈奴人，派队伍沿途迎接汉军，送粮送水。汉军一路畅通无阻地抵达了郁成国城下。汉军万万没想到，郁成国玩了一招人去楼空，举国迁往大宛。

愤怒的汉军来到了大宛国的贵山城，将贵山城围了个水泄不通，每天都发起猛烈的攻城，双方死伤无数。大宛全国上下都一片慌乱，之前已经有轮台做了他们的榜样，如果城破，那么必定是寸草不留。大宛城中的贵族可不愿意与国王共存亡，他们秘密联络了李广利，表示愿意作为内应，献出大宛国王和郁成国王的人头，汗血宝马也将献与汉武帝。第二天，叛变的贵族们就将大宛国王和郁成国王两人绑到了汉营。两人被汉军就地处死，随后带着数千匹的大宛马得胜回国了。

从此以后，汉朝在西域的威望绵延数十年，班超出使西域只带了几个人，就能够征服一国，正是靠着这一场战争的余威。

随着时代不停的进步，骑兵的主流也从轻骑兵变成了重骑兵。大宛马速度快，也够灵活，但是承重量却不高。随着大宛马失去了地位，大宛国的地位也日渐降低，最终消失在了历史的长河之中。

精绝，东方庞贝

精绝国这个小国在近年来可以说比不少消失的大国更加有名，这要归功于《鬼吹灯》等艺术作品，将精绝国塑造成了一个神秘、恐怖，又有无限财宝的地方。艺术创作来源于生活又高于生活，那么真正的精绝国是什么样的呢？

虽然精绝国极小，但早在《汉书》里，就已经有了关于精绝国的描写："精绝国，国王驻精绝城，距离长安八千八百二十里。人口四百八十户，三千三百六十人，其中具有战斗能力者五百人。设置有精绝都尉、左右将军、译长各一人。北距西域都护治所二千七百二十三里，南距戎卢国四日行程。地形崎岖，西通弥四百六十里。"这看似微不足道的精绝国，地处丝绸之路南路，国家殷实富庶，百姓安居乐业。就是这样一个与世无争的小国，却在1600年前的某一天突然消失了。

人们再次发现精绝国的踪迹时，已经是公元1900年了。敦煌大盗斯坦因和他的探险队来到了新疆境内的尼雅绿洲。斯坦因在一个当地人手中收购了两块木简，而这两块木简给了斯坦因极大的惊讶。这两块木简使用的是已经失传了的佉卢文书写，而随着贵霜王朝的灭亡，佉卢文早已消失了。

在当地人的引导下，斯坦因到达了木简出土的地方，很快他就确定这里是一处古代遗迹，在他详细的搜索下，一天之内居然发现了几百片木板文书。尽管佉卢文已经失传，但并不妨碍会多门语言的斯坦因了解其中大致的内容，很快，斯坦因就了解木板上写的是一些政府公文。

随后，他开始加快挖掘进度，遗址中出土了大量文物，除了佛经、木简外，更多的是饰品、生活用品，甚至还有欧洲人没见过的文具、餐具、乐器等。这些 2000 年前的遗物令斯坦因惊讶，这些遗迹和遗物展现出了这里居然当时有着高度发达的文明水平。尽管斯坦因时间紧迫，但是他仍然将大量的文物带了回去。他的发现震惊了整个欧洲，谁也没有想到，在新疆沙漠地区居然有着如此灿烂辉煌的古代文化遗迹，欧洲学者们将其称为“东方的庞贝城”。

尽管尼雅遗址中的文物被大肆掠夺，但关于这个文明的身份却没有一个定论。中国学者精通语言学的并不多，而西方学者们又很难找到精通中国古代历史的学者。西方的语言学专家们对斯坦因带回去的资料进行了研读，一时之间根本无法解开其中的秘密。最终，尼雅遗址的身份被法国探险家戈厄纳和中国国学大师王国维共同解开了。

戈厄纳手中有一份掠夺来的古文书记录，其中记载着一个名叫精绝国的地方，而文书上标注精绝国就在尼雅河流域的尽头。没多久，尼雅遗址出土了，对照古文书上的记载，戈厄纳推测这里可能就是自己苦苦寻找的精绝国。既然尼雅遗址已经出土，那么手中的文书就不需要保密了，他将文书上的内容发表于世，而其中汉文部分的内容被国学大师王国维看到了。王国维根据自己丰富的学识和对资料内容的整理，最终断定，尼雅遗迹确实就是西域三十六国中的精绝国。

对于精绝国的消失，学术界有着种种猜测。毕竟这个国家曾经如此富饶辉煌，为什么会无声无息地消失了？根据斯坦因的描述，他找的一部分文件是被刻意隐藏起来的，但是隐藏得并不巧妙，甚至有些仓促。可以推测，这些文书的主人觉得自己不久就会回来，但也可以推测出他们离去时十分匆忙。

有人说，精绝国可能毁灭于环境恶化。尼雅河是塔克拉玛干沙漠地区的一条中型河流，是精绝国民繁衍生命的基础。西域沙漠化日渐严重，有不少河流改道甚至消失。如果尼雅河发生了改道，或者水量减少，那么风沙就会开始侵蚀精绝国，人们不得不放弃这块土地也是可以预见的。

《汉书·西域传》中曾记载了一些关于精绝国风土人情的描写，其中环境描写是这样的："泽地湿热，难以履涉，芦苇茂密，无复途径"，在尼雅遗迹中出土的文书也写道："砍伐活树，罚马一匹，砍伐树杈，罚母牛一头"。从中可以看出两件事情：第一，精绝国当时的生活环境并不好；第二，精绝国已经开始立法保护环境，这也是环境开始恶化的证明。

但如果因为环境恶化，人们已经做好了举国迁移的准备，那么为什么又要将文书仓促地藏好呢？难道忙得连带上文书的时间也没有吗？

还有一种说法，认为精绝国是因为战争而毁灭的。同样在遗迹出土的木简里，多次提到苏毗人这个民族。里面说苏毗人经常攻打精绝，威胁他们的安全。这里提到的苏毗人是个很有趣的国家，或许就是《西游记》中女儿国的原型。

苏毗国，历史上称女国、东女国。苏毗国国土很大，北接于阗，东北到青海通天河，东西分别与吐蕃和天竺接壤。在苏毗国还保持着母系氏族的生活方式，国家的最高统治者是女王。王位的继承也是由女儿继承，如果女王的后代没有女儿，那么就由侄女继承。与《西游记》中不同的是，苏毗国也有男人，但男人的社会地位很低，哪怕是女王的丈夫也是如此。

在苏毗国，女性可以有多个丈夫。不像中原地区，男性要有大量的金钱才能有多个妻妾。在苏毗国，哪怕是穷人家的女子也可以有多个丈夫，而再有钱的男子，也只能有一个妻子。女国也曾向中原王朝派遣使者，并且都是男性。只不过这些使节只能死板地执行女王下达的命令，没有决断权。

苏毗国的社会特点除了以女性为主导外，更保持着几分原始社会的感觉。他们无论男女都披散着头发，在脸上涂抹彩色颜料。战士健壮骁勇，悍不畏死。精绝国长期受到苏毗国的侵略，苏毗国的战士让精绝国十分害怕。虽然精绝国有 500 士兵，但毕竟是一个封建制国家，觉得带有原始社会风格的苏毗人可怕，也是情有可原的。

苏毗国有可能就是精绝国灭亡的元凶，不过还没有足够的证据支持这一点。在精绝国的遗迹中，没有发现士兵的尸体或者城市中有武器等东西。陵墓中的古尸都是正常死亡，并且是精心厚葬，房屋遗址也都保存得十分完整，这实在不像是一个被战争毁灭的国家。

精绝国虽是西域三十六国之一，但它存在的时间却远远比其他国家要短。玄奘法师前往西域的时候，精绝国已经成为了一片废墟。精绝国这个富饶的国家，来也匆匆，去也匆匆，或许我们再也无法找到关于精绝国消失的答案。

龟兹，第二个敦煌

在之前的内容里，我们总是不可避免的提到一个国家——龟兹。龟兹北通乌孙，南连于阗，东西方连接着丝绸之路。毫不客气地说，龟兹就地处西域的中心地带，处于西域的十字路口上。

在汉朝之前，我们对龟兹知之甚少，史书中有记载过的龟兹王，是从绛宾开始的，而关于绛宾，还有一个浪漫的传说故事。

征讨大宛后，李广利将军班师回朝，路过龟兹。尽管李广利可能不如卫青、霍去病这些名将能征善战，但是李广利也是一位有能力的将军。他在龟兹修整的短短几日中，居然就发现龟兹对于汉朝意图不轨。

在龟兹西南方向有一个依附龟兹的小国，名叫扜弥，这个小国将王子赖丹送往龟兹做质子。当时龟兹和扜弥都是汉朝的属国，但龟兹私下将扜弥作为属国的行为明显有些逾越了。这在古代是一件很严重的事情，这说明龟兹有心与汉朝平起平坐，在天子眼中，这就是有不臣之心。李广利斥责了龟兹王，并且将作为质子的赖丹带回了中原。汉武帝去世后，汉昭帝成了新的汉朝皇帝。汉昭帝封赖丹王子为校尉，派他以汉朝官员的身份去轮台地区屯田。当时汉朝官员在西域的地位是很高的，而在龟兹时质子的地位与奴仆相差无几。赖丹就这样咸鱼翻身了。

赖丹王子地位提高以后，开始不把龟兹放在眼里，经常对龟兹的官员、甚至龟兹王颐指气使，这让龟兹人很是气不过。于是，龟兹王在大臣的建议下，出兵轮台，杀死了赖丹王子。龟兹王自知这件事情做错了，马上上书汉朝，向汉朝承认错误，表明自己只是针对赖丹一人，没有不臣之心。

不论龟兹国的目的是什么，但龟兹国的行为确实是私自谋害汉朝官员。此时的汉朝经过多年的征战，国力已不如从前强盛，而龟兹国又天高地远。专门为了一个小国，打一场无利可图又损耗甚多的战争，明显是得不偿失。所以，出兵征讨龟兹的事情没有实行。汉昭帝去世后，汉宣帝继位。而龟兹王也已经换成了绛宾。

汉朝此时国力下降，已经多年没有对匈奴用兵，匈奴觉得重掌西域大权的机会来了，开始在西域四处滋事。汉朝为了对付匈奴及其属国，与西域强国乌孙结盟，共同征讨匈奴。讨伐匈奴的大军路经过龟兹，便出兵攻打了。过去没有出兵攻打龟兹，只是因为不值得专门为龟兹出兵而已，如今顺便，汉朝军队自然不会放过机会。

龟兹国全国的军队也只有 2 万余人，抵抗是完全没有可能的。于是绛宾对汉朝坦诚的承认错误，将杀害赖丹王子的事情推到了先王身上。绛宾的低姿态让汉王朝十分受用，毕竟这件事情只是为了维护大国权威，绛宾已经低头，再追究下去反而失了大国风范。

龟兹国在西域只是个小国，绛宾明白，只有跟汉朝这棵大树绑在一起，龟兹才能有更好的发展。而龟兹对于汉朝来说，根本没有平等对话的权利，甚至连引起汉朝的注意都很难。那么如何靠上这棵大树呢？绛宾决定从和亲开始。

汉朝此时已经与乌孙结为兄弟之邦，还将解忧公主嫁给了乌孙国王。解忧公主有一个漂亮的女儿，名叫弟史。弟史是个聪明的姑娘，她不仅长得漂亮，举手投足都带着优雅的皇家姿态，从小就精通琴棋书画，更是弹得一手好琵琶。

在一次乌孙国出访龟兹国时，弟史也跟去了。绛宾在宫廷之中大宴乌孙使者。弟史在宴会上弹奏了自己拿手的琵琶，还和绛宾跳了一支舞。弟史不论是琵琶技巧还是舞蹈技巧，都让绛宾印象深刻，绛宾就这样对弟史一见钟情了。

宴会结束后，绛宾得知了弟史是解忧公主的女儿，这不正是龟兹国靠上汉朝这棵大树的好机会吗？更何况绛宾已经倾心于她。如果能够抱得美人归，那么汉朝、乌孙还有龟兹，三个国家就坐在一条船上了。随后，绛宾派使者去乌孙国求亲，可惜绛宾晚了一步，弟史已经被解忧公主送去长安学习了。

龟兹是西域要道，更是从长安到乌孙的必经之路。几年以后，当弟史从长安回乌孙时，正路过龟兹国。当绛宾再次看见弟史的时候，他就决定要不择一切手段将弟史留下，再也不让她走了。他扣留了乌孙使团，派出使者向解忧公主求亲。解忧公主被他的诚意打动，答应了他的请求。

绛宾和弟史两人结为夫妻后，生活十分幸福。绛宾对弟史的好，解忧公主也都看在眼里，于是她给汉朝写信，希望弟史这个正宗的汉朝皇室血脉能够有汉朝皇室的身份，并且能够去长安觐见皇帝。朝廷答应了解忧公主的建议，绛宾也以弟史丈夫的身份到达了长安。在朝廷之上，弟史被封为公主，绛宾也受到了皇帝的册封，并且二人带着汉朝赐予的大批礼物回了龟兹。

从长安归来后，绛宾才发现，自己所羡慕的并不只是汉朝的富庶，他更加羡慕汉朝的文化。于是，他开始在龟兹推广中原文化，无论是建筑还是服饰都要用汉朝模样的。大到道路的修建，小到日常的饮食，也都要遵循汉朝礼仪。西域其他国家的商人进入龟兹，无不以为自己到了敦煌，于是龟兹也被称为小敦煌。不少西域国家不齿龟兹的行为，认为小小龟兹偏要实行汉朝礼仪，实在有些不伦不类。但只有绛宾知道，在龟兹推行汉朝文化，究竟给龟兹带来了多少好处。从此，龟兹世代与汉朝交好，在汉朝的帮助下，龟兹也成为了塔里木地区最强大的绿洲国家。

然而这样一个推行汉朝文化的国家，却也在唐朝时期从历史上消失了，至于龟兹消失的原因，主要是因为异族统治。

公元 840 年，回鹘人向西迁移，占领了龟兹国，史称龟兹回鹘。回鹘人通过战争占领了龟兹国，战争过后，龟兹国一片荒凉。龟兹回鹘的可汗名叫庞特勤，他将龟兹国的都城定为可汗王宫，并且打算修复龟兹城。龟兹人与汉朝交好，崇尚汉朝文化，对于回鹘人的统治他们是非常排斥的。并且回鹘人通过战争占领了他们的国家，更是让他们深恶痛绝，想要让他们修复龟兹城，继续在此安居乐业，简直比登天还难。于是，大量的百姓开始悄悄撤离龟兹城。龟兹人大量的逃离引起了回鹘人的注意，庞特勤下令，凡事抓到逃跑的，一律处斩。庞特勤想要杀鸡儆猴，让龟兹人不再逃跑。

庞特勤恐怖的行为不仅没有吓住龟兹人，反而激起了龟兹百姓的逆反，龟兹百姓越发觉得回鹘人残暴不仁，呆在这里只有死路一条。百姓越逃越多，庞特勤无奈之下只好迁都离开了龟兹城。就这样，拥有上千年历史的龟兹城，因为一场战争被彻底荒废了。原来的龟兹人分成了两支，一支前往中原地区生活，而另一支则被回鹘等少数民族同化了，小敦煌也成为了一段历史，成为了另一段被战争毁灭的辉煌。

疏勒，佛国重镇

疏勒这个名字可能熟悉的人并不太多，尽管疏勒是西域三十六国之一，在疏勒城中更是发生过许多可歌可泣的故事。

疏勒的地理位置极其重要，作为龟兹的邻居，这里是中西方各国文化的汇聚点，无论中原文化还是印度文化，甚至波斯文化，都在这里汇聚起来，然后又传到世界各地。佛教文化从印度传入中原，就是从疏勒开始的。

佛教的传入给疏勒带来了莫大的好处，疏勒的佛教文化起源较早，所以周边不少国家的僧人以及佛教徒都经常来疏勒听经讲法。但同样因为地理位置，疏勒也成为了战争频发的地区。在这些战争中，留下了许多可歌可泣、荡气回肠的故事。

耿恭这个人远不如班超、张骞甚至苏武响亮，但耿恭疏勒的故事比以上几位更加惊心动魄。

东汉时期，耿恭随窦固收复车师，被任命为戊己校尉，率领士兵驻扎在金满城。公元 75 年，2 万匈奴士兵在左蠡王的率领下进攻车师国，攻下车师国后，趁势转攻耿恭所驻守的金满城。耿恭手中没有多少士兵，知道在金满城无法抵御匈奴的进攻，于是他命令手下使用毒箭，诈称神箭震慑匈奴人。正巧天降大雨，耿恭及手下士兵趁乱大败匈奴。

侥幸得来的胜利不可能长久，耿恭深知这一点。于是他马上带领自己的部下撤离金满城，去往城池更加坚固的疏勒城。没过几个月，匈奴就攻打到了疏勒城。耿恭有勇有谋，在匈奴士兵还在城下排兵布阵的时候，就带着自己为数不多的军队冲了出去，打了匈奴人一个措手不及。而当匈奴人整顿好部队的时候，耿恭已经带着部队撤回城里了。形势不利，耿恭绝对不主动出击，他命人紧闭城门，坚守不出。

疏勒城易守难攻，匈奴人几次猛攻都没有打下，于是就转猛攻为围困。他们掘断了通往城内的河水，希望能够通过断水让城中的汉军投降。没有河水，耿恭只好叫士兵就地打井，希望借此解决饮水问题。没想到打了 15 丈深，还是不见井水。士兵们渴的喉咙冒烟，就连马粪都拿来榨水喝了。耿恭没有放弃，叫士兵们继续挖井，又挖了几丈才有水涌出。耿恭命令士兵向城外泼水，告诉匈奴断水这招对他们没用。这下匈奴彻底没了办法，只好撤军。

就在匈奴人围困疏勒的时候，另一边焉耆和龟兹也受到匈奴的煽动，背叛了汉朝，甚至将刚刚上任的都护陈睦都杀害了。同一时间，驻扎在车师的戊己校尉关宠受到了匈奴的围攻，急忙上书汉朝请求朝廷派遣救兵。没想到此时皇帝刚刚去世，举国治丧，没有时间商讨出兵的事情，更别提派救兵了。面对匈奴军队的压力，车师选择投降，派出军队与匈奴一同进攻疏勒城。耿恭此时已经无路可退，他背后就是大汉的疆土，为了守住大汉的门户，他带领部下一次又一次的击退匈奴与车师的联军。

车师国王的夫人是个汉人，尽管车师国王已经投靠匈奴，但夫人还是热爱着自己的祖国。她一次又一次的派人将重要军情送至耿恭手中，还想办法给汉军运送粮草，帮助耿恭守住通往大汉的最后一道屏障。

耿恭又在疏勒城坚守了几个月，此时城中真的是一无所有了。士兵们开始吃自己的衣服、铠甲甚至弓弩。就在这种艰难的时刻，耿恭依旧能够维持军纪，他手下的将领士兵没有一个提过投降，始终上下一心，听从耿恭的调遣。

时间长了，匈奴人也看出疏勒城中空无一物，士兵们全靠耿恭的激励才能坚持下来，于是派出使者诱降耿恭。匈奴使者提出条件，只要肯投降匈奴，封王拜相都不成问题。耿恭假意投降，引诱匈奴使者进城，亲手将其斩杀，挂在城门上示众。尽管这种做法有违道德，但是却大大的激励了汉军的士气。匈奴单于得知耿恭杀了使者示众后，暴跳如雷，派了更多的兵马围攻疏勒，并放出消息，抓到耿恭一定要将其碎尸万段。匈奴派出了更多的兵马，但疏勒城始终没有沦陷。

国内的治丧终于结束了，新君汉章帝顺利继位，马上派出耿恭的弟弟耿秉带领士兵前去救援，并派遣秦彭、皇甫等人携张掖、酒泉、敦煌三支军队，联合西域一些国家的士兵共 7000 余人，出兵攻打车师。匈奴见汉朝援军来了，立刻退兵，车师也马上宣布投降。

第二天，耿恭就撤出了疏勒城，匈奴人马上派兵追击。耿恭用兵如神，最后安然退入玉门关内。撤离疏勒城时，耿恭的军队只剩下 26 人，这些士兵如同难民一般，衣衫破烂，面黄肌瘦，支持他们战斗的力量是保家卫国的信念。在得知祖国无恙后，不少人死在了归途上。可悲可叹的是，耿恭这样一位名将被部下陷害入狱，这场战争不仅无功，反而有过。出狱没多久，耿恭就死在了家乡。

除了耿恭之外，在疏勒抵御过外敌的还有弃笔从戎的班超。班超联合乌孙，凭借汉朝威名，以少量兵力收服了莎车、大月氏、龟兹、姑墨、温宿、焉耆、危须等国，作为都护威震西域 22 年，被汉朝封为定远侯。期间班超数次想要回国，都被西域各国挽留住了，为了让班超留在西域，甚至有的西域国君以死相逼。西域各国都明白，只有班超在，西域才能长治久安。

直到汉和帝时期，班超已经垂垂老矣，才上书说自己已经老了，不想死在异国他乡，希望能够活着走回玉门关。汉和帝怜其忠义，下书召班超回京。截至此时，班超已镇守西域 31 年。班超回到洛阳后不久就去世了，享年 71 岁。

此后疏勒一直与中原政权交好，作为军事重镇，疏勒为中原政权抵御外敌做出了巨大贡献。唐朝时期不仅在疏勒地区设置了都护府，更派了大量的唐朝军队驻守于此。安史之乱爆发后，整个唐朝陷入了巨大的内战当中，西域各国蠢蠢欲动，吐蕃开始在西域用兵。唐朝政府命令安西都护府和北庭都护府撤回关内，但两大都护府内的各族军民为了不失疆土，寸步不退，抗战多年后，终究还是倒在了吐蕃的铁骑之下，疏勒乃至整个西域从唐朝中央政权手中丧失了。疏勒是个小国，也是佛国，就是这样本该是一片净土的地方却一直处在战火的洗礼当中。就是在这样一块土地上，书写着中华儿女团结对抗外敌的不朽战歌。

焉耆，西域的天堂

提到西域，人们脑海中出现的难免会是风沙滚滚的大漠，一望无垠的戈壁，偶尔有几片绿洲点缀，在绿洲上各地商人熙熙攘攘，俨然一片异域风光。但实际上，绿洲也有许多种，有些绿洲可以称得上是人间天堂，比如焉耆国。

焉耆国是建立在绿洲上的一个城邦小国，同样是汉朝丝绸之路上的必经之地，距离长安有 7300 里远，人口 3 万余人，士兵 6000 余人。并且临近大海，渔业发达。玄奘法师西行求经，从高昌国出发，第一个途径的国家就是焉耆国。在《大唐西域记》中，玄奘法师着重描写了焉耆国与其他西域国家不同的风土人情。焉耆国四季温暖如春，气候宜人，民风淳朴，热情好客。焉耆国国民信仰的宗教是小乘佛教，所有的信徒都极其虔诚，他们洁身自好，勤奋刻苦。焉耆国四面环山，道路艰险，易守难攻，同样是西域重镇之一。就是这样一个小国，在其遗迹中找到的是浓浓的汉文化气息。

如今维吾尔族人将这片遗迹称为“七格星明屋”，意为“千间房子”，虽然意思不完全准确，但也能大致概括该遗迹的特点。七格星明屋主要是由南北两座寺庙遗迹和一个小型的石窟群构成。南北两个寺庙的规模非常大，按照玄奘法师的描述，当地当时只有寺庙十几座。这两所寺庙有许多僧屋，用“千间房子”来形容也不为过。建筑物建筑的方式十分简陋，根据建筑特点可以推算大概是在唐、元年间修建，不过部分最老旧的地方时间可以追溯到南北朝时期。

石窟群是由十几个石窟构成，石窟的类型各不相同，可以看出部分极特别，并且修筑成佛坛的模样，这大概就是焉耆国的特色了。不过石窟内的壁画、雕刻，都带有浓烈的汉族文化气息。

焉耆国被确立为安西都护府下的四镇之一，是在武则天时期，此时也是汉人在焉耆国活动最频繁的时候，所以这里的寺庙与石窟在修建时难免会有些汉族文化的烙印。

除了秀丽的风景、朴实的人民、虔诚的僧侣外，焉耆国还有属于自己独特的宝物，那就是马。大宛国的马可谓是赫赫有名，甚至在汉朝一度以天马称呼大宛国的良马。但焉耆国的焉耆马，也是与大宛马不遑多让的优良马种。在汉朝时期，焉耆马就在中原和西域负有盛名，相比大宛马，焉耆马更加敏捷、灵活，耐力也更强。关于焉耆马，还有一段美丽的传说故事，这个故事也让焉耆人称焉耆马为“龙驹”。

相传在焉耆国有一座博斯腾湖，也被称为西海，掌管西海的龙王有三个儿子。有一年，焉耆国火神降临，大地干旱，别说是庄稼，就连牧草都长不出几根，人和动物都快要饿死了。西海龙王的三个儿子都十分善良，他们不忍心看见焉耆国生灵涂炭，于是私自动用甘霖消除了旱灾。三位龙子为老百姓做了好事，但是却触犯了天条，所以将他们三人贬为马身，放逐至焉耆的土地上。这三位王子所化的龙马就在焉耆国安家落户，养育后代，从此焉耆国就有了品种优良的骏马。当地人将它们称为“龙驹”，或者“海马”。

从传说之外的角度来看焉耆马，的确也配得上“龙驹”“海马”的名字。一匹好的焉耆马，一天可以跑300公里，从西域到京城，只需要五六天就够了。焉耆马不仅矫健，而且聪明。它们善于寻路，走过一次的路就很难忘记。除此之外，焉耆马还会游泳，不仅能自己游，还可以驮着主人一起游。焉耆马在水中的姿态威武大方，如同一条龙在水中嬉戏一样，这也是其被称为“海马”的原因。除了游泳之外，焉耆马还有其他马难以企及的绝活，那就是在冰上奔跑。博斯腾湖每到冬季就会结冰，普通的马在平坦的冰面上可谓是寸步难行，而焉耆马依旧能够健步如飞，甚至还能负重拉车。

焉耆国的遗址与其他已经消失了的古国大不相同，焉耆国的遗址至今仍被当地人称作“高大雄伟之城”。整个焉耆古城遗址占地6平方公里，城墙10余米高，20多米长，5米厚，在当时一定是一座雄伟壮观的古城。

根据《魏书》的记载，焉耆国有许多东方国度不常见的奇珍异宝和古怪物品，全国上下几乎都从事商业活动，这里的市场极其繁荣。在遗迹当中出土了历代中原王朝的钱币和其他国家的钱币，金银饰品、各种陶器也出土极多。包括汉朝的铜镜、包金铁剑等等物品也有出土。其中金质带扣在我国只有两个，其中一个就是在这里出土的。

除了商业十分发达，焉耆国的工匠在艺术上的造诣也是很高的。在焉耆国出土了非常精美的三耳红陶罐，制作精细，耳上还有神情各异的头像。

在焉耆国的遗址附近，还有一座同样精致的卫星城。这座城池规划合理，选址极具意义，实是一块进可攻、退可守的宝地。

焉耆被称为“西域的天堂”，此处受到的自然侵蚀并不严重，本可以出土更多的文物以让考古学家进行学术参考。但可惜在20世纪初期，敦煌大盗斯坦因和他的德国同行勒科克二人先后来到了焉耆国遗址。他们对焉耆国遗址进行了破坏式的挖掘，将大量精美文物运送到国外，这些东西如今保存在大英博物馆和柏林印度艺术馆中。

时至今日，一座天堂一般的古城在自然的侵蚀和盗墓者的破坏下，已经变得面目全非、千疮百孔。或许在未来的某一天，焉耆国的遗址会变成历史上的一颗流星，匆匆划过再也找不到一丝踪迹。

乌孙，汉朝奇女子的舞台

乌孙是西域老牌强国，发生在西域的大事里，难免会有匈奴、乌孙和中原政权的影子。三国之间的纠葛堪比一团剪不断、理还乱的乱麻，而乌孙原本只是一只流浪的“焉鸟”。

关于乌孙国的考证最早可以追溯到春秋时期，那个时候乌孙还在当今宁夏固原一代游牧，而到了西汉时期的记载中，乌孙已经是河西走廊地区的一个国家了。后来国力尚可的大月氏进攻乌孙，乌孙战败，乌孙王（也称昆莫），在战争中死去，他的儿子猎骄靡当时还是一个在襁褓中的婴儿。

在传说故事中，猎骄靡被抛弃在荒野之地，由乌鸦和狼养大，这令匈奴的冒顿单于深感奇怪，甚至觉得猎骄靡是神子，于是就决定将猎骄靡养大。猎骄靡一天天长大，但父亲被杀、国家被灭的怨恨却始终没有被忘却。他向冒顿单于借兵，反攻大月氏，结果打败了大月氏，大月氏被迫离开伊犁河流域。又过了几年，乌孙国举族迁徙，回到故地重新建国。根据史学家的考证，乌孙可能在中国山东一代居住过，并且以当地的一种焉鸟作为图腾。

提到乌孙，我们就必须提到与乌孙和亲的两位公主。其中一位就是我们之前介绍过的和亲公主——细君公主。而第二位，就是解忧公主。相比细君公主来说，解忧公主为汉朝与乌孙的之间的友谊做出了更多的贡献。

解忧公主前往乌孙和亲的时候，只有19岁，来到乌孙以后几乎是继承了细君公主的位置，成为了右夫人。由于语言不通，所以当时的乌孙王军须靡更加宠爱匈奴来的夫人。解忧公主因为来自中原，反而在争夺乌孙王宠爱的斗争中落了下风。在几年的时间里，军须靡与匈奴夫人如胶似漆，并且匈奴夫人为军须靡生了一个儿子，取名为泥靡。这个儿子很受军须靡的重视，被当作下一任乌孙王的继承人来培养，因此乌孙国与匈奴的关系越来越近了。

就在解忧公主一筹莫展的时候，事情出现了转机。军须靡身体一日不如一日，并且自知将不久于人世。他觉得自己的儿子泥靡年纪太小，不足以担任乌孙的国王，于是就下令由自己的堂弟翁归靡继承王位，等泥靡能够独当一面的时候，再将王位还给他。

军须靡去世后，翁归靡继承了王位。翁归靡与军须靡不同，他性格开朗，身材肥胖，被称为肥王。按照乌孙国风俗，新任国王要继承上一任国王的妻子。与细君公主不同，解忧公主深知，如果想要拉拢乌孙国来到汉朝这一边，那么自己不仅要接受改嫁这件事情，并且还要抓住这个机会。

解忧公主这几年可不是白过的，尽管军须靡不喜欢她，她还是努力地学习乌孙的语言，适应乌孙的环境和习俗。所以当她改嫁给翁归靡以后，马上就俘获了翁归靡的心。解忧公主与翁归靡十分恩爱，她为翁归靡生了三男两女，五个孩子。翁归靡在位的期间，他非常宠爱解忧公主，甚至到了言听计从的地步。在解忧公主的努力下，乌孙国与汉朝的关系日渐亲近，与匈奴的关系则日渐疏远。

乌孙与汉朝的联盟，在西域形成了一股绝强的力量，西域各国无不拜服。子凭母贵，解忧公主的大儿子元贵靡被翁归靡立为太子，次子万年被送往西域小国莎车国当国王，这也是因为万年身上有一半解忧公主的血统。龟兹国王绛宾为了与汉朝交好，也拼命的想要娶到解忧公主的女儿弟史。解忧公主的另一个女儿素光后来也嫁给了乌孙国一位侯爵。整个西域也因为解忧公主的关系，与汉朝越来越亲近。

匈奴自然不肯坐以待毙，他们明白时至今日，乌孙与汉朝走得越来越近的主要原因就是解忧公主。在汉帝刚刚去世，无暇顾及西域情况的时候，匈奴对乌孙发动了进攻。他们在乌孙的城下，威胁翁归靡交出解忧公主。翁归靡冲冠一怒为红颜，派出士兵与匈奴大战。解忧公主也立刻上书朝廷，请求朝廷派出救兵。辅政大臣霍光当机立断，派出士兵前去支援。匈奴人在汉武帝时期已经被汉军打怕了，如今看见汉军的援军，立刻就撤退了。

匈奴在东面战场上的全面溃败给了乌孙国反攻的机会，翁归靡亲自率军袭击匈奴右谷蠡王的王庭，并且大获全胜，俘虏 4 万余人，缴获牲畜 70 多万头，从此以后匈奴对乌孙的恨意就更深了。祸不单行的是，撤退的匈奴军队遇上了大风雪的袭击，军队和百姓伤亡惨重，十不存一，从此以后匈奴变得越发式微了。

在乌孙的奇女子不仅只有两位公主，还有一位了不得的女外交官，名叫冯嫽。冯嫽本是侍女出身，但是能言善辩，沉着稳重。尽管她只是侍女出身，但到了乌孙没多久，就嫁给了乌孙国的右将军。她与解忧公主一个在宫内活动，一个在宫外活动，为汉朝与乌孙的交好做出了巨大贡献。

天下无不散的宴席，解忧公主和翁归靡的恩爱婚姻因为翁归靡的病逝结束了。翁归靡去世，按照军须靡的遗嘱，应该由泥靡继位。解忧公主有心让自己的儿子登上王位，可惜得不到足够的支持。泥靡登上王位后，残暴不仁，号称狂王。因为他母亲是匈奴人，所以相比于汉朝，他更倾向于与匈奴交好。解忧公主为了挽回乌孙与汉朝的友谊，毅然嫁给了泥靡。

泥靡继位以后的所作所为，不仅破坏了汉朝与乌孙的关系，也令全国上下的百姓怨声载道。虽然解忧公主为泥靡生下了一个儿子，但两人之间的关系仍然很差。解忧公主为了汉朝，也为了乌孙国的子民，决定铤而走险，刺杀泥靡。解忧公主联合出使乌孙的汉朝使者，为泥靡摆下酒宴，设下了埋伏。在出手刺杀的时候，刺客的失误让泥靡顺利逃走了。

逃走的泥靡没多久就卷土重来，带着士兵与解忧公主的侍卫们大动干戈，乌孙国上下一片混乱。翁归靡与匈奴公主所生的儿子乌就屠觉得这是一个大好时机，他趁乱杀死了泥靡，自立为王。乌就屠与匈奴的关系更加密切，国中亲匈奴的一派贵族都归附于他，准备夺取乌孙国的控制权，迎匈奴大军前来平乱。

就在乌孙国内战即将爆发之际，冯嫽利用右将军与乌就屠交好的关系前去劝说乌就屠。她利用自己良好的口才和卓越的见识，为乌就屠分析了汉朝与匈奴的实力对比、西域地区的形势，最终说服了乌就屠，将王位让给解忧公主的儿子元贵靡，自己甘居小王的位置。

此时解忧公主年事已高，于是上书汉宣帝，希望自己能够落叶归根。汉宣帝怜其为两国安定付出了自己50余年的时间，派人将年逾古稀的解忧公主接回了汉朝。

解忧公主离开乌孙后，乌孙国中亲匈奴派和亲汉朝派不断的发生争斗，国家内耗十分严重。到了东汉末年，鲜卑族崛起，不断的对乌孙发动进攻。乌孙无法抵抗，只好迁徙至天山山脉中生活，从此以后，世上再无乌孙国。

高昌，西域第一站

高昌是丝绸之路上的重要城镇，至今在吐鲁番东 45 公里处还有着高昌古国的遗迹。高昌的国名来自其风土人情，“地势高敞，人广昌盛”，这就是高昌国名的由来。但是高昌能够得到迅速发展，变成一座繁华的商业城市，与它身为丝绸之路上的西域第一站息息相关。

高昌地区原本有一个名叫车师的国家，在十六国末期时，车师国灭亡。北凉的将军阚爽率领一直军队来到此处，在柔然的支持下占领了高昌地区，史称“阚氏高昌”。高昌建国后，趁中原割据势力混战的时候，断绝与中原王朝的关系，依附柔然，接受柔然部族的册封。但是，在发展经济和文化方面，依旧遵照着汉族文化的传统。

高昌身为中原通往西域的门户，成为了商品贸易的中心，没过多久，就成了西域最为繁华的城市，甚至成为了西部最繁华的城市和商品贸易地。高昌连接了中原、中亚和欧洲，市场上不仅有来自波斯的苜蓿、葡萄、香料、宝石、骏马等，也能看到中原地区特有的丝绸、瓷器、茶叶、火药。在高昌国贸易最繁荣的时候，高昌国还举行过一次商业盛会。在这次集会上，可以看到穿着各国服饰的商人，看见各国铸造的不同钱币，听到不同的国家的语言，看见闻所未闻的商品。就连一向自诩为天朝上国的中原政权，也深受震惊。隋炀帝还特地来到高昌视察，也对高昌的繁荣深感震惊。此时，高昌国已经在麴氏的控制之下，也成为麴氏高昌。

刚开始的麴氏高昌与中原政权的联系十分密切，隋炀帝还将自己的女儿嫁给了当时的高昌王麴伯雅。麴氏高昌共有十任国王，这十任国王都是汉人，所以高昌的文化也深受汉文化影响，文明水平也是极高的。在文化当中，高昌的音乐是流传最为广远的，带有强烈的异域风格和强烈的情感，在中原十分流行，还被唐朝编入了十部大乐之中。

高昌国有繁荣的经济作为基础，国力逐渐强盛了起来，高昌王在西域的地位也水涨船高。渐渐的，高昌王变得目中无人起来，就连中原政权也不放在眼里。高昌王位传至麴文泰的时候，他觉得当时在中原掌权的唐朝已经没有能力控制高昌了。他表面对唐朝使者极为尊敬，暗地里勾结西突厥阻断丝绸之路。甚至还放出话来，表示任凭你唐朝如何富饶，如何兵多将广，只是我守在我的高昌国，你也打不进来。唐太宗得知以后火冒三丈，但由于师出无名，才没有兴兵攻打高昌。后来，高昌国已经开始明目张胆地侵略周边小国，开始吞并邻国焉耆的领土。焉耆国向唐朝求援，唐太宗马上派出将军侯君集讨伐高昌。麴文泰坐井观天，视野狭隘，根本想不到唐朝士兵如此英勇善战，没多久就穿越沙漠来到了高昌的城下。麴文泰此时后悔已晚，马上将自己的王位传给了儿子，并且没过多久就去世了。高昌国就此并入唐朝疆土，并且在唐朝的管理下进入了鼎盛时期。

在公元866年，回鹘族崛起，他们占领了唐朝统治下的高昌，并且在这里建立了新的国家，史称回鹘高昌。高昌地区就是丝绸之路上的一颗明珠，只要在这里建国，那么国力必定会飞速增强。回鹘高昌与中原政权一直有着贸易往来，尤其是马匹交易，最大的一笔交易马匹数量居然有 2.4 万匹之多。

回鹘高昌尽管是从唐朝手中取得了高昌这块土地，但却一直很重视与唐朝的友好关系。在回鹘高昌的发展阶段，曾多次主动与唐朝联姻。随着时间的发展，回鹘高昌越来越强盛。中原地区的政权经过数次交接，来到元朝时期。元朝的势力实在太强大了，回鹘高昌国王知道这个时候已经无法独善其身，便主动归顺元朝。元世祖忽必烈将回鹘高昌改名为畏兀儿王国，接受元朝的管制。

畏兀儿王国要接受元朝的统治，这已经让他们失去了自主发展的权力，国力日渐衰弱。最终，被反抗元朝的海都攻入了都城。畏兀儿王国战败，国王战死，高昌陷落。海都在高昌城内尽情掠夺，掠夺完以后还在高昌城内放了一把火，这把火让高昌再无回天之力，一个灿烂繁荣的国家就此消亡。

而在繁盛时期，高昌令人称道的除了繁荣的商业外，还有独特的佛教文化。佛教早在公元前 1 世纪就传入了高昌地区，当时有许多高僧通过高昌去往西域的其他地区传播佛法。这种趋势随着时间的推移越发的昌盛，到了隋唐时期，许多来自印度的僧人开始来到高昌宣传佛法，并且开始学习汉语。

唐朝中期时，高昌的佛教已经发展了到了一个空前繁荣的地步，并且人们对于佛教的狂热持续了几百年之久。公元 9 世纪，回鹘定居高昌，在当地居民狂热的攻势下，回鹘人也接受佛教，并且将佛教作为高昌有统治地位的宗教。

受到佛教的影响，高昌地区的艺术形式多数都带有宗教意义。高昌城附近有许多石窟，其中不论是壁画还是雕塑都是以佛教题材为主。可惜这些洞窟中的精品多数已经在战争中流失到海外地区。相比于雕塑，发展更加迅速的艺术形式是壁画，在石窟的壁画里，从佛像到地狱，都是佛教题材的。这些壁画的技巧也是集周边国家之大成，既有高昌佛教的技巧，也能看出中原、龟兹等地区的绘画特点，随着回鹘文化的融入，这些壁画变得更加丰富多彩。

高昌国作为中原地区通往西域的第一站，有着得天独厚的地理位置，这样的地理位置让高昌地区可以得到飞速的发展，但有时候也会为他们带来灭顶之灾。今日的高昌空余了一座雄伟的古城，而谁能想象这里曾是丝绸之路上的一颗明珠呢？

月氏，丝路开辟原动力

丝绸之路的开辟是因为张骞出使西域，而张骞出使西域的原因就是去寻找与匈奴有世仇的大月氏。那么月氏究竟是一个怎样的国度呢？

月氏本不是一个国家的名称，准确的说，月氏是一个民族、一个部落。月氏最早出现在中国古代河西地区，古代的史书中没有月氏这个称呼，而是使用禺氏。在周朝时期，就与中央政权有着不少往来。根据史书上记载，周穆王西巡，就曾在黑流域碰见活动的月氏人。月氏人热情好客，给了周穆王热情地欢迎和款待。月氏的部落首领还献给周穆王豹皮 10 张，宝马 26 匹，周穆王也满意的接受了这些礼物。

我们说月氏先是一个民族，而后才是一个国家，但月氏是个什么民族，至今还没有一个定论。学者们给出了数个答案，有的认为月氏是鞑靼族，有的认为月氏是藏族，有的认为月氏是日耳曼族的哥特人，还有人认为月氏与匈奴人同出一支。因为难以确定他们的民族，所以他们是从哪里来的也成为了一个难解的谜题。

难以断定月氏人来历更重要的一个原因是月氏人的活动范围非常广泛，从天山地区到黄土高原，都能发现他们的影子。因此有的人认为月氏是在本地发展的，有些人认为月氏是从北方来的，还有人认为月氏来自帕米尔高原。不过月氏人并不是纯粹的游牧民族，虽然他们有时候也会过游牧生活，但其实他们也经常会在环境好的地方筑城。

春秋时期，月氏部落越来越强盛，当时就有不少月氏人来到秦国进行以物易物的交易。秦穆公时期，月氏已经成为了秦朝与西方各部落交换货物的中间人。

战国时期，月氏更加强盛，他们开始扩张领地，驱逐了居住在敦煌地区的乌孙，将河西地区掌握在他们手里，并且建筑了一所都城，取名昭武。西域康国人经常去昭武城做生意，而中国的丝绸就先运达昭武城，然后再由康国商人带到西域各国，甚至到更远的欧洲去。没有月氏人，那么中国的丝绸也没那么快传入中亚、欧洲甚至非洲。

月氏与秦国往来密切，在发展速度上也是并驾齐驱。当秦始皇统一六国的时候，月氏已经是有着十几万士兵的游牧民族了，与月氏同样强大的只有匈奴。就在这个时候，匈奴的头曼单于妄想入侵秦国，秦国大将军蒙恬率领秦军将匈奴军队杀得大败，整个匈奴的势力一落千丈，随时有被月氏吞并的可能。

匈奴对月氏表现的十分敬畏，甚至处处讨好，但却并不想久居人下。没多久，头曼单于就将他的儿子冒顿送往月氏做人质，而后马上发动了对月氏的进攻。头曼单于并不喜欢冒顿这个儿子，他想要将冒顿送入月氏后，再刺激月氏杀害人质，这样他就可以立自己小妾的儿子做继承人了。头曼单于的计谋生效了，愤怒的月氏人马上就想到自己手中还有倒霉的冒顿，但冒顿却远比他们想象的聪明，就当他们气势汹汹地来报复时，冒顿早就听到风声逃跑了。

回到匈奴的冒顿满心怨恨，他不仅恨想要杀自己的月氏人，更加恨出卖自己的父亲和父亲的小妾。他安排了一系列的计划，最终成功杀死了自己的父亲、父亲的小妾，还有那个同父异母的兄弟，成为了新的单于。冒顿单于有勇有谋，心中还有着匈奴人少见的细腻，没多久，他就率领匈奴军队打败了当时非常强大的东胡，而下一个复仇的目标就是月氏。月氏与匈奴展开了一场大战，但与东胡实力相当的月氏人实力远不如励精图治的匈奴。几次战争下来，月氏已经十分衰落了。为了避免被匈奴灭族，月氏人只好远离匈奴，离开河西走廊，向西撤退，这些人就是后来的大月氏人。

月氏向西撤退，很快就找到了一片新的土地，只不过这片土地上早已有了主人，他们就是乌孙人。乌孙人对于外来的月氏人并不欢迎，双方马上展开了大战。烂船还有三分铁，瘦死的骆驼比马大，月氏虽然不敌匈奴，但收拾当时的乌孙还是轻而易举的。乌孙很快就一败涂地，国王被杀死，乌孙国大半落入月氏之手。

就在乌孙国有仇难报的时候，匈奴人又出现了，冒顿单于收养了乌孙国王的儿子猎骄靡。匈奴与乌孙有着共同的敌人，单靠匈奴并不能一口气将月氏消灭，而乌孙国对月氏是有深仇大恨，十分渴望复仇。匈奴给了乌孙许多援助，很快乌孙就再次崛起了，甚至比之前还要强大。在匈奴的支持下，猎骄靡带领乌孙国的士兵攻破了大月氏，月氏国被彻底毁灭，月氏王被杀，头骨也被匈奴王做成了酒杯。

月氏人这一次受到了极大的打击，不得不再一次迁徙。为了远离匈奴和乌孙，他们这一次迁徙的范围更大、距离更远。他们路径大宛，转行向南，击败了大夏，在原本是大夏的地方定居了下来，建立了大月氏国。而还有小部分人不愿意再进行艰苦的迁徙了，他们没有了建国的野心，向东南进行迁徙，与羌族为邻，这一支人被称为小月氏。

第六章

美丽西域，与中原不同的地方

中原风光有游牧民族所羡慕的温柔与秀美，中原地区生产的丝绸和其他商品更是深得西域各民族的喜爱。但是塞上风光同样有着自己的美，西域地区同样也有着自己独特的产物。

广阔壮丽，西域地区的地形

西域地区与中原地区有许多的不同，形成这种情况最主要的原因就是地形的不同。在中原地区经常有农业发达的地区，土壤肥沃、绿树成林。在沙漠地区，这样的地方就被叫作绿洲了。在河西走廊地区就分布着许多绿洲，那些绿洲在雪山与沙漠的衬托之下显得十分美丽。

西北地区地形以荒漠居多，降雨量十分稀少，气候干旱。只有山前的冲积扇地区和中下部的冲积平原上才会有绿洲分布。根据资料记载，早在三四千年前，绿洲里就有游牧民族在放牧。在秦汉时期，绿洲里已经有形成规模的农业地区，在南疆地区形成了许多小国。西汉时期，汉朝将匈奴逐出了西北，为了巩固边防，为边防戍军提供充足的粮食，还让许多移民来到边疆，兴修水里，开垦农田，共同发展绿洲经济。

绿洲的农业发展离不开水，在绿洲地区兴修水利成了一项关键工作。在昆仑山、祁连山、天山、阿尔泰山等地区，经常会有高山积雪和冰川，这些冰雪在夏季时就会融化，让河流的水量更加充足。但是冲积扇上部地区渗漏严重，水流部分渗入了地下，变成了地下河，再从地下水溢出带流出。想要有充足的水灌溉绿洲，就必须从河流出山的地方修建水渠。西汉统治西北地区后，历代中原王朝都对西北地区的水利事业十分重视。

大量的汉族移民不仅巩固了边疆，更将中原地区先进的文化和农业技术带入了西域地区。加上水利工程的完善，绿洲经济发展得速度很快，甚至部分地区和中原地区一样富饶。河西走廊的张掖与武威就是在绿洲上发展起来的城市，有着“金张掖，银武威”的美称。

丝绸之路地区除了绿洲之外，还有广袤的大草原，许多游牧民族在此繁衍生息。丝绸之路所经过的草原地区主要有蒙宁甘草原、青藏草原和新疆草原三大块。

蒙宁甘草原是欧亚大草原的一部分，海拔极高，受季风影响严重，有一定的降水量。宁夏草原地区比较干旱，是滩羊的主要产地，也是宁夏地区主要的畜牧业基地。这里气候干燥，牧草稀少，但因为苜蓿等植物很多，牧草营养丰富，所以这里的畜牧业反而更加发达。

六盘山东西两侧，是黄土高原地区，这里的草原多数是干草，北部地区是荒漠草原，有许多细毛羊和滩羊。自秦汉以来，这里就一直是放牧的好地方。黄土高原丘陵地区是鄂尔多斯草原的一部分，这里与六盘山地区不同，水源丰富、溪流众多、水草丰美，是放牧的好地方。不仅羊可以在这里放牧，牛也可以在这里放牧。

青藏高原地区也有一片草原，海拔高达 2500 米以上，在黄河九曲第一曲的地方。这里地势高，气候寒冷，降雨量也很少，不过大多数地区都是肥美的草原，面积极其广阔。该地马、牛、羊皆可放牧，尤其以牦牛、河曲马、欧拉羊闻名。

在甘肃、青海两省之间的祁连山地区，也有着一块水草丰美的天然牧场。西域大国乌孙、月氏、匈奴都在这里放牧。汉朝占领河西走廊后，匈奴为失去这块草原痛苦万分，而这里也成为了中原王朝饲养战马的重要基地。除了战马外，这里还饲养着大量的骆驼，许多靠近沙漠的地区都在饲养骆驼。

伊犁河谷地区也是乌孙国的控制区域，这里雨水充足，气候适宜许多营养丰富的牧草生长。乌孙国在此经营多年，经常一户人家就有5000匹马。

除了马、牛、羊之外，草原上还有许多珍贵的野生动物，黄羊、野马、野骆驼、羚羊等。甘草、枸杞、冬虫夏草等名贵药材也是这里的特产，这些宝贵的财富为该地区的经济发展起到了巨大的作用。

西北内陆荒漠地区，降雨量大多在200毫米以下，许多地方年降水量甚至不到10毫米。这些地区异常干旱，也没有什么植物，地表上覆盖着漫漫的黄沙。在许多年的大风吹蚀作用下，这里就形成了浩瀚无垠的沙漠。我国的四大沙漠都在丝绸之路的沿线上，分别是古尔班通古特沙漠、巴丹吉林沙漠、腾格里沙漠和塔克拉玛干沙漠。

塔克拉玛干沙漠是我国最大的沙漠，地处塔里木盆地中央。塔克拉玛干沙漠有85%是流动沙丘，许多大沙丘高达200—300米。这些流动沙丘内部移动较慢，而外部的小沙丘移动速度则极快。沙漠周围鲜少有绿洲，极度不适合人类生存，维族人将其称为“塔克拉玛干”，是进得去出不来的意思。

古尔班通古特沙漠是我国第二大沙漠，位于准格尔盆地当中。准格尔盆地西部和西北部地区有许多山口，通过这些山口可以吹进湿润的西风，所以古尔班通古特沙漠的降雨量要高于塔克拉玛干沙漠。古尔班通古特沙漠有着高达15%—25%的植被覆盖率，部分地区高达40%—45%，这些地区就成为了沙漠中极好的牧场。

巴丹吉林沙漠位于内蒙古地区，是我国第三大沙漠。巴丹吉林沙漠同样是以流动沙丘为主，沙漠面积高达83%。沙丘中有着许多沙山，最高可达500米。在低洼处，有着许多湖泊，当地人将其称为海子。

腾格里沙漠位于内蒙古阿拉善地区的东南部，是我国第四大沙漠。腾格里沙漠地形复杂，不仅有沙丘，还有山地、草滩、丘陵、平原等地区，沙丘占有71%的面积。沙漠中湖泊众多，但大部分面积极小，只是临时性的积水湖，只有少数是由地下水进行补给的。

生机勃勃，丝绸之路上珍贵的野生动物

西域地区地域广阔，南北地跨亚热带、暖温带和温带，按照降水量划分，也是湿润、半湿润，干旱、半干旱地区都包含。地形上，有常年积雪的高山，有广阔的高原和盆地，有茂密的原始森林和一望无垠的草原，还有荒无人烟的沙漠与戈壁。环境的多样性造就了动物的多样性，许多动物在西域地区繁衍生息。

说到中国，最具代表性的动物必定是大熊猫了。大熊猫以其憨态可掬的样子驰名中外，并且数量稀少、繁殖困难。大熊猫在地球上的历史十分悠久，堪称活化石。与今天的大熊猫不同，几十万年前，大熊猫还是一种食肉动物。为了适应环境的变化，如今的大熊猫已经成为了一种专门以竹子为生的动物。距今10万年前，大熊猫比现在数量要多，并且分布也更加广泛。在长江、珠江流域，都能找到大熊猫的踪迹。后来随着气候的变化和自然环境的变化，大熊猫的分布范围越来越小，如今只有四川、甘肃、

陕西三省接壤的地区还有野生大熊猫，并且数量也十分稀少。大熊猫一般栖息在海拔2000—3500米高的崇山峻岭，怕冷也怕热，活动范围随季节变化而改变。夏季活动范围主要在海拔3000米的高山上，冬季、春季就迁徙到积雪较少的山谷中。大熊猫不会在固定的住所生活，只有在雌性熊猫生产的时候，才会寻找山洞作为生产的地方。

大熊猫食量很大，这也是人工饲养大熊猫的难题之一。成年大熊猫24小时要吃上新鲜竹子10—20公斤，吃饱以后就开始寻找地方休息。除了竹子外，大熊猫还会寻找鸟蛋和其他动物的尸体来吃。大熊猫性情温顺，尽管力量很大，但缺乏与动物搏斗的技巧。如果遇到凶猛的食肉动物，体型庞大的大熊猫反而会快速地爬到树上，躲避与其他动物的冲突。

除了大熊猫之外，我国另一种珍稀的动物金丝猴也在古代西域地区生活。金丝猴号称猴中之王，生活环境与大熊猫基本一致。成年的金丝猴体长80厘米，直立时有130厘米高，有着与身体差不多长的尾巴，头顶有深褐色的长毛，眉骨处有黑色毛发，背部则被金黄色的皮毛覆盖，在阳光下会发出金丝般华丽的光泽。

金丝猴是群居动物，一群金丝猴，少的有十多只，多的有上千只。每个猴群都有一个领导其他猴子的猴王。金丝猴是杂食动物，他们大多数时候是以植物的果实、种子、花、芽以及嫩叶嫩枝为食，有时候也会吃掉鸟类的蛋。吃饱以后，身体强壮的成年猴将充当哨兵，站在较高的地方放哨，其他的猴则在树枝上自由活动。如果出现危险，哨兵马上发出信号，猴群立刻四处逃散。

金丝猴热心善良，对于同伴十分照顾。如果有猴子受伤，其他的猴子都会前来救护。如果有猴子死了，其他的猴子们会奋力将尸体抢回来。

不仅在树林中有大熊猫、金丝猴这样的珍稀动物，西域地区就连人迹罕至的荒漠当中也有着许多世界上数量仅存的一些动物，如野马、野驴、野骆驼、鹅喉羚、藏原羚、滩黄羊等珍贵动物。

野马产于河西走廊地区，关于野马最早的记载见于《史记·乐书》中，当时在南阳新野地区有一个名叫暴利长的官员，因为犯罪而被发配到敦煌地区屯田。他见到一群野马经常在附近饮水，其中有一匹马异常神骏。为了抓到这匹骏马，他制作了一个泥人，放在野马经常饮水的地方。当野马对假人习以为常后，暴利长就将泥人撤走，自己站在了那里。那群野马来河边饮水的时候，他马上就用缰绳套在了那匹骏马的脖子上，将它献给了汉武帝。

野马与家马相比，体型更大，成年野马体长 2 米，重 600 多斤。头大，四肢粗壮，尾巴很长。如今野马的数量已经十分稀少，尤其是我国的野马是世界上唯一的一种野马，对研究家马的起源有着重要意义。

野骆驼生存在敦煌以西，新疆罗布泊一带的戈壁中。与野马不同，野骆驼的个头相比家骆驼要略小一些。野骆驼四肢瘦长，毛色会随着季节和年龄的变化而变化。一次饮水以后，可以在很长时间里不再饮水。它们擅长长途奔跑，活动范围极大，在季节变换时会迁徙到几百公里外的地方生活。野骆驼性情温顺，喜欢群居，但规模很小，通常 3—5 匹就是一群，最大的野骆驼群也只有 10 多匹。

野驴主要分布在河西走廊南部地区，生活在海拔 2500—4500 米之间的草原上。野驴喜欢群居，成群活动，没有固定的居住地。野驴的听觉、视觉、嗅觉都非常敏锐，奔跑起来十分快速。

白唇鹿是生活在祁连山地区的珍稀动物，它们体型较大，因为嘴唇周围是白色的，所以得名。成年白唇鹿有 300 斤重，尾巴很短，耳朵很长，并且尖尖的竖起，蹄子很大，但是很短。雄性白唇鹿头上长有鹿角，十分高大，一般分为4—5叉。白唇鹿的毛呈暗褐色，头顶和腹部的毛色较淡，夏天整体呈黄色，所以也被称为黄鹿。

白唇鹿是群居动物，小型种群由3—5只组成，大型种群有几十只。它们生活在海拔4000米的高山草原地区，擅长登高涉险。雄鹿每年4月初开始长出带有茸的新角，分叉的多少象征着雄鹿的身体状况和年龄。白唇鹿具有极高的经济价值，皮可以制革，肉可以食用，除内脏外其他部分皆可入药。

鹅喉羚、藏原羚和滩黄羊三者形象类似，都非常善于奔跑。滩黄羊与野马分布地区相同，但数量较多。滩黄羊四肢纤细，体毛短而亮，呈沙黄色，腹部以及四肢内侧都是白色的。滩黄羊生活在半荒漠地区，不在高山和戈壁地区生活。鹅喉羚毛色较浅，耳朵长大，尾巴很长，发情时期喉咙会隆起，就像鹅一样，所以得名鹅喉羚。鹅喉羚生活在海拔2000米到3000米的山上，体型纤细，雄性的角又长又美观。藏原羚与滩黄羊十分相似，最主要的区别是藏原羚的角长向后上方，并且只有雄性有角。藏原羚背部的毛呈沙棕色，腹部和四肢是白色，尾巴短而黑，生活在4000米到5000米的高山上。滩黄羊、鹅喉羚、藏原羚三者的生活环境十分类似，它们的毛色也随着季节的变化而变化。它们的胆子很小，嗅觉也非常敏锐。只要风向对，它们可以从很远的地方就能发现敌人，并且快速地逃走。

野牦牛生活在青藏高原和祁连山地区，大多分布在4000米以上的寒冷地带。它们生性耐寒，全身都有褐色长毛，只有嘴唇周围呈现出白色。野牦牛和家牦牛长的十分类似，野牦牛的体型比家牦牛稍大，在动物界算是巨人。它们性情凶猛，拥有尖锐的双角，敢于向任何挑衅它的野兽发起冲锋。

羚牛主要分布在甘肃地区，雌雄都有角，最长可达半米。它们身体粗壮，体重多达600—700斤，长的跟牛十分类似，但毛发浓密。羚牛的角形状特殊，先向上长，然后朝向两侧开始弯曲，然后直直地向后，末端又向内侧弯曲。羚牛性情十分暴躁，身体强壮，行动迅速，一般的动物都对他们退避三舍，只有豺能够对它们的生命造成威胁。羚牛在发情期会变得更加凶猛，雄性羚牛为了争夺配偶，经常会发生激烈的搏斗，失败者会被赶出族群。羚牛目前也是世界上的珍稀动物。

千年古墓，记载丝路历史

在丝绸之路上，发掘出了许多巨大的古代陵墓。这些古代陵墓有着极大的考古价值，不论是古墓中的艺术品，还是雕刻、壁画，展现了千百年来瑰丽壮阔的美丽画卷。

我们常自称是炎黄子孙，其中的黄就是指黄帝。黄陵，就是黄帝轩辕氏的陵墓。黄帝生活在我国氏族社会的晚期，距今已经有5000多年了。黄帝是我国最早的帝王，最开始他只是一个氏族部落的酋长。他在黄河流域开垦土地，为中华民族辉煌灿烂的古代文明奠定了基础。黄帝在传说中的形象是热爱和平、勤劳勇敢、充满智慧的。传说中黄帝最后乘龙升天，在黄帝陵中还有黄帝在桥山升天的石刻，所以在黄帝的陵墓中只有他的衣冠。尽管如此，还是有许多人怀着崇敬的心情前来瞻仰。

黄陵高 3.6 米，周长 48 米，陵前石碑上有郭沫若亲笔写的“黄帝陵”三个大字。桥山东山脚下，有祭拜黄帝的庙宇。庙内装修金碧辉煌，庄严肃穆。陵墓前还有汉武帝的祈仙台，汉武帝于公元前 110 年北征归来，曾在此祭祀。

秦始皇陵位于如今临潼县城东 5 公里处，南依骊山、北临渭水、西临华清池，可谓是一块风水宝地。陵园的分布呈“回”字型，有内城与外城之分。外城周长 6294 米，内城周长 2525 米，总面积达 2 平方公里。秦始皇的陵墓在他 13 岁即位后，就开始营建，统一六国后，动用人力多达 70 万，总共耗时 36 年。

陵园外侧，还有中外驰名的秦始皇兵马俑坑。兵马俑坑是拱卫陵寝的巨大建筑群，分为数个俑坑，一号坑深达 5 米，东西长 230 米，南北宽 62 米，占地面积达 14260 平方米，由长廊和 11 条过洞，里面有兵马俑 6000 多件，整体排列成横队和纵队。坑的东边有纵队 3 路，每路 68 个，手持弓弩、身背箭矢的有 204 躯。这些兵马俑为我们展示了秦朝时期远程部队的样子，他们着装轻盈，是先锋部队中的一支。其身后排列着 30 多身乘于驷马战车上，手持戈、矛、戟等长兵器的披甲俑。38 路纵队是战斗主体部队，这支部队的两侧和后部还排列着弓弩部队，共有 518 个。二号坑在一号坑的北部地区，排列呈曲尺形，占地面积为 6000 平方米。坑中的部队是一支由骑兵、步兵和战车的曲形阵队，其中有陶俑、陶马近千件。这组兵马俑姿态多样生动，有蹲着拉弓的披甲俑，也有稍息站姿和丁字步的立姿俑，还有驾驶战车的御俑和骑在马上的骑俑。三号坑在二号坑西侧，面积只有 500 平方米。正面放着一辆面向东，带有华盖的战车，两侧有卫士俑 68 个，可以表明这是指挥其他兵马俑的机关。这些负责指挥的兵马俑身高 1.75—1.97 米，身体健硕、器宇轩昂，气质勇猛刚强，充满了一往无前的气魄，这是将秦军横扫六合、称霸中原的场景进行了再现。

陶俑数量众多，但是却并非量产。每一尊陶俑的面部表情、发型、面部形象各有差异，甚至让人觉得他们是按照秦军中真人的形象塑造的。他们惟妙惟肖、栩栩如生，令人怀疑他们是否会随时走动起来。秦代的工匠们以真实人物做基础，创造出了数量众多、场景宏大的艺术形象，这展现了我国古代雕塑艺术的技巧，不仅是在我国，哪怕是在全世界雕塑史上也是惊人的。除了人俑外，马俑也栩栩如生，坑中出土的许多青铜兵器也展现出了工匠惊人的技术。尽管出土时已经过了 2000 多年，但其中有不少依旧保持着锋利，光彩夺目。

在秦始皇陵西部，还出土了两组大型彩绘铜制马车，其结构精妙而复杂，装饰十分华丽，被称为举世罕见的古代青铜器珍品。根据考古学家努力挖掘，又发现了 4 条甬道，其中藏有 4 组铜马车和 4 组木制马车。将秦始皇陵称之为雄伟的地下文物宝库也是当之无愧。

阿斯塔那古墓群位于吐鲁番火焰山地区，其南部就是西域著名的高昌古城。整个古墓群长约 5 公里，南北宽约 2 公里，占地 10 平方公里。墓地地表是一片由黄土和砾石组成的荒滩，气候干燥。这种独特的自然条件让古墓中的文物得到了完好的保存，但是在 19 世纪，这里的文物遭到了外国冒险者的疯狂掠夺。

在阿斯塔那古墓群中，出土了大量的文书、绘画、丝织品、毛织品、钱币、陶俑、陶罐、食品等文物近万件。经过 14 次挖掘，出土的文书有上万斤，数量多达 2000 多件。文书内容也是多种多样，有唐代时期的契约、记载户籍的文书、药方、信件等，这些文书涉及范围极广，是有极高研究价值的文物。

阿斯塔那古墓群中出土的各类画作也是非常珍贵的，其中有壁画、版画、纸画、绢画、麻布画等，形式多样，质量极高。出土的陶俑、木俑，雕工精湛、栩栩如生，绢画尽管已经过了几千年，但仍然绚丽多彩，各种织品近千件，刺绣精良，图案新颖，从侧面说明了当时的丝绸之路有多么的繁华。除了物品外，古墓里还出土了上百具保存完整的千年古尸，对科学研究有着重要的意义。

西夏帝王陵墓位于贺兰山东麓，其中有西夏君王陵墓 9 座，陪葬陵 70 余座。陵区南北长 10 公里，东西宽 4 公里，带有浓厚的宋朝风格，这说明西夏文明深受汉族文化影响。每一座陵墓都是一组完整的建筑群体，平面布局按照宋代建筑的对称式设计。基本形式跟中原地区相同，但细节处带有西夏特点。地面废墟中可以找到汉文与西夏文石碑的碎片。西夏帝王陵区的发掘对于研究西夏文化和其历史有着重要价值。

丝绸之路上大部分的古国只剩下残破的遗迹和废墟，但是地下的陵墓却大部分保持完好，这为研究丝绸之路上国家的历史与文化起到了重要的作用，也形成了与中原地区截然不同的墓葬文化。

历史旁证，丝路上的出土文物

丝绸之路有着悠久的历史，不论是古国遗址还是陵墓，都依稀可以得见当年的英姿。但最能让我们看清丝绸之路历史、领略丝绸之路文化，还是那些保存完好的出土文物。在丝绸之路出土的文物中，有着俊美的铜奔马，有着汉唐时期的精美丝绸，还有许多其他享誉全世界的历史文物。

铜奔马就是赫赫有名的马踏飞燕，于 1969 年出土于甘肃省武威市的东汉墓葬中。整体高 34.5 厘米，长 45 厘米，其中三蹄凌空，一蹄踏在正在飞翔的燕子上，高昂马头，高抬马腿，线条充满流线型，又充满力量感。这座铜像将骏马的力量与速度完美的展现了出来，造型生动，并且符合力学原理。这座铜像做工精致，设计上更是巧妙，尽管看似骏马三足腾空，一足在飞燕的背上，但实际上表现的是骏马四足腾空的的瞬间。飞燕的存在衬托了骏马的神速，在这一瞬间骏马超越了飞燕，将骏马的风驰电掣体现的淋漓尽致。

在过去出土的作品中，有无数描述骏马、甚至天马的作品，但是想要描述马的神骏，最多是在马背上生出翅膀，展现出天马的影像，或者为骏马添上云雾，展现其腾云驾雾的神通。铜奔马的作者用马踏飞燕的造型，展现了骏马的超越地面空间、虽然没有翅膀也欲飞上青天的形象，告诉世人什么才是真正的天马。

铜奔马出土以后在全世界都进行了展出，轰动了国内外艺术界。各国艺术家都被其折服，为其倾倒。绝妙的造型、精湛的工艺，一时间在世界范围内得到了大量的赞誉。

与铜奔马一同出土的文物还有一套俸禄2000石的官员出行所使用的仪仗，这一套铜车和马俑展现出了极高的艺术造诣。其中有铜俑45件，铜马39件，铜牛1件，铜车14辆。不论是铜俑、马俑，都身材健美，表情生动，展现出了一支气势磅礴、活力四射的队伍。这一支将军出行阵容由铜奔马带领，场面壮观。与铜车马俑一起出土的还有大量金银器皿、铜制用具、玉器、陶器等器具。这些器具造型精美，做工精致，令人瞩目。伴随金银器具出土的还有2万多枚铜币，如此大的规模，在全世界也是极其罕见的。

丝绸之路上的主角是丝绸，所以沿线出土的古代丝织品、毛织品也是很多的。这些文物真实地为人们展现了丝绸之路上的繁荣景象。河西走廊出土的汉代丝织品残片中，发现了锦、绢、纱、罗等10余种织物。这些织物制作精致，编织细腻，色彩艳丽，展现出了极高的工艺水平。

在古楼兰的遗址和塔里木沙漠的东汉墓里，也发现了许多丝织品，光是锦类就有袍、枕、袜等锦制品。其中有许多还有汉代隶书字体的吉祥词语，例如“延年益寿”“大宜子孙”“万事如意”“长寿光明”、“望四海富贵”等。在民丰古墓中出土的东汉织锦袍，更是国内罕见的珍品。除了明显带有汉代风格的织品外，还有许多带有西方风格的织品。例如许多织物上有阿拉伯雄狮图案，有中亚奔马图案，还有波斯风格的波浪图案。这些织品将中国、阿拉伯、波斯等图案巧妙的融合到了一起，显示出了中西方文化的交流与碰撞。在吐鲁番的唐墓中，其中有汉代流行的“经锦”“纬锦”，还有吐鲁番本地生产的“疏勒锦”“龟兹锦”“高昌锦”，还有波斯出产的“波斯锦”。这些织物造型新颖别致，花纹鲜艳夺目，图案富丽堂皇。

汉代简牍是丝绸之路上出土较多的一项珍贵文物，简牍是纸被广泛运用之前文字资料的重要载体。甘肃、敦煌、酒泉、武威、甘谷、内蒙古、新疆等地区都出土了大量汉简，数量众多，保存非常完好，内容也非常广泛，其考古价值令整个考古界震惊。敦煌共出土了4批竹简，有2000余枚。内蒙古出土的汉代简牍也是数量众多，前后两次有3万多枚。武威发掘竹简有3次，出土580枚，其中记载着医术的竹简有12枚，意义重大。甘谷出土了汉代简牍32枚，其中有一封内容连贯的官方文书。出土的众多简牍内容极其丰富，有诏书、律令、牒书、刻状、官吏任免、戎卒名籍……这些简牍为研究这一时期丝绸之路沿途地区经济、政治、军事等方面提供了非常宝贵的资料。

丝绸之路上所出土的文书不仅有汉代竹简，还有很多古代民族的文书，其中包含了西域各国，甚至还有远至欧洲的。这些文书大多是用古代文字书写，如今多数已经不使用了，但是这些东西记载了最直观的资料，讲述着最真实的历史，非常珍贵。

公元3世纪的佉卢文文书，记载当时于阗国和楼兰的一批重要档案，内容主要是国王的诏令，各地官吏管理各地经济状况的情况报告。和田、敦煌等地区发现的古于阗文书，有《于阗沙州记行》《甘州突厥记事》等重要文献。吐鲁番地区发现了粟特文文献，其中有一些摩尼教经典是极其重要的，这可能是研究古代摩尼教唯一的一批资料。米兰地区出土了大量的吐蕃木简、文书、卜辞，这些都是研究古代藏族历史的重要资料。吐鲁番、哈密等地区发现了大量的回鹘文书，这些文书记载了宗教、历史、文学、医学等多方面内容，对于研究丝绸之路的社会面貌、民族关系、文化发展、交通建设、贸易往来等问题有着无可替代的价值。

历史趣谈，西域地名演变史

尽管古代地名到了如今已经有了巨大的变化，但丝绸之路沿途的西域地区仍然保留了很多有趣的古代地名。这些地名的由来并不是偶然，其许多蕴含着美丽的愿景，还有一些是当时社会面貌的体现。这些地名展现了各族人民开发边疆的创造力，也展现出了古代劳动人民的智慧。

张骞第一次出使西域后，汉武帝就开始着手开辟丝绸之路。他数次出兵西域，驱逐匈奴，威震四方，这些可以从丝绸之路上的地名展现出来。著名的河西四镇——武威、敦煌、张掖、酒泉，都是公元前 121 年西汉收复河西走廊后所取的名字，它们与汉朝军队保卫边陲的情况息息相关。“武威”，最容易让人想到的便是武力，威风。汉代取名的时候确实有炫耀武力和宣扬国威的因素。“张掖”，取“张国掖臂，以通西域”的意思。“酒泉”的得名则是因为一个美丽的传说。骠骑将军霍去病击退匈奴，凯旋归来，军队驻扎在湖畔。汉武帝为表其功，派御使送来一坛美酒。霍去病深知，这一场场的胜利不是自己一人的功劳，是无数心系国家的士兵抛头颅、撒热血换来的。这皇帝送来的御酒，不可一人独享，于是就将酒倒入泉水之中，与三军将士共饮。从此以后，这里就改名为“酒泉”。“敦煌”二字的来由众说纷纭，理解也是多种多样。东汉的应邵认为，“敦”是大的意思，而“煌”是盛的意思，“敦煌”二字不仅是形容敦煌的繁荣，更是形容汉朝的繁荣昌盛。唐朝的李吉甫有一些不同的看法，他认为“敦”是大的意思，但是这个大指的是广阔的西域地区，而“煌”是指敦煌对于开通西域通道有着重要意义。

当今不少县、市的名字也反应了古代丝绸之路上的重大历史事件，例如“承化”二字就是得名于当时的承化寺，承化寺名是清朝同治皇帝所赐，承化寺的修建也是为了表彰喇嘛教领袖棍噶扎勒抵抗俄国侵略。哈密在维语中是瞭望台的意思，这直接说明了古代丝绸之路上瞭望台的地点。玛纳斯在维语中是“众多巡逻者”的意思，说明这里牧场辽阔，放牧牲畜和保卫牲畜的人很多。中卫得名于明代修建的长城，这里修建的长城分为前、中、后三卫。平凉取平定凉土之意，是十六国时期，前秦皇帝苻坚消灭前凉时取的名字。贵德早在汉朝时期叫作归义城，到了明朝改设归得所，清朝时期则逐步演变成了贵德县。武功县也是汉朝取的名字，同样是宣扬武力的意思。

如今，在甘肃、青海等地区的市、县，许多都得名于古代丝绸之路上的国家、关卡、驿站、寨子、城堡和陵墓，这些地名更富有历史意义。韩城就是得名于春秋战国时期，该处是韩国的旧地。户县是因为夏朝时，此处是扈氏的封地，经过不断的演变，最终“扈”变成了“户”。商县相传是商朝祖先的故地。南郑是因为西周灭亡时，郑国的部分遗民穿过秦岭来到此处居住，所以取名为南郑。玉门是因为汉代时期，于阗出产的玉石都经由此地进入中原。秦安相传是秦国祖先的封地。灵台是因为周文王在此建筑灵台而得名。新疆地区的焉耆、且末、于阗、尉犁、和田等地，都是以西域古国的名字命名。黄陵是因为该地有黄帝的陵墓，近代时期为纪念黄帝而改名为黄陵。乾县在唐朝时期叫乾州，唐高祖的乾陵修建于此，所以得名为“乾”。

丝绸之路上还有许多地名表达了古代人的美好愿望，有君王盼望长治久安、天下太平的，还有人民盼望该地繁荣昌盛、安居乐业的。如陕西的长安、凤翔、宝鸡、麟游、扶风、绥德、安康、安塞、宁陕、镇安、定边、靖边；甘肃的定西、靖远、宁县、安西、静宁、民勤、永登、民乐；宁夏自治区的隆德、平罗、同心、西吉、中宁、灵武……

长安自不必多说，取长治久安的意思。凤翔，传说此处曾有凤凰、宝鸡，据说在春秋时期，秦文公在位，此处有宝鸡鸣叫的祥瑞之象。麟游，据说在当地捕获过白麟。扶风、绥德两地都表现了统治者希望人民服从统治的意愿，“扶风”在汉朝时期是负责教化百姓的官员；绥德是西魏时期建立的，有绥靖、安抚之意。安康是晋朝时期安置流民的地方，取名“安康”是希望当地治安良好。安塞位于战国时期长城脚下，长城地处边塞，宋朝时期便叫此为安塞堡，到后期才将安塞堡改成了安塞县。宁陕是在清代时设立的，镇安则设立于明代，这两个县城虽然不大，但都地处要地，是可以决定陕西地区安危的重地。定西在宋代名叫定西域，靖远则是明代的靖虏卫，最后于清朝时期改成了靖远卫。宁县是延习了北魏时期宁州的称呼，安西在清朝时期叫作安西州，静宁是元代设置的静宁州，上述的七个县都是绥靖安定边疆的意思。民勤县原名为镇藩，意味镇住藩国，永登原名平番，更是有平定番邦的意思，民乐在清朝时叫作东乐堡，这三个县都是于民国时期更换名字，联合起来就是人民勤奋、五谷丰登、安居乐业。

丝绸之路自古以来就是各民族混居的地区，是连接各民族的纽带，丝绸之路的历史不只是哪一个民族的故事，是往来于丝绸之路的各国、各族人民共同创造的。尽管如今丝绸之路的故事已经时过境迁，在丝绸之路上往来的民族或许已经迁移到别处居住，有些干脆与其他民族融合了，但是以民族命名的地名却依旧存在。大荔县，是春秋时期大荔之戎的居住地，清朝再次设县的时候就直接沿用了原名。宁强县是取了宁羌县的谐音，这里曾是羌族人的活动范围。和硕县是和硕特的简称，和硕特是清朝时期蒙古四部之一，曾在天山北部游牧，后来举族迁移到青海地区，少部分不愿意走的迁徙到了伏尔加河流域。

丝绸之路地区的古地名，并不仅仅只是一个名字。只要去了解它背后的故事，那么展现在我们面前的将是一幅历史辉煌的白描长卷，其中讲述了了丝绸之路一个个波澜壮阔的故事，记载了那些威武雄壮的民族，如今看来，仍令人兴致盎然。

第七章

草原丝路，沟通农耕民族与游牧民族

走过燕山和阴山，穿过蒙古高原和南俄草原，就能到达中西亚北部和欧洲北部，这是丝绸之路的重要组成部分，同样拥有悠久的历史。

逐水草而走，便利的草原道路

公认的丝绸之路有两条，一条是经由西域、中亚、西亚的陆路，也是我们最常说起的丝绸之路；还有一条是海上丝绸之路，这条路从福建泉州、广东广州等地出发，经由东南亚地区、印度，到东北亚及波斯湾诸国。

除了这两条丝路外，还有一条丝路可以将中原地区的丝绸传入罗马，那就是欧亚草原上的丝绸之路。这条路线虽然不显于世，但有许多考古发掘可以证明。

草原丝绸之路东起蒙古高原，西到黑海沿岸，横穿欧亚北方的草原地带。古希腊作家希罗多德在其作品《历史》中提到，公元前 5 世纪，黑海是游牧民族的地盘，但是在黑海的沿岸，有着许多希腊的商人。这些商人手中有不少东方的商品，是从游牧民族斯基泰人手中获得的。想要从黑海沿岸获得东方的货物，要经由撒乌罗玛泰伊人、布边诺伊人、拉撒该塔伊人、玉尔卡伊人、斯基泰人、阿尔吉派欧伊人的势力范围，最远可能要到达伊赛多涅斯人的势力范围。伊赛多涅斯人和东方的阿里玛斯波伊人有着贸易往来。

《历史》中对于人种的描写很是令人摸不到头脑，所以对于这些人种究竟对应了哪些民族，进行了一番艰难的考证，最终得出了近乎统一的结论：撒乌罗玛泰伊人居住在黑海北部；阿尔吉派欧伊人是指居住在天山北部的突厥人；伊赛多涅斯人可能是指羌族；阿里玛斯波伊人应该是中国河西走廊地区的匈奴人。根据整个地理位置的测算，我们可以知道《历史》中的这条草原丝绸之路的大概路径，从亚速海的塔纳伊司，经由里海、咸海、巴尔喀什湖，到达天山北部，这就与匈奴人的贸易线路接起来了，成为了一条横跨欧亚大草原的贸易线路。

在《历史》中记载了贸易的艰难，一个居住在阿尔泰山地区的民族，想要和一名希腊商人完成交易，往往要通过七种语言才能完成。

游牧民族将东方的商品带给希腊商人，希腊商人也有自己去东方寻找货源的想法。在公元前 7 世纪时，一位名叫阿利司铁阿斯的诗人曾在诗中表示，他曾随着游牧民族的商队来到东方，并且与羌人以及匈奴人都有过接触。羌族与匈奴人自古以来就十分友好，他们之间也有着贸易往来，而匈奴又与中原地区有着密切的联系。因此，早期希腊、罗马所出现的丝绸，很可能是由匈奴、羌族传到希腊去的，通过草原上的丝绸之路。

1973 年，在内蒙古地区发现了匈奴贵族的陵墓，陵墓中出土了许多具有中原文化特色的青铜器和铁器，这些青铜器和铁器上附有一些丝织品的碎片。陵墓是在战国时期建成的，那么这些丝织品就成为了在匈奴文化中发现的最早的丝织品。这也说明了，早在春秋战国时期，匈奴地区已经有中原地区的丝织品传入了。

归根究底，这条草原丝绸之路是起源最早的丝绸之路，而把握着这条草原丝绸之路要害的不是什么绿洲，也不是什么重镇，而是那些马背上的游牧民族。公元前 7 世纪，是由斯基泰人将中原的产品沿着草原丝绸之路送到西亚；公元前 3 世纪完成这一任务的是蒙古高原地区的匈奴；后来在蒙古高原崛起的鲜卑族、柔然、鞑靼、回纥、蒙古等称霸草原地区的民族，都先后担负起了草原丝绸之路贸易的重任。

汉、唐时期草原丝绸之路的变迁

自古以来游牧民族与中原地区就有着各种各样的贸易往来，游牧民族不擅耕种，所以汉族商人手中的粮食与布匹是他们重要的物资。匈奴强大以后，便开始经常在汉朝边境劫掠，汉高祖刘邦兵败以后，为了减少损失，就提出了和亲。匈奴人和亲看中的并不是一个汉家公主，而是那大笔的嫁妆。

《史记》记载："是时，匈奴以汉将众往降，故冒顿单于常往来侵盗代地，于是汉患之，高帝乃使刘敬奉宗室女公主为单于阏氏，岁奉匈奴絮缯酒米食物各有数，约为昆弟以和亲，冒顿乃少止。"

匈奴的单于入侵汉朝，不过是为了取得一些吃穿，满足他们的生活。匈奴贵族的生活自然可以通过贸易来保证，但为了更多的平民，就必须要发动小规模的战争。汉朝的和亲满足了匈奴的要求，那么战争就逐渐减少了。

不仅是对匈奴，对于其他强大的游牧民族，汉朝同样是采取送礼的措施。《后汉书》中就曾记载，汉朝曾以金钱贿赂击败匈奴的乌桓。在东汉末年，魏国的曹操也曾采取和亲的措施结交柔然贵族。

不仅是汉朝，在隋唐时期也有使用金钱、衣食来贿赂游牧民族的情况。在突厥兴起的时候，隋朝内乱，不少边境的百姓被突厥掠为奴隶，随后隋朝用大量的金银财物，赎回了被掠走的8万人口。

在唐朝时期，游牧民族发现相比于掠夺，进行贸易可以获得更大的好处。突厥人就首先要求与中原王朝开通商贸往来，他们卖出牲畜和皮毛，买入缯絮。

丝绸到了唐朝时期已经不仅是和亲和贸易的用品，因为唐朝的强大，更多的时候唐朝会将丝绸赏赐给游牧民族的贵族。回纥对于唐朝的统一做出了巨大贡献，因此唐朝就赠送给回纥贵族许多的丝绸，民间的贸易政策也更加优惠。这些赠送甚至会直接写入两国的协议当中。回纥帮助唐朝平定了安史之乱，唐肃宗与回纥首领叶护签订协议，每年要赠送绢2万匹。当然，作为天朝上国唐朝赠送的数目远不止如此，在叛乱刚刚平定时，唐朝就一次性赠送了10万匹缯丝。此后民间还专门设立了用丝绸换取马匹的市场，一匹马就能换取40—50匹绢。马匹可以换取如此多的绢丝并不是因为唐朝富饶，而是因为唐朝马匹的稀缺。因此换取大量的马匹，唐朝却无法支付数目相当的绢丝。唐德宗时期，回纥就曾派遣使者来讨债，当时共欠绢丝180万匹。唐宪宗时期曾一次性还清对回纥的负债，但是第二年回纥商人带来了更多的马。

除了官方的交易外，回纥商人也经常在长安直接购买绢，购买数额巨大，各国组成的商团往往多达上千人。这些丝绸不仅传入了回纥，更多时候会沿着草原丝绸之路进入西域、中亚，甚至欧洲。

匈奴贵族特别向往中原生活，他们不仅向往中原的文化，更向往中原的穿着和饮食。在汉朝历史上，有一位著名的“匈奴学家”，那就是叛徒中行书。中行书作为和亲使者之一，因为不满汉朝的派遣，居然帮助匈奴，并且挑唆匈奴对汉朝发动战争。他说服匈奴的一套说辞中就有匈奴人不应该穿汉朝的衣服，吃汉朝的饮食，这些都是仰慕汉朝的表现。匈奴作为强者，就应该与汉朝有所区别。汉朝的丝织品有什么好的呢？穿过草丛衣服就破裂了。

尽管中行书大肆挑拨，但也无法改变匈奴统治阶级对于美的追求，更无法让匈奴人放弃在丝绸贸易中获得的好处。在内蒙古出土的匈奴贵族陵墓中，就出土了大量的丝织品，其中的纹样与织法明显是汉朝出品，与其他地区出土的没有任何差别。

汉朝时期张骞打通了新的丝绸之路，但是草原丝绸之路依旧存在。除了西域各国外，草原上各游牧民族对于丝绸的需求同样巨大。汉朝每年都要给以匈奴为主的游牧民族提供大量的丝绸，而匈奴贵族则将大量丝绸用于贸易。匈奴人为了避开与匈奴不合的乌孙，要穿过漠北单于庭，经由科布多盆地，穿越阿尔泰山，才能进行贸易。这是自古以来就已经有的草原丝绸之路。

汉朝崛起后，匈奴在西域的影响力逐渐降低，呼韩邪单于投降汉朝后，剩余的匈奴人更是退回了漠北地区，此时想要进行丝绸贸易就更加艰难了。

魏晋南北朝时期，中原长期处于割据分裂时期，但依然保持着对西域的统治。到了隋唐，中原地区大一统，丝绸的产量与水平达到了一个新的高峰。尽管此时丝绸之路已经开辟，并且成熟，草原地带由于各游牧民族的混战变得十分危险，但草原丝绸之路依旧存在着。

唐朝时期草原上的掌权者是突厥和回纥，青藏高原地区是由吐蕃控制。突厥此时控制了通往波斯、唐朝、印度、罗马的十字路口，面对丝绸贸易的巨大利润，突厥毫不犹豫地将丝绸贸易看作最主要的生财之道。

后来突厥分裂，回纥族掌握了草原，因为回纥与唐朝的良好关系，绢丝更是源源不断的流入草原地区，草原丝绸之路迎来了黄金时代，而回纥操纵着草原丝绸之路足有 200 年之久。

除了途径天山和阿尔泰山的这两条草原丝绸之路外，从贝加尔湖以南向西绕过阿尔泰山，最后到达康居也是一条草原丝绸之路。这些丝绸之路将丝绸和粮食源源不断的运往草原地区的各游牧部落，带回各种名贵毛皮和牲畜。这条丝绸之路往来不绝，繁华程度即便不如直通西域的丝绸之路，但同样是连通中原政权与北方各民族的纽带。这种互通有无的贸易，让我国各族人民的经济和文化生活变得更加丰富多彩。

回鹘路，安史之乱下的产物

公元755年，强盛的唐朝发生了令人痛心的“安史之乱”，中原地区发生了战乱，各大节度使纷纷举旗，藩镇割据，就连都城都失守了。唐朝政府为了平定叛乱，只能将驻扎在西域关口河西地区的守军调了回来。吐蕃趁河西地区兵力空虚，一举出兵占据了河西陇右的大部分地区，连通中原与西域地区的丝绸之路就这样被切断了。唐朝不想轻易地放弃西域地区，只能从回鹘迂回，保持与西域的联系。

回鹘路的开通有着种种不同的说法，《旧唐书》中记载，可能是在公元781年。而另外还有资料记载，在公元768年安西与北庭都护府曾派人从回鹘到达长安，以汇报西域的情况，回鹘路在781就确定被开通了。回鹘通路开通的时间应该更早于781年，因为吐蕃在760年就已经掌控了丝绸之路。唐代宗给都护府的都护下的敕书中曾说过，在十年前，两大都护府就已经与吐蕃相对峙了，那么丝绸之路被截断的时间还可以往前追溯到758年，在这种情况下，民间商人已经开始从回鹘路前往西域的可能性是极大的。

粟特商人极有可能是唐朝时期使用回鹘路的先锋军，在突厥势力强大的时候，粟特人就绕过突厥统治地区，利用回鹘路进行商业贸易。当吐蕃人截断丝绸之路时，粟特人重回回鹘路可谓是轻车熟路。

根据回鹘国的宗教信仰变迁也可以判断回鹘路的开辟。762年，回鹘首领牟羽可汗应唐肃宗的请求，出兵帮助唐朝平定安史之乱。当他带兵进入洛阳时，在洛阳发现了四位摩尼教的传教士。牟羽可汗将这四位摩尼教的传教士带回了回鹘，并且将摩尼教立为回鹘的国教。回鹘原本信仰的是原始的萨满教，其后将国教改成摩尼教与商业贸易有着莫大的关系，因为当时的粟特人是信仰摩尼教的。粟特人将大量的丝绸从唐朝经由回鹘贩卖到中亚和欧洲地区，所赚取的利润是十分惊人的。想要通过吐蕃所控制的丝绸之路进行贸易已经是不可能的了，那么就要从回鹘通过。回鹘国因为平定安史之乱获得了大量的丝绸，也需要借助粟特商人的力量将丝绸销售出去。根据种种推断，回鹘路在公元760左右就已经开通，最晚不会超过768年。只不过是民间使用，没有被记载于册。

回鹘路的开通一定程度上解决了丝绸之路被吐蕃截断的问题，唐朝与西域的沟通不再是问题，唐朝与西域的经济、政治、文化交流对回鹘本地的影响也是十分巨大的。

回鹘帮唐朝平定了安史之乱，与回鹘签订了丝绸换马的协定。每年回鹘都会给唐朝送来大批的马，多的时候一年多达10万匹。一开始唐朝还会欣然接受，因为唐朝缺少马匹。后来巨大数量的马匹唐朝也没有能力消化，而且战乱过后，中原地区的经济没有恢复，生产力跟不上，所以只好欠债，唐朝政府苦不堪言。

唐朝消化不了大量的马匹，回鹘却能消化大量的丝绸。虽然回鹘是逐水草而居的游牧民族，但回鹘路的开通却能让回鹘将大量的丝绸转化成金银。丝绸在西域可是非常贵重的物品，东汉时期在罗马，丝绸可以与黄金等价的，1两丝绸就能卖出1两黄金的价格来。到了唐朝，1匹25两重的丝绸可以卖出1公斤到4公斤黄金的价格，唐朝时期黄金与白银的比例是1比10，1两白银就能买到1匹绢。1匹丝绸，从唐朝运送到罗马，价格翻了200多倍，这是任谁都难以拒绝的暴利。

唐肃宗时期，以马换绢，回鹘向唐朝送了上百万的马匹，换回的丝绸多达2000多万匹，可见回鹘通过回鹘路发了多少财。此外，任何来往贸易的商人都要通过回鹘，各地的商人都会在回鹘落脚休整，回鹘也因此获利颇多。也是因为回鹘路的影响，在以畜牧业为主的回鹘人中也兴起了经商的风潮。精明能干的回鹘商人的经商范围远至契丹和中原地区，甚至有不少人干脆住了下来。大商人在长安开商店，小商人则活跃在长安集市。在契丹的回鹘商人也是数目众多，契丹还特意为回鹘人开辟了聚居区。

回鹘路不仅带动了回鹘的商业活动，还带动了畜牧业发展，毕竟每年回鹘都需要大量的马匹去换取唐朝的丝绸。

商业的发展改变了回鹘人的生活方式，商业有利可图，那么逐水草而居就不再是回鹘人唯一的生活方式。回鹘国内开始出现了可汗城、富贵城、公主城等城镇，农业和手工业也开始兴起。尽管农业和手工业在经济生产中所占的比例还是很少的，但这也让回鹘的生活方式开始从游牧过渡到定居。

回鹘路的开通对于回鹘来说也带来了一些负面的影响，回鹘的丝绸贸易进行的如火如荼，而截断丝绸之路的吐蕃自然眼红。吐蕃曾联合白眼突厥等部落企图占领北庭，回鹘就与之进行了惨烈的斗争。经过长期的艰苦奋战，最终回鹘将吐蕃击退了，并且控制了整个天山以东地区。在后来回鹘汗国灭亡的时候，回鹘人就沿着回鹘路，在北庭地区重新定居，并在回鹘路攫取大量的财富，迅速建立了高昌回鹘。

回鹘汗国的灭亡也与回鹘路的开辟是分不开的。回鹘路的开通给回鹘汗国带来了巨大的财富，但这些财富都掌握在回鹘贵族手中，社会两级分化日渐严重。不仅贵族与平民在利益的分配上有矛盾，贵族内部同样会产生矛盾，争权夺利、互相倾轧的现象日益增加。大量的财富也让回鹘贵族的生活发生了巨大的变化，生活风气由朴实转变为日渐奢华，贵族开始好逸恶劳，道德败坏的现象在回鹘汗国中愈发的严重，这也间接导致了回鹘汗国的灭亡。

回鹘，明代草原丝路的中间人

14 世纪中叶，明朝取代元朝成为了东亚地区最庞大的帝国。与明朝几乎同时崛起的还有中亚地区的帖木儿帝国。两大帝国虽然距离不远，但中间隔了一座天山，因此不仅没有产生摩擦，反而产生了许多友好的来往。

两大帝国的友好来往促进了社会的稳定和草原上众多国家的发展，也促进了西域国家与外界的交流。西域国家当时的科技水平十分落后，与发达的中原地区进行全方面的交流则成了当务之急。想要达成这一目的，就需要能够往来西域与中原的商人。

早期担任贯通东西方商人这一职务的是粟特人，他们在丝绸之路上十分活跃，为东西方的经济、文化交流起到了巨大作用。粟特人作为丝绸之路上最活跃的商业民族一直持续到回鹘路的开辟，回鹘路掌控在回鹘人的手中，并且回鹘与唐朝关系密切，可以获得大量的丝绸。在摩尼教的帮助下，回鹘人很快就全盘接收了粟特人的商业模式，在新的丝绸之路上取代了粟特人的位置，并且将西域与唐宋两朝的商业贸易推向了一个新的巅峰。

13 世纪，蒙古人征服了无数个草原国家，建立了四个地跨亚欧的大汗国，为中原地区与西域的交流扫清了障碍。元太祖还在西域地区开辟官道，设置驿站和守备，更是减少了商人在路上遇到的风险，促进了商业的发展。丝绸之路在安史之乱后再次恢复昔日的繁华，世界各国的商人纷纷涌入丝绸之路，攫取丝绸之路所蕴藏的巨大利益。

在涌入丝绸之路的各国商人中，回鹘是其中的佼佼者。在政治方面，回鹘有着天然的优势。在蒙古征服的各民族中，回鹘是最早归顺的几个民族之一，为蒙古的南征北战做出了巨大贡献，回鹘人在蒙古社会当中有很高的地位。社会地位的提高对商业活动有着极大的便利，并且回鹘天生就在商业活动上有着惊人的天赋，他们吃苦耐劳、做事勤勉、擅长适应各种不同的环境，思维敏捷，富有创造力。除此之外，回鹘在语言方面也有着巨大的优势。几个世纪以来，伊斯兰教的传播让他们长期生活在一个多语言混用的社会环境里，一般的回鹘都能熟练地使用回鹘、阿拉伯、波斯、蒙古等地的多种语言，还有不少精通汉语。

明朝初期，还有不少元朝残余势力在漠北活动，为了拉拢西域各国，明朝对于西域各民族实行怀柔政策。西域各国经常派使臣来朝，并且携带礼物进贡朝廷，明王朝往往会赐予比贡品价值更高的金钱，这种做法叫作“贡赐”。中原地区的广阔市场一直是西域商人所垂涎的，他们每次觐见皇帝都会带着大量货物入京，进行商业活动。西域各地经常派回鹘作为使臣，所以回鹘就成为了明王朝与西域之间“贡赐”贸易的中间人。

尽管“贡赐”贸易如火如荼，但实际上明洪武时期，明朝的外交政策是十分保守的，朱元璋一直认为西域地区是乱民之源，而大明朝地大物博，可以自给自足。这样的外交政策阻碍了中原政权与西域之间友好往来的发展，“贡赐”贸易也不过是虚有其表。

明成祖朱棣通过政变坐上皇位，他自知自己的皇位来的不是那么名正言顺，所以致力于维护社会稳定，但是在外交方面就相对活跃得多。他渴望承认积极的外交让万国来朝，自然是获得肯定的最佳方案，同时还可以转移国内的视线，让自己的政权更加稳定。政权巩固后，漠北残余的蒙古势力依旧对中原地区虎视眈眈，因此外交政策只能更加积极，这样才能争取西域各国的支持，用西域各国来牵制蒙古势力。

在明成祖开明的外交政策下，以回鹘为主的使节商团越发的多了起来，几乎每个月都有回鹘使团来朝，有时进贡的物品多达百余车。数量众多的回鹘使团并不能完全满足明成祖对于万国来朝的渴望，他还派出大量的使节前往西域各国，诏令西域各国来朝。明成祖开明的西域政策令西域各国始终保持着“贡赐”的贸易形势，成就了中原政权与西域经济来往的新高峰。

由回鹘作为中间人进行的“贡赐”贸易有着非凡的意义，从一开始的经济交流，“贡赐”变成了一种稳定的通商贸易关系。从明洪武年间开始，一直到明正德年间，这种活动不仅没有停止，反而越来越频繁，以回鹘为使节的商团不绝于丝绸之路。贸易如火如荼地进行，贸易的范围也越来越广泛，商品种类日渐增加，贸易量更是直线上升。

这不仅是明朝开放政策的功劳，也是因为自秦汉时期就开始的西域与中原贸易打下的良好基础，西域需要中原的商品，而中原同样也需要西域的牲畜与毛皮。在明朝时期，不管是和平年代还是有局部战争的年代，“贡赐”这种贸易关系始终没有停止过，这不仅是一种贸易关系，更是一种政治和外交上的联系。明王朝更是通过这种手段来控制西域各国、各民族。

西域各国在明王朝时期，有些部落首领依旧不归化，桀骜不驯，只要明王朝使出一招“闭关绝贡”就可以逼迫其乖乖就范，达到控制西域各国的目的。

成华年间，吐鲁番地区的两个部落违背明政府的旨意攻打其他部落，明政府就下令关闭嘉峪关，断绝与西域的“贡赐”贸易。这直接影响到了西域其他各国与明王朝的贸易往来，那两个部落遭到了当地其他部落的怨恨，最终逼迫其上表谢罪。回鹘商人将商品从中原带入西域，这些商品成为了西域各民族生产、生活中的必需品，因此各国都需要保持与明王朝的友好关系，以用来维持“贡赐”这种贸易关系，巩固自己的统治。

阿尔泰地区的古代丝绸之路

阿尔泰地区是古代游牧文明的发源地，也是我国北方游牧民族的重要发祥地。欧亚草原承载着东西方的文化冲突，东西方文化在这里汇聚，在这里被融合，这里也是连接东西方的交通枢纽。

在丝绸之路上，并没有阿尔泰地区，这也导致不论是在现在的规划还是在考古事业中，阿尔泰地区的古代丝绸之路经常被人们所忽略。

公元 7 世纪，阿尔泰山、色楞格河地区的游牧民族妇女就会用红绢来装饰自己的头发，有记载说明，在叶尼塞河上和阿尔泰山北部的游牧民族妇女也经常有身穿锦缎的情况。《新唐书》中指出，这些丝绸、毛织品都是来自安西都护府、北庭都护府和大食。由此可见，丝绸在公元7世纪初期就已经传入了中亚，古代阿尔泰妇女对丝绸十分喜爱。在《新唐书》中也有记载，由波斯到吐鲁番、吉木萨尔、阿尔泰有一条丝绸之路。

隋朝外贸官员裴矩撰写了《西域图记》，其中指出中国通往西域地区的丝绸之路，由敦煌而起，分为几条，其中有一条是从伊吾出发，途径浦类海、铁勒部、突厥可汗庭，渡过北流河水，到达东罗马。根据中外学者考证，铁勒部就在如今的新疆阿勒泰境内。根据《北史》的记载，许多西域商人前往中原进行商贸往来，因此铁勒部就派使臣呆在高昌国，征收商人的税交往铁勒部。这些记载都说明了，中国的阿尔泰与地中海地区已经有了频繁的贸易往来。

那么这一条古代丝绸之路是因何开辟的呢？根据记载，最开始阿尔泰丝绸之路的开辟是因为汉朝的和亲。和亲政策除了将汉朝公主嫁给匈奴单于之外，公主的嫁妆中还有大量的丝绸。这些丝绸对于匈奴贵族来说可是宝物，所以经常被匈奴单于分发给他的亲属。但因为匈奴是个游牧民族，阿尔泰山这种水草丰茂的地方就是匈奴人最好的牧场，所以汉朝赠送的丝绸就这样从中原来到了阿尔泰山地区。

公元前60年，西汉建立了西域都护府，将作为西域门户的车师前国与车师后国，包含天山南路、北路以及帕米尔高原地带纳入了汉朝的版图。汉武帝励精图治，击败了北匈奴，降服了南匈奴，从此匈奴对于汉朝和西域各国的威胁大大降低，汉朝也掌控了通往西域的道路，商人和使节的安全得到了保证。因此，前往阿尔泰山地区的古丝绸之路也繁荣了起来。

在希罗多德的《历史》中曾提到一支与斯基泰望族作对而迁徙到董藩的斯基泰人，这支斯基泰人在我国历史上被称为塞人。经考证，塞人所居住的地区就是阿尔泰山。塞人部落掌握了阿尔泰山的金矿，因此古希腊人把当地的塞人部落称为守护金子的狮身鹰头兽。这一时期通往西方的道路主要是运送黄金。塞人在古代丝绸之路上从事的是黄金贸易，而这条被打通的黄金之路也承载了销售丝绸、铜镜、漆器等商品的职责，这些商品从中原传入西方。

到了公元657年，唐朝名将苏定方率军击败了西突厥的十万大军，随后在金山地区设立都护府，管辖阿尔泰山、台州、庭州、伊州等地区。702年，北庭都护府正式设立，管辖天山以北的各地区，结束了新疆地区的割据局面，丝绸之路的金山一段畅通无阻。

葛逻禄汗国是哈萨克族的古代部落，西域商人也与其进行贸易，用丝绸等中原产品换取毛皮与牲畜。后来葛逻禄崛起，在塔拉斯河上新建了许多城市，阿尔泰地区的繁荣促进了当地的商业活动，中原来的商人也是越来越多。

另一支在当时崛起的部落是克马克汗国，克马克以额尔齐斯河中心建国，主要从事游牧、狩猎和渔业。后因该地处于欧亚交通要道，其商业十分繁荣，各国商人往来不绝。商业的繁荣让克马克汗国成为了古代丝绸之路上的商业中心，市场繁荣，经久不衰。

到了元朝时期，元世祖加强了西域通路的建设，交通越来越发达，而其中的一条就是古代丝路。商人的安全得到了保证，商业贸易自然兴盛，丝绸更是其中最受欢迎的出口商品。

清朝时期，康熙皇帝同意厄鲁特蒙古每年可以来北京、张家口一次，进行互市，这成了蒙古部落需要准备一年的大事。根据资料记载，准噶尔首领一次进京互市的队伍十分庞大，所带的牲畜有10几万头，人数300余人，而他们互市的目标商品就是江南生产的丝绸。到了乾隆年间，开放互市贸易的城市就更多了，而且交易的规模也越来越大，一次民间交易就有几千匹马，用马换取的丝绸一年也有上万匹之多。

阿尔泰到中亚草原，这条路具有多种多样的用途，这不仅是一条用于商业贸易的道路，也是一条行军的道路。这条路有多重功能也是有其原因的，不管是商队还是军队，想要走远路就必须要骑马，骑马就需要走水草丰茂的道路，这种道路就成了商队与军队共同的道路。

这条功能众多的道路，尽管被人所忽略、所遗忘，但它在国内外丝绸之路里是最有特色的。因为地形的复杂，在一个行政区内，就有水路、草原路、沙漠路、森林路等类型。其历史也十分久远，在张骞出使西域之前，这条路就已经形成了，并且从西汉到清朝，这 2000 年中都不曾荒废。这条路对于东西方的文化、经济交流做出了巨大的贡献，这条路应该被人认可，应该得到它应得的地位。

哈萨克地区的草原丝路

草原丝绸之路存在已久，甚至比传统意义上丝绸之路的存在还要久远。中原地区发明丝绸以后，马上就传入了陕西、山西、内蒙古等地区，当地的游牧民族成为了中原外第一批丝绸的消费者。当时的草原丝绸之路并不是只存在于中国北方古代游牧民族地区，主要干线途径哈萨克草原，直达欧洲。这条草原丝绸之路活跃起来与突厥的崛起息息相关。

公元582年，突厥汗国分裂，西突厥汗国将牙帐迁徙到碎叶城。东西方商贸往来越来越频繁，碎叶城一举成为哈萨克草原丝绸之路上的商业中心，而通往西南方向到达阿拉伯海、地中海地区，向西北到达欧洲，这条路是当时最为繁荣的草原丝绸之路。

唐朝时期，穿越哈萨克草原的丝绸之路也是从敦煌出发，经过北庭，到达轮台地区。在轮台地区分为两条，一条于伊犁弓月城回纥，西行最终达到碎叶城；另一条经过天山北麓，渡过伊犁河，最终到达碎叶城。这两条通路是唐朝北庭都护府重要的通道，开辟以后也成为了以北庭为中心的丝绸之路主道。南道经过轮台后直接进入天山地区，最终到达弓月城。弓月城作为交通枢纽，向南可达龟兹，向西可达碎叶。

穿过阿尔泰草原，还有几条丝绸之路。从长安出发，通过漠北草原，沿着科布多盆地到达阿尔泰山南麓，顺着额尔齐斯河通过巴尔喀什湖、咸海北部的钦察草原，到达欧洲。这就是从远古就已经存在的草原丝绸之路。这条路被称为以科布多为门户的东道。另一条东道由青河向西而行，到叶密立河后转向西南，经过伊犁河到达碎叶城。东道把横穿哈萨克草原的古代丝绸之路两条主线联结了起来。

横穿哈萨克草原的丝绸之路促进了哈萨克地区与东西方各国的政治、经济和文化方面的交流，对哈萨克地区农业、手工业、建筑、商业、文化、艺术都产生了巨大的影响。其中不少商业最为繁荣的地区建立了繁华的城市，乌孙国的赤谷城就是其中之一。

赤谷城的位置至今仍未被确定，各国学者众说纷纭，但大部分的学者都认为赤谷城的位置在伊犁河流域。那是乌孙国与中原文明往来最为频繁的时候，不论是政治、文化、商贸，都深受中原文明的影响。赤谷城在之后的几个世纪一直是丝绸之路上的必经之地，成为了草原上最大的丝绸贸易中心之一，也是乌孙国政治、商业、文化的中心。

浦类城是哈萨克草原上重要的城市之一，根据唐朝的记载，浦类城也是草原丝绸之路上的重要城市。除此之外，还有轮台、别失八里、弓月城、双河城等古城，可见当时草原丝绸之路的繁荣。

西突厥汗国时期，哈萨克草原丝绸贸易发展到了巅峰，西突厥可汗将牙帐设立在碎叶城，一直到波斯阻断了西突厥与西方其他国家的丝绸贸易。公元 767 年，西突厥派遣使节前往东罗马，东罗马也派使者回访了西突厥，从此以后西突厥的丝绸贸易中心才开始发生变化。

突骑施汗国时期，草原丝绸之路也保持了一定的活跃度，此时的经济体系相较之前有了长足的发展，突骑施汗国发行了铸有粟特文的钱币以满足市场需要。到了苏禄可汗统治时期，贸易规模已经扩大到一次多达 1000 匹马，换取丝绸和其他物品。苏禄可汗被杀后，突骑施汗国分裂成两支突骑施部落，黄姓突骑施将牙帐设置在碎叶城，黑姓突骑施将牙帐设置在怛逻斯城。

公元 8 世纪中叶，突骑施汗国逐渐衰落，葛逻禄汗国占据了突骑施汗国的领地。葛逻禄汗国的统治者被称为叶护，两支突骑施汗国设立牙帐的碎叶城、怛逻斯成为了葛逻禄汗国的统治中心，分裂的哈萨克地区再一次被统一了起来。葛逻禄汗国统治的时候，对于丝绸贸易的重视丝毫不逊于前，这一时期在丝绸贸易的通路上兴建了许多城市，原本的城市也得到了迅速的发展。

葛逻禄汗国时期，伊斯兰教开始传入哈萨克和中亚地区。到了 10 世纪中叶，葛逻禄汗国逐渐衰落，喀喇汗王朝建立，信仰伊斯兰教的喀喇汗王朝建立了稳定健全的军事、行政制度。政治环境的稳定给社会的发展打下了坚持的基础，畜牧业、农业、手工业、商业在这一时期都得到了飞速发展。

公元 9—10 世纪，阿尔泰山北部的克马克部落开始崛起，建立了克马克汗国。克马克汗国非常强盛，除了首都克马克城外，还兴建了许多城市，这些城市都建立在东西方商道和河岸旁，占据了极好的地理位置。这些城市的经济与文化都十分发达，最多的就是从事贸易的市场和教授伊斯兰经文的学校。

公元12世纪初，契丹族迁徙到西域地区，成立了辽国。公元1130年后，契丹人成为了中亚和哈萨克大部分地区的掌控者。他们与其他的征服者不同，不仅没有破坏原有的城市和农田，反而兴建了更多的城市，让草原丝绸之路更加兴盛。

哈萨克文化发展受到了草原丝绸之路的影响，地处商路中间的哈萨克地区，吸收了东方与西方各种经济、文化、政治等内容。哈萨克地区的各国也互相学习，取长补短。

中原政权了解哈萨克地区，主要是依靠来往西域地区的使节、僧人和学者。他们在自己的游记中详细地介绍了哈萨克等西域民族的情况，对如今的学者们研究哈萨克民族的历史、文化、艺术等方面提供了十分珍贵的资料。

草原丝绸之路有利于文化的统一，尤其是伊斯兰教沿着草原丝绸之路传入中亚，不论是回鹘还是突厥，都放弃了自己原本使用的语言，改为使用阿拉伯文，这样大大方便了中亚国家与阿拉伯和波斯等国家的文化、经济和政治上的交流。

第八章

海上丝绸之路，大航海时代的前奏

在陆上丝绸之路之外，有一条连接中国南海、印度洋、红海的海上通道，扬帆的木船满载丝绸、香料、瓷器、茶叶等货物起航，渐渐取代了陆上丝绸之路，也激起了西方人对东方的向往。

早期的中国航海，从徐福说起

徐福在我国的历史资料中记载较少，有与徐福相关的内容也多数与出海求取长生不老的仙药有关。但在历史上，徐福东渡是一件极其重要的事情，直接影响到一个国家的兴衰。如今，在日本歌山县新宫市，依然能找到一座有着巨大石碑的坟墓，石碑上刻着“秦徐福之墓”。徐福在日本受到如此崇敬，那么真正历史上的徐福是个什么样的人呢？徐福东渡又有着怎样的故事呢？

徐福是我国秦朝时期的一位方士，“方士”这个称呼在当今社会几乎已经消失了，但在春秋战国、乃至秦汉时期，人们迷信神巫鬼怪，有不少人学习炼丹、祈福等法术，这种人就被人称为方士。

秦始皇扫清六合，统一中原，可谓是雄才大略。但是再强大的君王也有着自己的苦恼，那就是寿命问题。从古至今，除了书中记载的仙人外，上至君王下至走卒，没有任何人能够跳出生老病死的必然，秦始皇也为之深深苦恼。随着时间的推移，秦始皇日渐衰老，他也越发地害怕起来。于是，他向群臣询问，有没有什么办法。一个大臣对秦始皇举荐了徐福，说徐福可以炼出长生不老的仙药，吃了就可以长生不死。

秦始皇立刻将徐福请进了皇宫，并且命令徐福炼制长生不老的仙药。

徐福表示，他并没有炼出仙药的本事，不过根据传说，东海之上有蓬莱、方丈、瀛洲三座仙山，山上住着仙人。如果能够到达仙山，那么就有可能求得仙药。于是，秦始皇就派徐福出海了。

徐福自己也知道，什么仙山仙药都是虚无缥缈的东西，但如果告诉秦始皇自己做不到，那么可能要人头落地。于是没多久，他就向秦始皇回报，说他去往仙山，碰见了仙人。他向仙人求药，仙人向他要 3000 名童男童女，100 名能工巧匠，各式工具、武器 1000 件，作物种子各 1 斛，丝绸 1000 匹。如果能够把这些东西带给仙人，那么仙人就会赐予仙药。

这些条件对于普通人来说，想达成可能比登天还难，但是作为始皇帝，却是轻而易举。秦始皇马上就将徐福所要求的物品凑齐，并且备下一艘大船，亲自送徐福出海。徐福带着 3000 名童男女、100 余名工匠，乘风破浪在海上寻找着仙山，经历了无数的困难，几次险些船毁人亡，最终到达了日本岛。

日本社会当时还处于部落阶段，当地的土著人对徐福表示了欢迎，并且将自己的女儿嫁给了徐福。徐福与所带的工匠、童男童女们就这样定居了下来。由于日本社会的落后，工匠们成了最受欢迎的人。他们将自己的手艺传授给当地的土著居民，将带来的种子种在了平坦、肥沃的土地上。最为重要的是，他们还带来了蚕桑，在远离中原的日本，纺织丝绸的技术也发展了起来。

对于带来了先进文化与生产技术的徐福，土著人敬为天神，不管是农业上的事情，医疗上的事情，吃穿方面的事情，就没有徐福一伙人解决不了的。徐福的威望越来越高，最后甚至超过了土著人的首领，徐福成为了日本的“神武天皇”。

徐福自己来到了日本岛，成为了万人之上的天皇，但是他家乡的人们却因为他而遭受了灾难。徐福迟迟不回，愤怒的秦始皇下令，将徐福家乡所有姓徐的人全部抄斩。大部分人遭遇了不幸，少数提前得知消息的人逃走了。因为害怕秦始皇的追杀，逃走的这部分人将自己的姓氏改成了韦、王和刘三个姓氏。直到今天，徐福的家乡还有着王、刘、韦、徐四个姓氏不得通婚的规矩。

经过考证，徐福的故乡就是现在的中国江苏金山乡徐福村。徐福村如今被分为两个村子，分别是前徐福村和后徐福村。在早年，这里还有两座庙，西边的名叫兴会寺，东边名叫牛王庙。牛王庙前有两颗有 2000 多年历史的银杏树，这两棵树对于当地居民来说有着非凡的意义。因为银杏树又高又直，所以一直被当作渔民返航的标记，起着灯塔一样的作用。兴会寺门前有一颗老松树，树上挂着一口重达 1082 斤的大钟。之前这里还有一口铜钟，当地人为了辨识自己的老乡，创作了一段民谣："铁钟和铜钟，本是亲弟兄，你住兴会寺，我去东海东。"

徐福东渡以后，中原地区就不再有关于徐福的记载，但奇特的是，关于徐福的传说却层出不穷。晋代学者葛洪著有一本《神仙传》，其中有关于吴郡人沈羲得道成仙的故事。沈羲得道成仙时，道家始祖黄帝和老子派徐福作为使者，来接应沈羲荣登天界。徐福下界时可谓是仪仗庞大，威风凛凛，就连拉车用的都是白虎。一直到这个时候，人们才知道东渡求取仙药的徐福已经是仙人了。

在唐朝开元年间，有一个读书人得了一种怪病，患了这种病症的人半身枯槁发黑，就连宫中的御医都拿这种怪病束手无策。读书人不愿坐以待毙，于是将自己的家人叫来，告诉他们说，自己已经时日无多，与其坐以待毙，不如前往海上寻求仙药，或许只有仙人才能治好这种怪病。家人拗不过他，只好答应了，并且派了一个仆人照顾他的饮食起居。主仆二人来到海边，刚好看见一艘空船，主仆二人就上了船，朝着茫茫的大海进发了。

两人在海上漫无目的的漂流了十几天，最终停靠在一座孤岛旁。两人上岛一看，发现这里有几百人正在举行某种祭祀活动，而中间他们参拜的不是什么神像，而是一个须发皆白的老人。他问当地人，那个老人是谁，当地人告诉他说，他们参拜的正是秦朝时期出海寻求仙药的徐福。

等到参拜的人散开，读书人才上前拜见徐福。徐福是秦朝时人，如今已是唐朝，想来徐福必定是已经成仙，于是读书人就向徐福求医问药。徐福很大方地答应了他，并且告诉他说，你这病本来必死无疑，幸好你遇见了我。

徐福先是给读书人一碗饭，这饭读书人从未吃过，他觉得特别好吃，就是装饭的碗太小了。徐福对读书人说，你别管碗的大小，只要吃就好，吃完了我再给你添。读书人大口大口地吃，吃了几口就饱了。徐福还给了他一杯酒，跟饭一样，杯子很小，但是没喝完就醉了。

第二天，徐福就给读书人带来了几颗黑色的药丸，读书人吃了药，排出了几升恶臭的黑水，之后病就好了。读书人请求留在这里为徐福做事，徐福拒绝了他，告诉他在人世上还有他该做的事情，随后就用东风将读书人送了回去。临走之前，徐福还给了他一包黄色的仙药，告诉他这种药包治百病。回到大唐以后，读书人不敢私藏仙药，将药献给了唐玄宗。

徐福的故事如今已经无法详细考证，但是徐福是中日两国邦交最早的使者，更是海上丝绸之路最早的开拓者，这是毫无疑议的。

兄弟之邦，中原与朝鲜之间的往来

中原地区与朝鲜半岛的来往已久，早在我国商周时期就已经有了文献记载。

商汤灭夏，随后一直传承了17代，共有30多位皇帝。商纣王残暴昏庸，最终被周朝所灭。商纣王有一个名叫箕子的叔叔，此人正直善良，但却对纣王忠心耿耿。他数次冒死进谏，触怒纣王，纣王心中十分讨厌他。

商纣王娶了苏妲己，从此更加昏庸无度，居然诛杀了忠臣比干，一时之间整个朝廷人人自危。有一年冬天，天气十分寒冷。纣王与妲己穿着貂皮大麾，四处闲逛，看见几个农夫背着柴草过河。此时河上已经结了一层薄冰，农夫踩上去，就落入了冰水之中。上岸后，几人腿上冒出了热气。

苏妲己和纣王对此不仅没有怜恤之情，反而出言讥讽。苏妲己向纣王询问为何农夫的双腿会冒出热气，纣王回答说是农夫腿中的骨髓太多。苏妲己不信，与纣王打起了赌，最后两人居然决定敲开农夫的腿骨，验证纣王的说法是否正确。

满朝文武虽然知道纣王是个昏君，但万万没想到他居然要做出这种凶残的事情，正直的箕子更是火冒三丈。他怒气冲冲地来到纣王面前，指着他的鼻子痛斥他草菅人命。箕子再三触怒纣王，纣王终于忍无可忍，将他贬为庶民，关在磨坊里推磨。

商朝在纣王的手中一日不如一日，越来越衰败，最终周武王起兵讨伐，将商纣王取而代之。周武王知道箕子善良正直，并没有因为他是前朝罪臣而为难于他，反而对他不错。但箕子内心始终难消亡国之痛，不告而别，悄然东行，渡过了辽东地区的一条大河，来到了朝鲜半岛。

尽管商朝已亡，但箕子还是很有号召力的，与他一起东行的还有不少人。箕子就带领他们在这广袤的天地中建立了新的国家。这个国家就是史书中记载的“箕氏朝鲜。”

与徐福同样，与箕子同行的有许多工匠，还带了许多作物的种子、蚕桑用品。在这里，箕子带领他的追随者们兢兢业业的开辟这片土地，种桑养蚕、织布纺纱，新建的国家很快就发展了起来。

转眼“箕氏朝鲜”已经传承了1000余年，中原地区周朝已经进入了尾声，春秋战国群雄割据。中原地区齐楚秦燕赵魏韩七国鼎立，不停交战。最后秦国任用商鞅变法，秦始皇横扫六合，统一了天下。秦王攻打燕国的时候，燕国官员卫满率领败军东渡朝鲜，一举消灭了箕子的后裔，占领了朝鲜半岛，史称“卫氏朝鲜”。

相比“箕氏朝鲜”，“卫氏朝鲜”要更加先进。他们将更先进的文化与技术带到了朝鲜半岛，使这片地区更加进步。朝鲜半岛发掘的古代遗迹，其中的青铜制品带有浓浓的商周风格，还挖掘出大量的燕国货币。

汉唐时期，朝鲜半岛上的国家将中原文明奉为天朝上国，作为模仿的对象。当时朝鲜半岛上有高丽、新罗、百济三个国家，这三个国家都效仿中原文明建立太学，太学中所学习的就是中原文化。每年，三个国家还派留学生前往长安学习先进的文化和技术。这些留学生有些学成后就顺利归国，学以致用，还有一些十分仰慕中原文化，干脆就住了下来。新罗诗人崔致远在中原呆了 10 余年，取得了非凡的成就。

崔致远 12 岁时就随着通常船队来到长安读书，18 岁时他就因成绩优异而考中进士。他热爱中国的唐诗，李白、杜甫等人都是他的偶像。他效仿偶像，昼夜苦读，写了许多著名诗歌，并且得到了唐朝不少诗人的肯定。

同样，唐朝也有不少文士前往朝鲜半岛，有些人是为了了解风土人情，有些干脆就留在当地为官，将中原文化传遍朝鲜半岛。

在五代十国时期，后周文士双冀志向高远。因不满中原割据势力互相混战，乘船东渡来到朝鲜。高丽国君与他一见如故，就任命他为高丽官员，负责文化事务。在他任职期间，高丽国君也经常询问他国家大事。

高丽国君曾向双冀询问，一个国家要怎样确立公平有效的人才选拔制度。双冀就将中原地区的科举制度告诉了他，高丽国君深以为然，于是在高丽国举行科举，命双冀做为首次科举的主考官。

因为这是初次科举，所以还有许多余地可以调整。双冀早就觉得光凭所谓的圣人之道判断人才有失偏颇，于是他除了科举考试外，还进行了各行各业的考试，奖励各行各业的出色人才。此举不仅让高丽国的文学水平大大提高，更是促进了生产技术的发展。

中原地区与朝鲜半岛的交流十分密切，文学、科技、医药等方面的知识不停的传入朝鲜。宋朝时期，中国派遣了大量医生进入朝鲜半岛，向当地人传授医学知识和经验，不少医书也随着医生的进入而传入。1079 年，宋朝皇帝还应高丽国的邀请，派遣了一个翰林官员组成的医疗队进入高丽国传授医术。

除了医术外，中原地区的书法艺术也传入了朝鲜半岛。一时之间朝鲜的文人墨客层出不穷，从唐朝到宋朝，朝鲜半岛居然也出现了出色的书法家。宋徽宗时期，高丽国派遣使者来宋朝进贡，宋徽宗派遣翰林院大臣去招待朝鲜使臣。

酒席宴间，众人谈天说地，好不畅快。朝鲜使臣对于中原文化的了解震惊了两位翰林学士，宴席结束后，使臣还从屋子里拿出一幅书法，两人定睛一看，居然是大名鼎鼎的《乐毅论》。那可是东晋名士王羲之的书法，两人赞不绝口，但心中升起疑惑，这篇名作是怎么到达朝鲜使臣手中的？朝鲜使臣解开真相，这并不是王羲之的原作，而是一位朝鲜书法家的临摹。可见，当时两国的文化来往是多么的密切，朝鲜半岛的居民对于中原文化是多么的崇尚。

中原地区与朝鲜半岛自古以来就交往密切，中原地区对朝鲜半岛，除了源源不断的文化输入外，还有大量的商品输入和生产技术输入，其中丝绸更是其中促进社会发展的动力。

秦汉时期，与东洋地区的文化交流

秦朝灭亡后，刘邦与项羽进行了多年的楚汉战争，最终刘邦获得了胜利，成为了汉朝的开国皇帝。西汉初期，由于连年战争，国力十分衰弱，所以西汉前期的几位皇帝都采取了休养生息的政策。经过几十年的休养，到了汉武帝时期汉朝已经是国富民强了。汉武帝不愿向之前的几位皇帝一样固守领土，他想要开疆辟土，成为青史留名的皇帝。

汉武帝时期，汉朝不论是文化、军事还是经济，都要远超周边的国家。汉朝的手工业十分发达，因此汉朝的产品也是很受其他国家的欢迎，尤其是丝织品。西汉末年，国家发生了割据战争，导致国家三分天下。但在这一时期，中原地区的政权在地位上仍远超周边的其他国家。

汉朝时期，将日本称为倭国，在小小的日本岛上，居然星罗棋布着100多个小国，他们各自为王，纷争不断，但每年却都向汉朝政府进贡。

东汉时期，光武帝刘秀曾将一枚黄金印章赏赐给倭奴王，作为两国友好的象征。这枚金印对于倭奴国来说意义重大，可谓是稀世珍宝。

这枚金印于1784年，在日本九州的一个小渔村中出土。渔民甚兵卫除了出海捕鱼外，家中还经营着两亩水田。时值干旱，甚兵卫为了灌溉农田，一清早就拿着工具去挖水渠。挖着挖着，突然一声异响，仿佛挖到了什么特别的东西。甚兵卫赶紧用铁锹将土铲起，在土中翻出一块颜色灰暗、仿佛石头一般的东西。甚兵卫仔细检查这块石头，发现石头的表面非常光滑。将石头搬起后，石头下面有一根石柱子，再将柱子搬起，下面居然还有一块石头。甚兵卫仔细搜索两块石头中间，在石头的中间发现了一块神秘的金属块。

甚兵卫将金属块搬回了家中，询问家中的老人，居然没有一人识得这金属块的来历。在甚兵卫多方打听下，才听说米店的老板博学多知，很有可能知道这金属块的来历，甚兵卫赶紧抱着金属块去找米店老板。

米店老板看见这金属块，一时之间也不敢确定这是什么东西。为了方便辨认，米店老板将金属块放在水下反复冲洗，希望能从金属表面发现些蛛丝马迹。经过一番冲洗，金属块露出了本来的模样，原来是一颗黄金大印。

如此贵重的物品，甚兵卫不敢据为己有，于是他将这颗黄金大印献给当地的藩主。藩主手下有一个名叫龟井南溟的考古学者，他认出了金印上篆刻的是“汉委奴国王”五个大字。这就是中日两国都有记载的光武帝刘秀赏赐给倭奴国王的金印。这颗金印落在了藩主手中，也就成为了藩主的传家宝。如今，这枚意义非凡的金印已经成为了整个日本的国宝，被珍藏在福冈市立美术馆里。日本政府还在金印发掘地点立了一块石碑，并且在周围建了一座公园，名字就叫“金印公园”。

这颗金印印面大小约为 2.34 平方厘米，刚好是东汉时期的一寸，与汉代的金印规格相符。金印上有蛇形的钮，用来挂绶带。汉朝时期列侯的印使用龟形钮，将军的印使用虎形钮，蛮夷的印使用蛇形钮。汉朝时期的蛮夷指的就是番邦属国。

金印是中日两国友好的证明，当时传入日本的除了金印，还有中国先进的文化和技术，尤其是养蚕纺织业和铁器制造业，对日本的生产技术有着极大的改善。

日本九州地区的倭奴国一直与汉朝交好，向汉朝俯首称臣。这不仅是对强国的敬畏，更是因为只要与汉朝交好，那么就可以在物质和军事上获得许多援助。日本北九州出土了许多珍贵的汉代文物，像勾玉、铜矛、铜剑，都是来自汉朝的赏赐。

日本岛并不像西域国家一般，经常有较大的生态环境变化。所以，光武帝赏赐给倭奴国王的金印不可能是因为环境问题而被埋入地下。那么，为什么这枚金印是在地下找到的呢？倭奴国在日本一度是最为强大的国家。但是倭奴国没有长久地强大下去，在日本本州地区出现了一个更强大的国家，名叫邪马台国。邪马台国由 21 个小国组成，这个国家的统治者是卑弥呼女王。随着邪马台国的势力越来越大，开始出兵倭奴国，与倭奴国争夺日本地区的霸权。倭奴国无力抵抗邪马台国的侵略，一次次地战败。在倭奴国要灭国的时候，倭奴国王将代表汉朝皇帝支持与权力的金印埋在了地下，期待自己东山再起的时候将其挖出来。

邪马台国消灭倭奴国的时候，中原大地上也发生着巨大的变化。东汉末年，魏蜀吴三国鼎立，汉朝皇帝已经不再有支持日本某个国家的力量。卑弥呼的邪马台国尽管已经成为了日本最强大的国家，但她深深地明白居安思危的道理。为了更进一步壮大自己的国家，她召集自己的属臣，询问国策。群臣集思广益，得出一个结论，那就是倭奴国当年雄霸日本，与汉朝的支持是分不开的。如今的邪马台国想要变得更加强大，那么一定要和中原地区的政权交好，以获得支持。当时中原地区最强大的国家就是魏国，于是，卑弥呼就定下了与魏国往来的计划。

卑弥呼马上就派出了使臣，带上十个奴隶、两匹麻布作为贡品，前往魏国首都参拜魏国皇帝。当时魏国的皇帝是魏明帝，魏明帝得知有海外小国前来进贡，高兴地接见了邪马台国的使臣。

邪马台国的使臣提出的要求并不多，其中最主要的就是希望魏国可以效仿当年的光武帝，赐予邪马台国一颗金印。魏明帝很痛快地答应了这个条件，御赐了一枚金印，上面篆刻着“亲魏倭王”四个大字。随金印一同赏赐的还有铜镜百枚、黄金八两、文锦三匹、白绢五十匹、珍珠和铅弹各五十斤。这些东西相比邪马台国进贡的礼物，价值可要多上好几倍，这让邪马台国明白，向中国中原政权称臣，除了政治和军事上的好处外，在经济上也有很多好处。

从此以后，日本各国纷纷出使中国中原政权，而中原政权也会派使者回访，这成为了中日文化最主要的交流方式。尽管有文献记载魏明帝赐予邪马台国女王金印的事情，但这枚金印至今都没有找到。多次的考古，最终只找到了一些与金印一起赐给卑弥呼的铜镜。尽管只是一枚铜镜，但也被日本视为国宝，珍藏了起来。

遣唐使的友好之船

公元 589 年，隋朝统一了天下，结束了自东汉以后中原地区多年的分裂与动乱。在这长达 400 年的时间里，日本也发生了巨大的变化，最主要的是日本的小国数量正在减少，逐步的走向统一。

当时日本的统治者是大和民族，掌权的并不是天皇，而是摄政王圣德太子。圣德太子有能力也有野心，他想要让日本变成一个真正的世界强国。想要变成世界强国，那么向隋朝学习是进步最快的方法。于是，圣德太子先后四次派遣使者来到隋朝，这些使者就被称为遣隋使。

隋炀帝在位期间荒淫无度，苛捐杂税繁多，人民负担极重，最终爆发了大规模的农民起义，二世而亡。唐朝取代了隋朝，唐太宗李世民更是一代明君。他提出了水能载舟、亦能覆舟的道理，励精图治，唐朝社会飞速发展，国力也迅速增强。

从唐高祖李渊到唐玄宗李隆基这 140 年，中唐朝成为了世界上最强大的国家之一，在政治上面，唐朝有健全的行政机构，不管是法律制度还是军事制度，都走在了世界的前列。经济上因为均田制的实行，农民种出的粮食越多，自己手中留下的粮食就越多，于是农民的积极性空前高涨。农业的发展也推动了手工业的发展，有更多的剩余作物可以作为生产资料，丝织业、陶瓷业、造纸业、造船业都空前发达。唐朝北方的定州城是当时的丝织业中心，仅当地一个富户何明远家中就有织布机 500 张，可见当时的丝织业有多么发达。

生产了商品，下一步就是销售。生产力的提高，同样促进了商业的发展。唐朝有许多著名的商业都市，长安、洛阳、广州、扬州、荆州、明州、成都等地就连晚上都有商业活动，这在古代是极其罕见的。唐代的文学艺术也是非常领先的，不论是诗歌、书法、绘画还是雕塑，可以说是冠绝当世，长安更是当时世界上最繁华、最庞大的城市。

面对如此发达先进的唐朝，日本举国上下都对唐朝产生了仰慕之心。四次遣隋使将大量的中原文化带回了日本，日本掀起了一股学习中原文化的热潮。

当年遣隋使并没有完全回到日本，有两名僧人为了学习中原文化而留了下来，他们的名字分别是惠齐和惠日。这两人在中原地区住了许久，在唐朝建立以后，他们亲眼目睹了唐朝的繁荣与强大。于是赶紧返回日本，并且向日本天皇报告唐朝的政治、经济、军事和文化等情况，建议天皇马上派遣使者前来学习。

于是日本天皇马上决定派出使节前往唐朝进行学习，不过这次是一次全面的、大规模的学习，向过去那样只派几个人去是远远不够的。经过一番商讨，最终决定组织一个大型的使节团，其中要包含使臣、留学生、工匠、僧人，这样才能完全达成目的。从公元 630 年开始，直到 895 年，日本共有 19 次决定派遣使者去唐朝，但最终没有出发的有三次，还有一次只到达了朝鲜半岛，还有三次是为了接送日本使者和唐朝使者。所以，真正的遣唐使团只组织了 12 次。

从公元 630 年到公元 669 年，是日本派遣使者前往唐朝的初期阶段，这一期间共派遣七次遣唐使，每次只有 100 多人、两三艘船。这一期间日本主要是学习唐朝的政治、法律制度。这一时期日本到唐朝所走的航线是沿着朝鲜半岛一路向北。

从公元 702 年到公元 752 年，日本这一时间共派遣使者前往唐朝四次。这一时期可以看作是中期阶段，使团的规模比之前扩大了五倍，每次前往唐朝的人有 500 之多。这些人的使命更加艰巨，他们全面的学习唐朝的文化，并且将这些文化带回日本，整个日本都在唐化。这一时期的航线也发生了变化，已经不需要沿着朝鲜半岛来到唐朝，更多的时候是穿过南方诸岛。

公元 759 年到公元 874 年，这段时间可以看作日本派遣使者的后期阶段，这一时间里成行的使者团共有六次。在这段时间里，唐朝发生了“安史之乱”，社会动荡，由盛转衰。日本向唐朝学习的热情开始消退，这也直接影响到了使团的规模，遣唐使团的人数开始减少。此时日本前往唐朝的航线已经开始变为横渡东海的大洋路。

唐朝兴盛时期，日本十分重视遣唐使的人选，能够来到唐朝的无疑不是精英，哪怕是外貌都有着细致的选择。尽管从日本来到唐朝是十分艰难的事情，这些精英很有可能就此葬身大海。

最初日本到唐朝的路线是从九州博多湾出发，经过马岛，沿着朝鲜半岛、辽东半岛到达山东半岛，从莱州进行登陆，然后从陆路抵达西安。这条路非常安全，但是周期很长，往往一次要在海上漂流十几天才能到达唐朝。后期更是因为日本与朝鲜半岛新罗国关系紧张，担心新罗国中途派人阻截，所以才开始转向南岛路。南路同样是从九州出发，不过是穿过南部诸岛，横渡东海，最终从明州登陆。这条路的安全性远不如北路，使团的安全问题迫使日本开辟了大洋路，从博多湾出发后直接横渡东海。这条路更近，十天之内就可以到达唐朝，但是风险也更大。

日本遣唐使团不管是从日本前往唐朝，还是从唐朝回到日本，路途上都要经历许多艰难。12 次出使唐朝，在途中遭遇风浪而沉没的船只居然多达十艘。在公元 734 年，日本第十次派遣的遣唐使返回日本。这次的规模不算很大，出海的有四艘大船。没想到刚刚踏上路途没多久就遭遇了大风浪，第一艘船被吹得偏离航向，到达了种子岛；第二艘被直接吹回了中国海岸；第三艘被吹到了昆仑国，船上的人员几乎全部被杀；第四艘船一直下落不明。

不管是唐朝派往日本的使臣还是日本派往唐朝的使臣，都是抱着大无畏的精神，做好随时以身殉职的准备，用自己的生命完成传递两国友谊的使命。正因为如此，两国都十分重视遣唐使的事情。

在日本，遣唐使出发前一个月，使团领队就要觐见天皇。天皇会授予一把使节专用的佩刀，并且赐下一杯酒。之后天皇会嘱咐领队，进入唐朝后要遵守唐朝的法律，尊重唐朝的习俗，约束好自己的部下，不要让他们做出失礼的事情。觐见过了天皇，还要去神社祈祷这次的行动能够平安顺利。

出发的前一天，天皇会亲自设宴为使团送行，嘱咐他们能够平安的渡过海洋。遣唐使团成功归来时，天皇会率领大臣在精度举行隆重的欢迎仪式。领队要将出发前天皇授予的刀归还，而天皇要对返回的使臣大加封赏，给予未能顺利归来的使臣家属以抚恤。

日本使团在唐朝会受到热情的款待，只要使团一登陆，地方官员马上会上报朝廷，并且为他们安排好食宿。到达长安后，皇帝会派宫廷内的使者外出迎接，为他们安排舒适的住所。等到皇帝定下接见使者的时间，就会接见使者领队，并且设宴为他们接风。

日本使者在长安一般会住上一年左右，期间他们会购买大量的书籍以便回国以后可以学习。在他们回国之前，唐朝皇帝也会赠予他们许多贵重的礼物，然后由宫廷内的使者将他们送到海边。

日本遣唐使对日本社会进步做出的贡献是不可估量的，他们将唐朝的法律引入了日本，将唐朝的文化融入了日本社会，将唐朝的社会制度带到了日本。在他们的帮助下，日本开始兴建唐式学校，在学校里教授汉文和唐朝的历法、风俗。日本民间对于唐朝文化推崇备至，不论是佛经、诗歌还是舞蹈、音乐都是他们学习的方向。如今在日本十分重要的两项赛事，相扑与围棋，也都是在唐朝时期传到日本的。在经济方面，日本使团将中国的丝织技术带回了日本，使日本的养蚕业和丝织业变得更加发达。

郑和下西洋，中国航海的巅峰壮举

早在宋元时期，中原与海外国家就有着十分频繁的贸易往来。在那个时期，不论是航海事业、造船技术还是商业贸易，中原地区都有着长足的发展。明朝前期国力强盛，社会经济飞速发展，资本主义萌芽获得了飞速发展。在这一时期，郑和下西洋是扩大海外贸易的必然需求，而明朝社会经济的发达也为郑和下西洋提供了物质基础。

郑和本姓马，是云南昆阳人。在宋朝时期，云南是大理国的属地。元世祖忽必烈消灭了南宋，建立了元朝，但是在消灭宋朝之前，先占领了大理国。建立元朝以后，在云南地方设置了行省，郑氏家族就是在云南设置行省以后从西域地区回到了云南。郑和一家都是回族人，世代信仰伊斯兰教。元朝将人民分为四等，蒙古人为第一等，色目人为第二等，汉人为第三等，南方各少数民族为第四等。回族属于色目人，因此地位更在汉人之上。在郑和父亲与祖父尚在的时候，家中颇为富足殷实，所以不少资料说郑和出身贫寒，有些站不住脚。

郑和家中有一个哥哥和四个姐妹，他从小就十分懂事，有大志向。他的父亲和祖父都曾前往圣地麦加朝圣，来回都是从海路走。回来以后也给郑和讲述了许多海上的请况，这让年幼的郑和对于大海燃起了向往。

郑和于 1371 年出生。这个时候元朝已经被明朝所推翻，不过云南地区天高地远，还处在元朝所封的梁王统治之下。1381 年，郑和十岁。朱元璋派手下大将攻打云南，没多久明军就消灭了元军残余，在这一年，郑和 39 岁的父亲也去世了。明朝时期，将领抓住俘虏，经常将幼童阉割，郑和被虏去后，被阉割送入燕王府邸，当了一名侍奉朱棣的宦官。原本富贵人家的小少爷郑和，从此就成了伺候人的下人。

随着郑和渐渐长大，他的英伟不凡也越发显露出来。据书中记载，郑和身高七尺，腰大十围，耳白过面，齿如编贝，行如虎步，声音洪亮，而且十分俊秀。郑和不仅外表过人，内在也是十分出色，他吃苦耐劳，机警干练，谦虚谨慎，能言善辩。后来燕王朱棣举兵靖难，郑和也成为了军中的一员，立下了许多汗马功劳，深得朱棣的赏识。朱棣登上皇位以后，就将郑和封为内官监太监。第二年，朱棣又赐其“郑”字为姓，从此他正式改名叫郑和。

尽管明朝的开国皇帝吸收历代王朝灭亡的教训，训诫族孙不许太监干政，但朱棣对自己的能力十分自信，也对自己身边的太监非常信任，只要有才能，从不避忌。当朱棣决定派遣船队出使西洋时，忠心可靠、有智谋、精通战术的郑和就成为了首先跃入他眼帘的人选。相比其他人，郑和还有自己独特的优势，因为家庭的渊源，所以他对伊斯兰教和佛教都颇有了解，这也成为了他出使西洋国家获得许多便利的原因。于是，朱棣就任命郑和为正使，由他来率领船队。

因为明朝国力强盛，所以郑和率领的船队也是规模惊人。光大海船就有 60 多艘，加上中小船只，多达 200 多艘。郑和船队中的大海船被称为“宝船”，并不是该船多么名贵，而是因为此船将要下西洋取宝。当郑和从西洋满载而归时，携带的各种奇珍异宝就都放在了宝船之上。除了宝船外，还有水船。水船在船队中是必不可少的。茫茫大海之上，淡水很难得到补给。而水船中装载着在各地采取的淡水，平时不用，一旦大船上的淡水供应不上，那么才会使用水船上的存水。郑和船队中的水船数量极多，甚至可以解决 2 万—3 万人的饮水需求。

想要让庞大的船队运作起来，就必须有大量的人手。郑和七次下西洋，每次的人数都不相同，但最少也没少于 27000 人。第一次郑和下西洋，船上的人员就有 27800 余人。这些人主要有钦差太监、各种官员近 400 人，阴阳生 5 人，医生 180 余人，各类工匠、官兵等其他人员 27000 余名。

这些人看似组成混乱，但其实各有所长，都是必不可少的。太监和官员肩负着使臣的职责，他们负责指挥船队的运作，掌握着外交、贸易、航行和战争的决策权。

航海人员也是船上的重要人物，他们有着丰富的航海经验，还掌握着航海图、罗盘等工具的使用。阴阳生也算是航海人员，在没有天气预报的古代，他们就肩负着观测天象、预测天气的责任。各类工匠负责修复船只。

其他人员还包括翻译、僧侣等。

郑和下西洋的目的从人员配置就可以看出来，带有使节必然是要进行外交活动，财务人员负责一路上的通商，军队和航海人员负责船队的安全，医务人员负责船队成员的生命安全。就是这样一支整个15世纪最大的、配置最为完善的船队，达成了七下西洋的壮举。

郑和首次下西洋是在公元1405年，早在两年之前，就开始为这次下西洋做准备了。7月11日当天，郑和从苏州重要的水师基地刘家港出发，前往福建长乐县五虎门港，在这里稍作休整，等待合适的出海时机。

冬天到来以后，海上刮起了东南疾风，郑和的船队从五虎门港出发，正式进行远洋航行。船队先后到达了占城、爪哇、旧港、苏门答腊等地区，然后又进入印度洋，穿过达锡岚山，到达古里。根据记载，郑和在到达古里后，在这里树立了石碑，用来纪念自己远航的成果，不过这块石碑至今没有找到。

到达古里后，没多久郑和就从古里返航了。于1407年10月2日抵达苏州。回国后，郑和马上着手第二次远航。在冬天，东北季风再次到来时，郑和的船队浩浩荡荡地出发了。这次出航与返回的具体时间都没有确切的记载，不过根据文书推论，这一次的出海是为了送外国使节回国，顺便做第二次的访问。根据记载，这次所到达的国家有占城、暹罗、爪哇、锡兰、柯枝、古里等国家。这次与首次出海不同，船队是有所收获的。他们在锡兰向当地寺院布施了许多东西，船队返航的时候从九州山获得了直径八九尺、长八九丈的沉香树六株。船队于1409年回到了国内。

两次出海，郑和的船队越走越远，但郑和却丝毫没有停止的意思。回国后，他立刻开始准备第三次出海。第三次出海的船队有宝船48条，官兵27000余人。于1409年从刘家港出发，前往福建五虎门。第二年年初，趁着冬季季风快速航行，仅仅用了10天就到达占城。船队停靠在占城新州港。此地规模极小，只有50几户人家，但却距离王城很近。郑和到达王城，占城的国王头戴金花冠，身穿锦花巾，脚穿玳瑁鞋，手腕和脚腕上都带着纯金的镯子，乘着大象外出迎接郑和一行人。郑和宣读了大明皇帝的圣旨，然后拿出大量的赏赐给占城国王。占城国王也拿出国内的特产象牙、犀牛角等特产进贡给明朝皇帝。

占城是著名的佛国，这里的国王习惯独特，在位30年就要退位出家，在山中吃素受戒，学习佛法，一个人过活。国家事务交由国王的兄弟或者子侄管理。一年以后，如果国王可以安然无恙地归来，那么回来就可以继续做国王，并且百姓还会尊称其为“吉祥大王”。

离开占城后，船队到了爪哇。过了爪哇，又来到了满剌加。在大明的支持下，满剌加从暹罗的控制中独立了出来。郑和一行人也在满剌加建造了仓库，将下西洋所带的粮食和钱财放在了仓库里。离开满剌加以后，经过苏门答腊地区，抵达锡兰，离开锡兰后，再次来到古里。古里是个西洋大国，郑和数次来到古里都有着重要目的。这里虽然土地贫瘠，但却是海上的贸易中心。其他国家的珊瑚、珍珠、香料、金箔等东西都会在此出售。郑和船队到此以后，与当地国王进行了贸易，获得了大量的珍珠、宝石、珊瑚等物。贸易完成后，郑和船队就返航了，于公元1411年顺利回到国内。

第三次航行后，郑和休息了一年，于公元1412年12月18日进行第四次航行。此次出使有着与伊斯兰国家交好的重要任务，所以他特地前往西安清真寺，请该寺掌教为他做翻译。一切都准备完成后，于1413年冬季正式开始远航。

这次出使依旧先到达占城，然后船队兵分两路，一支前往彭亨和急兰丹（今马来半岛），自己则率领大队前往爪哇。在爪哇停留一段时间，发现这里已经变成了东南亚重要的贸易城市，并且在中国人的开垦下，此处中原文化十分盛行，流通的货币也是中国铜钱。

离开爪哇后，途径旧港、满剌加，最后到达苏门答腊地区。苏门答腊也是重要的贸易地区，郑和就留下在这里进行贸易，并且派出两艘船前往溜山（今马尔代夫群岛）。

溜山岛屿众多，地势险要，海流复杂，任何船只到此都需小心翼翼，避免触礁的风险。此处虽然危险，但却盛产椰子和龙涎香。当时椰子是制作船只的重要材料，龙涎香是名贵的香料，所以郑和船队在溜山收获颇丰。

没过多久，郑和就率领大队从苏门答腊地区前往锡兰，经过锡兰到达古里，而由古里直接航向忽鲁谟斯（今伊朗南边海岛）。

忽鲁谟斯是一个重要的商业国家，不论是东方国家还是西方国家，都会在此处进行商务往来。非洲的埃及，阿拉伯半岛的佐法尔、阿丹，印度地区的古里、柯枝等地区，都会到此进行贸易。甚至一些远至欧洲的商人也会到达这里。和中原地区相比，这里有许多宝石、珍珠、珊瑚、琥珀等珍宝出售，郑和一行人进行了大量的采购。除此之外，忽鲁谟斯还盛产瓜果，核桃、松子等干果数不胜数，西瓜、石榴、哈密瓜等水果也比其他地区的更甜更好吃，这里还盛产盐。

采购过后，郑和等人准备回国，令他们没有想到的是，忽鲁谟斯国王居然派遣使臣来拜访郑和，并且带领了一支船队，船上载着狮子、长颈鹿、宝石、珍珠等珍奇异兽，准备同郑和一同前往明朝，进贡皇帝。

郑和船队于公元 1415 年 8 月 12 日回到了苏州。进行了长达一年的修整，于 1416 年 12 月 28 日，再次出海。此次主要是为了送其他国家的使臣回国，郑和为这次行动做了完全的准备。

此次出海，郑和首次踏上了非洲的土地，他将船队分成两支，一支前往忽鲁谟斯，另一支前往阿拉伯半岛，这是郑和船队首次到达阿拉伯半岛。郑和每到一处就将明朝的礼物赠送给当地国王，而当地的国王也回赠了许多礼物给郑和，其中主要有狮子、金钱豹、大西马、长颈鹿、角马等中原地区没有的动物。还有许多国家派出使节，随郑和的船队回访明朝。

公元 1421 年，郑和进行了第六次远航。这一次在历史上的记载并不多，这一次主要到达了非洲与亚洲的一些国家，并没有到达之前没有到过的地区。他们在阿丹收获颇多，买到了巨大的猫眼石、美丽的珍珠、两尺高的珊瑚树，以及许多珍禽异兽。到达佐法尔以后，也受到了当地国王的热情款待。当地国王特意发出诏令，说当地商人可以与中国船队进行贸易往来。郑和船队用丝绸与瓷器换来了大量的没药、芦荟、苏合油等重要香料和药材。

1422 年，郑和回到了国内，并且将暹罗、苏门答腊等国家的使臣送到了明朝。第二年，开始了第七次远航。

第七次远航时，朱棣已经去世了，即位的是他的长子朱高炽。朱高炽认为下西洋寻宝这种行为劳民伤财，于是下命令禁止。郑和回国以后，朱高炽没多久就去世了，他的儿子朱瞻基即位。朱瞻基当上皇帝以后，看着来朝的外国使节越来越少，内心十分不满，于是下令郑和组织船队，再下西洋。

1431 年 1 月 19 日，郑和的船队从南京下关龙湾出发。1432 年 1 月 12 日，船队正式出五虎门，开始远洋航行。这一次依旧没有去新的国家，只是在麦加地区买了许多珍奇异宝，就回京了。

郑和回京后，没过多久就去世了，明朝大规模的远航也随之停止。

郑和下西洋有着重要的意义，这支庞大的船队不是一支纯商业的船队，也不是一支纯粹的外交使团，它肩负着重要的使命。

首先，郑和下西洋是为了招募世界各国的使者来朝。不管是朱棣，还是朱瞻基，派遣郑和作为正使下西洋的目的都是令西洋各国成为大明的藩国，并且进贡来朝。所以郑和到达西洋各国后，第一件事情就是宣读明朝皇帝的诏书。宣传明朝皇帝是上邦大国的明君，是奉天意管理天下的天子，其他国家都是藩国，需要听从大明的命令。凡事来进贡的，一律大加赏赐。郑和到达各国以后，也都送上大明皇帝赐下的礼物，与各国发展友好关系。

其次，是为了进行通商贸易。郑和做事十分细腻，他每到一处马上就开始了解当地的特产，不论是作物、动物、珍宝、蔬菜、水果，都一一去了解。了解了各国的特产以后，郑和就开始有计划的与各国开始贸易。将一些国家的特产卖到不生产这种东西的国家，并且留下一部分奢侈品回国进贡皇帝。在这一过程中，明朝生产的丝绸和瓷器成为了流通的主要货物之一，这些东西卖价便宜，并且精美华贵，深得各国欢迎。

郑和船队在贸易过程中表现得十分大方，经常让利于外国商人，欧洲人对此十分诧异，他们甚至觉得中国的商品生产根本不需要本钱，也不需要劳动力。这种以小人之心度君子之腹的行为在欧洲殖民者随后的行为中得到了更好的体现。在郑和去世半个世纪后，葡萄牙人达·伽马第二次前往印度，仗着船坚炮利，一路烧杀抢掠。不管是土著居民，还是海上的商队，都是他们掠夺的对象，他们这种野蛮的行径哪怕是在穷凶极恶的海盗史上都是非常罕见的。在到达印度后，他们更加变本加厉地屠杀当地居民，掠夺金银等贵重财物，甚至用大炮摧毁当地繁华的城市。相比之下，郑和下西洋这种彬彬有礼、等价交换的方式，显得无比的文明和绅士。

郑和的船队是一支友好的船队，在广阔的印度洋地区，明朝与其他各国建立起了坚实的友谊，为该地区的经济与文化交流做出了巨大贡献。

第九章

敦煌，四大古国文化汇流之地

如果说丝绸之路是一条流入西域大地的涓涓细流，那么西域就是一片广袤的海洋。在这片海洋当中有着无数历史与文化凝结成的璀璨明珠，其中最明亮的一颗莫过于敦煌。

莫高窟，沙漠的高处

在丝绸之路上，有着许许多多的名胜古迹，其中艺术、文化、历史价值最高的，非敦煌莫高窟莫属。尽管在历史上，莫高窟经历过多次外国冒险家的掠夺，但至今，莫高窟所保存的文物、壁画、雕塑等，仍令它成为了现今世界上保存最完好、规模最大的佛教艺术宝库。

莫高窟坐落于敦煌城东南 25 公里的大泉河边，南北长 1600 米。众多的石窟就如同蜂巢一样，密集的排列在山的断崖上。莫高窟前山路曲折，楼阁耸立，展现出一股苍凉的味道，历史留下的痕迹让莫高窟整体看来气势雄伟壮观。

莫高窟创建于公元 366 年，经过十六国、魏晋、南北朝、隋唐、五代、宋、西夏、元等朝代的不断添砖加瓦，整个莫高窟共有 1000 多个石窟，因此莫高窟也被称为千佛洞。尽管千年来，莫高窟遭遇了自然风化与人为破坏的双重威胁，但仍有 492 个洞窟得以保存，珍贵的壁画多达 45000 平方米，彩色雕塑 2400 余座。

要以简单的语言概括敦煌的艺术是非常困难的，其博大精深之处，最主要的是建筑、雕塑和壁画，内容的丰富程度令人震惊，它将汉民族和西域民族的艺术手法与外来文化的表现手法完美的融合，形成了具有敦煌特色的独特佛教艺术。这些作品规模宏大、数量惊人，为研究古代政治、经济、文化、军事、交通、地理、宗教、社会生活、民族关系等提供了大量珍贵的资料，是中国、乃至全世界的文化宝藏。

莫高窟的建筑风格多种多样，齐纳千百年来中原与西域地区的建筑风格。例如中心塔柱式的洞窟就是早期外来文化的风格，而隋唐时期的石窟则是平面方形，覆斗顶，后壁有一佛龛。唐末乃至宋元时期，壁画、佛龛开始逐渐减少，佛坛成为了洞窟中的主角，也开始出现在一整块石壁上进行绘制的大型壁画。不论是建筑风格的演变，还是壁画内容的改变，都说明了古代艺术家在不断吸收外来艺术的风格，并且将外来艺术的风格与中华民族的艺术风格进行融合，形成了许多我国绝无仅有的古建筑杰作。

彩色雕塑主要是以敦煌艺术风格为主，在数量庞大的作品中占有一席之地。彩塑多数是以一佛二菩萨这种三座彩塑为一个组合，其中还有阿难、迦叶、十大弟子、十八罗汉、天王、金刚、力士等。在莫高窟现存的 2400 座彩塑，其造型也随着时代在不停变化。北魏时期的彩塑人物身材粗壮，后期则变得清瘦起来。隋唐时期出现了彩塑群像，风格又开始变得雍容华丽，唐朝后期的作品更是巧夺天工。这些彩塑与墙上的壁画、地上的莲花砖，构建了一个浑然天成的佛国。

莫高窟最令人震惊、数量最大、内容最多的当数壁画。45000 平米的壁画，简直就是一座巨大的美术馆。壁画内容有佛像画、故事画、经变画、山水画、动物画、佛教史迹画、神话题材画、装饰图案画等。这些壁画体现了我国各民族艺术家们的创造才能以及艺术天赋，也反应了我国各民族当时的生活、科技水平、民族习惯、娱乐方式等。因其历史悠久、内容广泛、形式多样，汇聚了各个朝代的风格，简直可以看作是一部中国古代美术的历史教科书。

关于莫高窟名字的由来，至今仍众说纷纭。一种说法与莫高窟的位置息息相关，因为莫高窟建立在鸣沙山东麓的崖壁上，周围都是大沙漠，该处的地形比敦煌绿洲高出百米有余，因此百姓又将此处称为千佛山。古汉语中沙漠的“漠”通“莫”，所以开凿在沙漠高处的石窟，就叫作莫高窟了。

提到莫高窟，就不能不提建立在莫高窟中端的九层楼。这座楼是代表莫高窟最高建筑水平的建筑之一，依山崖峭壁建造，窟檐高达惊人的 45 米。九层楼顾名思义，共有九层，第九层为八角顶覆盖佛像窟顶，下面八层都是靠着崖边建造的，气势十分宏伟壮观。因为它是莫高窟最大的建筑物，所以也成为了莫高窟的标志。

九层楼内有一尊巨大的弥勒佛像，高达 34.5 米，是世界上最大的一尊室内石胎泥塑佛像。“弥勒”是梵文音译，汉文意译是“慈氏”的意思，弥勒佛是佛教中的未来佛。根据《弥勒经》中所说，弥勒居住在净土世界，是释迦牟尼的接班人。释迦牟尼涅槃后，弥勒佛将于人间降生，为让世人进入弥勒净土的极乐世界而普度众生。根据敦煌文书记载，这尊弥勒佛在公元 695 年便已经开始建造了，唐高宗去世后，武则天于公元 684 年掌控了朝政大权。因为女性在封建社会地位低下，所以武则天为了巩固皇权，自称是弥勒佛的化身，下令在全国各州县兴建大佛寺，供奉弥勒佛。这座巨大的弥勒佛像极有可能就是在武则天的号令下建造的。

莫高窟是一座艺术宝库，是一座精神宝库，更是一座历史宝库。置身于莫高窟中，看着身边面目慈祥的菩萨、婀娜多姿的仙女、凌空翱翔的飞天，仿佛来到了神的国度一般。可惜宋代以后海运成为了贸易发展的主要方式，丝绸之路受到冷落，莫高窟也不可避免地被人所遗忘，直到近现代才重新让它焕发出光彩。

壁画，莫高窟的艺术精髓

莫高窟出色的艺术主要表现在建筑、彩塑和壁画上，其中最为重要的就是壁画。我们之前介绍了壁画的规模和分类，下面我们就详细讲述一下莫高窟的壁画。首先，我们来详细了解一下壁画的分类。

一，佛像画。佛像画是指佛教崇拜的佛、菩萨、罗汉、金刚等神灵形象。这些佛像画大多是在讲法图中，莫高窟的壁画中有讲法图 933 幅，神态各异的佛像有 12208 个。

二，经变画。经变画是指运用绘画和文学的艺术方式，让普通大众比较容易理解的佛教经典故事。利用绘画的手法表现佛经中的内容，叫作“变相”。用文字的手法来表达佛教经典，叫作“变文”。

三，神话题材画。莫高窟壁画主要是以佛教题材为主，但其中也有大量中原文化的神话题材壁画。从北魏晚期出现的东王公、西王母，到自古以来中原地区就流传的伏羲、女娲、雷公电母等，都有所涉及。尽管佛教石窟中出现了道家故事有些不可思议，但这也说明了当时在敦煌地区，佛教思想与道家思想的一个融合，是佛教思想本土化的一种表现。

四，供养人画像。莫高窟不是政府修建，而是由许多商人、僧侣私人出资建造。这些人都是虔诚的佛教徒，他们希望自己能够在将来也为人所知，所以在开凿洞窟绘画壁画时，将自己、自己家人，甚至身边的奴婢等人的肖像画在其中，这些肖像被称为供养人画像。

五，装饰图案画。不是所有的壁画都是有内容的，有许多壁画仅仅是作为石窟的装饰。有的壁画不仅是为了装饰洞窟，还为了装饰桌子、衣服、器物，装饰的花纹有明显的时代感，种类繁多。但绘画技巧都十分纯熟，并且富有创造力。

六，故事画。枯燥地讲述佛经难以吸引群众，想要大力宣传佛法，必须将普通人难以理解的深奥哲学用简单、形象的方式讲述出来，令人们理解、相信。因此，石窟内有着大量的故事画，这些故事画内容丰富，情节动人，并且许多故事与人民的生活非常接近，扣人心弦，引人注意。

七，山水画。莫高窟中的山水画数量众多，内容丰富，形式多样。许多山水画将故事画、经变画融入其中，令其更加生动形象。其中许多壁画是将现实中的风景与佛教经典中描绘的景象融为一体，在朗朗乾坤中缔造了一个“西方极乐世界”。

如果说要在莫高窟的壁画中选择一种具有代表性的形象，那么飞天应该是最有希望获选的形象之一。飞天最早起源于印度神话，在佛经当中，飞天是由男性乐神“乾达婆”衍化而成，随着佛教一同传入中原。所以，飞天的形象一直出现在佛教壁画中。

莫高窟的壁画有大量的飞天形象，这些飞天姿态万千，神情妩媚，美不胜收。莫高窟现存的 492 个洞窟当中，有 270 个洞窟里有飞天，共计 4500 多身。在第 290 窟的一个洞窟中，就有 154 身飞天。洞窟的大小，开凿时代，壁画内容都不一样，所以飞天的造型和大小也是各不相同。其中最大的飞天在第 130 窟中，长达 2 米有余，而最小的飞天还不到 5 厘米。莫高窟壁画中的飞天，数量如同繁星般众多，形象如天女般美丽，是中国佛教艺术的巅峰之作。

在佛教中，飞天是“天龙八部”总八位护法神之一。佛祖讲经之时，飞天就会飞上天空，奏乐散花，因此，飞天也被称作“飞天伎乐”。古代将表演歌舞、杂技等节目的艺人称之为伎，唱歌的就是歌伎，跳舞的就是舞伎，演奏乐器的就是乐伎，所以佛教壁画中在天空散花奏乐的就成为飞天伎乐。

最早出现飞天形象的是在莫高窟的275窟和272窟，此后，飞天的形象就流行开来。最开始的时候，飞天的形象带有明显的西域特征，造型粗犷，上身赤裸，肚脐外露，下穿裙裤，手中捧着鲜花，如小雨般飘然散下。到了隋唐时期，飞天的形象已经彻底从西域风格转化成了中原风格，形象也发生了巨大的变化。唐朝时期的壁画飞天形象极多，表现方式也是多种多样，这些飞天婀娜多姿，形象之美丽冠绝历代飞天。

莫高窟的壁画有着巨大的艺术价值，从人物造型、线条勾勒、颜色运用、结构布局等方面，非常完善的表现出了时代的变化与传承、中西方艺术融会贯通的历史演变。这些壁画也为许多历史研究提供了依据，是非常宝贵的研究资料。

敦煌乐舞，穿越千年的画中音

壁画是研究历史、文化的重要资料，比如乐队的出现，我们就能从壁画中判断大致时间。乐队出现在壁画当中是唐朝首创，分为“立部乐”和“坐部乐”两种宫廷乐表演形式。“立部乐”就是指站着表演的乐队，“坐部乐”则是指坐着表演的乐队。“立部乐”主要使用的乐器是鼓和笛子，“坐部乐”是以箫为主。根据宫廷乐中有贵贱之分，我们可以判断“坐部乐”的艺人身份要比“立部乐”艺人的身份更高。“立部乐”和“坐部乐”在用途上也有很大的不同，“立部乐”多数是用来做仪仗之用，迎来送往的场合出现的必定是“立部乐”，并且“立部乐”机动性很强，不受地点的限制，在哪里都能演奏。“坐部乐”主要是用来欣赏的，只有特定的场合时才会演奏。

壁画中的“立部乐”表现较少，更多的是“坐部乐”。在唐代的经变图中都出现了乐队，有些经变图中还有很多个乐队。音乐在佛教当中有着很重要的意义，所以佛教经变画中都选择了身份较为高贵的“坐部乐”。经变图中的乐队排列主要是排成两排的“八”字形和工整排成一排或两排的“一”字形。“八”字形的是最常见的排列形式，舞者在中间，两边的乐手分成“八”字形排在两边。“一”字形则是排列成横排，单排或者双排统一排列，队形十分工整。乐队大多由 6—12 人组成，多的由 16—20

人组成，最少由 2—4 人组成。

最早的“立部乐”出现在第 390 窟的壁画中，是隋朝末期的作品。这是一幅供养人画，在供养人的形象身后，有一组八人乐队，分别演奏着琵琶、箜篌、横笛、排箫等乐器。壁画中所绘制的乐器并不是只有简单的几种，在近 200 个洞窟当中都有乐队，其中的乐器也是林林总总、各不相同，数量之多十分惊人。其中有中国的传统乐器，还有从西域各国传入的乐器。乐器可以分为三种类型：第一种是弹拨乐，有琵琶、阮咸、古筝、古琴、凤首箜篌、竖箜篌；第二种是吹奏乐，有法螺、横笛、竖笛、笙、竽、铜角、排箫等；第三种是打击乐，主要有腰鼓、毛员鼓、鸡娄鼓、大鼓、差头鼓、单面鼓、铜磬、钟、铃等。每个乐队的组成各不相同，以不同的乐器为主，在壁画中展现出了更多的组合。

乐队主要是为舞伎伴奏的，所以乐器的选择是根据不同的舞蹈而定的。古代的舞蹈分为软舞和健舞两种，软舞轻柔飘逸，健舞刚劲有力，为表现不同的形式而有着不同的内容。乐队在选择乐器上，也是为了表达不同的情绪而进行选择。由此可见，古代人在艺术追求上有着极高的审美意识。

在莫高窟 156 窟中有一幅唐朝河西节度使张仪潮率军出行的壁画，这幅壁画气势恢宏，色彩鲜艳，其中还对当时的文化艺术进行了表现。这幅画有三部分组成，队伍的前队有八名骑士，这八人穿的衣服十分花哨，其中四人在吹奏铜角，还有四人在敲鼓。这种马上音乐由来已久，尤其是在军中。演奏的乐器也是以铜角和大鼓居多，用来营造气氛、鼓舞士气是非常有效的。

在乐队后面有一队正在进行表演的乐舞队，舞伎分为两排，共计八人。从穿着来看，舞伎分为男女两列，每列四人。在这幅壁画中，不仅乐手的角色十分突出，舞伎们的表现也是非常抢眼。

在莫高窟的壁画当中，各类舞蹈形式也是多种多样，人们将其统称为敦煌舞。敦煌舞的舞姿多种多样，在壁画当中栩栩如生，这些舞蹈是古代舞蹈精髓，更是中西方舞蹈融合的表现，成为了中国古代舞蹈的佼佼者。

关于舞蹈的起源有不同的说法，一种认为舞蹈的起源与劳动有关，将劳动当中不同的姿态相融合，最终就演变成了舞蹈。还有一种说法认为舞蹈的产生与人类繁衍有关，人类繁衍后代是一件神圣、令人欣喜的行为，这种行为令人手舞足蹈，最后演变成了舞蹈。

敦煌舞与之前所见的舞蹈形式截然不同，不像与劳动为原型的舞蹈那样普通，也不像男欢女爱那样肆无忌惮。敦煌舞姿态优雅，神态飘逸，带有浓重的民族特色、时代特色，并且具有极高的艺术价值。

敦煌舞也有着明显的延续性，从北魏时代到元代时期的各种舞蹈都能在壁画上找到。形式上主要有飞天舞、童子舞、经变舞、礼仪舞等。飞天最为流行的时候是在隋唐，飞天舞也主要记载在隋唐时期的壁画上。许多美丽的飞天被刻画在洞窟顶部和墙壁的高处，将佛国描绘成漫天都是身穿五色仙衣、肩披彩色长带、手托鲜花盘的飞天。这些飞天在天空翱翔，不停地将代表美好与幸福的鲜花撒向人间。飞天舞在莫高窟的壁画中占有相当多的篇幅，大多数的洞窟里都能看到。

童子舞是以儿童姿态为主的一种独特舞蹈，舞者也都是儿童。表演时儿童们在莲花当中，表情活泼自然，令人感觉十分有趣。这些儿童表现出了纯洁、美好、欢乐、吉祥的情感。

经变舞是指经变画中所表现的舞蹈，这些舞蹈规模十分盛大，舞者姿态优雅、高贵、圣洁，在这些舞蹈中，可以看到古代时期风靡一时的“胡腾舞”“胡旋舞”“剑舞”等舞蹈。

在经变舞中，有两种舞蹈非常有代表形式，那就是鼓舞和琵琶舞。鼓舞和琵琶舞是两种完全不同的舞蹈，鼓舞最早出现在北魏时期，当时在描绘仙人世界的壁画中，其中就有天宫中的腰鼓舞舞伎。琵琶出现的相对较晚，在唐朝中期。后来，有一种舞蹈将这两种舞蹈结合在了一起，我们称其为鼓和琵琶舞，这是一种全新的舞蹈形式，在唐朝末期和五代时期的壁画中十分常见。

礼仪舞是在特定场合中表达礼仪的舞蹈，这些舞蹈人数众多，并且能够随场地需要边走边跳。这种舞蹈并不讲究精致细腻，动作大开大合，情感热烈，渲染出强烈的气氛。

莫高窟的156窟的经变舞中就出现鼓和琵琶舞，这在壁画当中是很有代表性的。壁画中有两个舞伎，一个在身上挎着腰鼓，一边敲鼓一边翩翩起舞；另一个将琵琶背在身后，左手抚弦，右手拨弹，舞蹈方式非常特别。更加别具匠心的是，画家为了表现舞伎反弹琵琶的高超技巧，特意将琵琶的表面画得非常细致，将琵琶的面板刻画得十分逼真。112窟中也有一幅舞伎反弹琵琶的壁画，但舞伎的姿态是正面的，背后的琵琶也不明显，所以如果不细心，很难看出反弹琵琶的动作。

不论在任何时代，创新都是艺术家所追求的目标。社会不断进步，经济不断发展，人们对艺术的欣赏水平也在不停提高。只有勇于创新的艺术才能更加光彩夺目，才能源远流长。古代艺术家从未放弃过创新，甚至可以说是精益求精。鼓和琵琶舞的出现就是一个例子，这种舞蹈表现出了极高的艺术素养。

艺术的发展有着鲜明的时代特征，从时代的变迁和民族的融合当中不难寻找艺术发展的规律性，艺术的发展与社会和民族的发展必然是同步的。鼓和琵琶舞也是如此，晚唐和五代时期在壁画当中出现，而宋代以后的壁画中却再也见不到鼓和琵琶舞的身影。

敦煌名胜，熠熠生辉的古代艺术结晶

除了莫高窟的千佛洞之外，在敦煌还有另外一处千佛洞，也被称为西千佛洞。

西千佛洞位于鸣沙山西端，莫高窟的西端，开凿在党河河谷西岸的峭壁上，尽管西千佛洞的规模较小，但是风光秀丽，环境优雅。这里长满了苍松翠柏，遍地鸟语花香，如同人间仙境。

西千佛洞现存17个洞窟，按照开凿时间分为唐代窟、魏代窟和晚唐窟。其他的洞窟因为天长日久遭受风沙侵蚀，所以时代已经难以确认了。西千佛洞的开凿时间与莫高窟大致相同，并且艺术风格也是同脉同源，其中有些壁画是莫高窟中也没有的，因此尽管有莫高窟珠玉在前，西千佛洞还是有着自己的重要意义。

西千佛洞与莫高窟同样遭受了人为的破坏，特别是西方的文物掠夺者，让西千佛洞中的珍贵艺术品损失惨重。许多洞窟因为年代久远，已经摇摇欲坠，直到近年来进行全面修缮后，才摆脱了坍塌的危险。

除了千佛洞之外，在莫高窟附近还有一处名字更加响亮的古迹，叫作万佛峡，官方名称叫榆林窟。被称为峡，是因为万佛峡开凿在山谷之中，而山谷之中有一条清澈的小河，小河名为榆林河，所以洞窟的名字也就变成榆林窟了。

榆林窟开凿在河两岸的峭壁上，分为上下两层，共计 42 个洞窟。其中东岸有 31 个，西岸有 11 个，两岸距离极近，不超过百米。洞窟虽少，但里面的文物却有着极大的价值，仅是唐朝到元代的彩塑就有千余身，壁画多达 1000 多平方米。

根据史料记载，榆林窟开创于北魏期间，经过数代人的经营，才有了今天的规模。从艺术风格和壁画内容以及供养人的身份来看，榆林窟可谓是莫高窟的姐妹窟，并且有着极高的艺术价值。榆林窟中的代表作是唐朝开凿的 25 窟，其中的壁画可以称为是敦煌壁画的代表作，代表了唐代绘画艺术的巅峰水准，是唐代绘画艺术高度发达的铁证。

洞窟中还有着大量五代、宋、西夏、元代等时期的经变画，其中还穿插了许多耕种、宴会、冶铁、嫁娶、对弈、酿酒、乐舞等画面，这些下里巴人的内容极好地反映了当时各朝代人民的真实生活。五代和宋朝时期的洞窟中，有着大量的供养人画像和提名，这些内容为研究古代时期的瓜州、沙州历史提供了珍贵的资料。

榆林窟相比莫高窟，更加有特点的是壁画上有着许多画工题名，从五代到宋代的壁画旁都有题，这些在莫高窟中是极其罕见的，对于研究古代画家有着非常重要的作用。

第 6 窟中有一尊巨大的弥勒佛，高达 20 余米，其额头上镶嵌着一颗巨大的眼珠，因此也被人称为“三眼佛”，这尊巨大的佛像就是榆林窟中的代表作。

榆林窟最精华的洞窟要说是唐朝中期开凿的第 25 窟，这一窟中最为珍贵的艺术品就是壁画。这些壁画题材广泛，内容丰富，工艺细腻精致，哪怕是在莫高窟中，也算是难得一见的精品。

榆林窟中有大量的彩塑和其他文物，其中最珍贵的就是象牙佛。象牙佛是一组用 8 厘米高、8.7 厘米宽的象牙精雕细琢而成的 54 个佛经故事，小小的象牙片上刻着人物 279 个，车马 12 尊，两片和在一起的外形是一尊骑大象的普贤菩萨。这独具匠心的设计和雕刻手法，令人叹为观止。

从佛像的外形来看，佛像表现了印度的艺术风格，所以极有可能是唐代僧人沿丝绸之路前往印度后带回来的。这件宝物可以说是价值连城，它也有着非常曲折的经历，在上千年里数次丢失，又数次失而复得，这都是榆林窟几代僧人不惜性命加以保护的成果。这件宝物最后落在一个名叫郭元亨的道士手中，郭元亨出家之前是一个贫苦农民，为了逃避兵役而外逃到了瓜州县，后来就在榆林窟中做了道士。他拜的师傅是一位名叫马荣贵的道士，二人平日中形影不离，郭元亨很快就获得了马荣贵的信任。

马荣贵在临死之前将象牙佛传给了郭元亨，并为他讲述了关于象牙佛的事情。原来象牙佛在世界上有两尊，是由同一根象牙雕琢而成，其中一尊留在了印度，而另一尊则被送到了榆林窟。马荣贵在临死前千叮咛万嘱咐，叫郭元亨不管付出什么代价，都不能丢了象牙佛。郭元亨拿到象牙佛以后，深知这件价值连城的宝物可能会给他带来麻烦，于是他就将象牙佛用红布包好，埋在了附近的山上。

果不其然，象牙佛的传说传开后，许多强盗土匪闻风而至，他们对郭元亨进行了威逼利诱，但郭元亨心中牢记师傅的话，始终没有说出象牙佛的下落，甚至一直否认象牙佛在他手中。郭元亨没有白白受苦，最终他保住了象牙佛，并且在新中国成立以后将这尊象牙佛交给了人民政府。至今，象牙佛仍被收藏在北京故宫博物院中。

敦煌沙州古城的东南侧有一座有名的白马塔，这是现今敦煌唯一留下的一座古塔，这座塔有九层，12 米高，基座是八角相轮，中间是莲花造型，顶盖是六角形，每个角上都挂着一个风铃，清风吹来叮当作响，清雅迷人。塔身洁白如玉，与四周的绿树和远处金黄的鸣沙山相衬，显得十分绚丽。

关于白马塔的来历，有一个动人的传说。相传高僧鸠摩罗什在前秦时期随平定西域的大将军吕光一同前往中原，当他随着军队行至敦煌时，陪伴他穿越千山万水的白马突然一病不起。鸠摩罗什为此十分伤心，伏在白马身上痛哭流涕，最终还是不能阻止死神将白马带走。为了报答白马一路护送他的恩情，他前往沙州城内讲经说法，筹集了许多资金，建造了一座用来纪念白马的塔，取名为白马塔。

敦煌奇景，鬼斧神工的自然杰作

提到敦煌的美景，那么人们首先想起的就是鸣沙山和月牙泉。鸣沙山如同一条巨龙一般横卧在敦煌南部，与其他山不同，鸣沙山的山体不是由山石构成，而是金灿灿的沙粒。鸣沙山最高达 170 多米，远远望去一片金光灿烂，十分美丽。

尽管鸣沙山是由沙组成的山，并不算陡峭，但是想要登上去也是一件很难的事情。脚下没有石头可以借力，一脚踩下去，都是软软的细沙。向前走一步，要向后滑半步，想要走得快，那么只能手脚并用，向前爬行。鸣沙山的山峰就如同黄沙组成的惊天巨浪，汹涌澎湃。而沙坡上的沙也会缓缓流动，定睛观察有如风吹入池塘激起的涟漪一般。

鸣沙山远远望去一片金黄，但若是你能够仔细地端详脚下的沙，会发现沙粒中不止有黄色，还有红、绿、白、黑这四种颜色，所以鸣沙山的沙也被称为五色沙。相传在古代有一位将军，将军的部队所使用的旌旗和铠甲就是红、黄、绿、白、黑五种颜色。将军征战西域凯旋归来，就在鸣沙山安营扎寨。当时的鸣沙山并不是一片黄沙，而是青山绿水的美丽景色。因为已经入了阳关，所以将军也放松了警惕，叫自己手下的士兵好好休息。不料，当夜敌人前来袭击，士兵们被打了个措手不及，被杀的尸横遍野，血流成河。面对大胜，敌军弹冠相庆，洋洋得意，就在此时，一阵黄沙铺天盖地而来，伴随着滚滚的黑风，让人看不见眼前的事物。等到黑风过去，黄沙散尽，敌军和士兵们的尸体已经都被埋在沙山之下了。

以后，每当刮风的时候，沙山就轰鸣作响，仔细分辨，仿佛是军中鸣金击鼓一般，再一听，又仿佛听见有刀剑相碰之声，所以人们将这座沙山称为鸣沙山，沙粒中的五色沙就是将军部队的旌旗铠甲所化。

传说毕竟只是传说，如今我们已经能够用科学的手段来解释鸣沙山发出声音的现象了。如今主要有三种说法：一是认为鸣沙山的沙粒在风力或人力的推动下会发生移动，这些沙粒互相摩擦，产生了大量的静电，静电放电时产生的声响汇集起来，如同雷声一般响亮。二是认为鸣沙山气候炎热，沙粒非常干燥，如果温度升高，经过摩擦就可以发出爆裂声，许多爆裂声汇集起来，就如同响雷一般。三是认为鸣沙山层峦叠嶂，山峰之间形成了山谷，这些山谷就是天然的共鸣箱，共鸣箱放大了鸣沙山上的声音，所以形成了巨大的回声。

鸣沙山中另一奇景就是月牙泉了。人们都知道，如果将水倒入沙中，顷刻之间就会被吸收干净，但是这月牙泉偏偏就处在鸣沙山的黄沙之中。

顾名思义，月牙泉的形状就像一轮弯弯的月牙，在沙漠当中，月牙泉的泉水十分清凉透彻，味道也是美妙甘甜。不管沙漠中是狂风大作，还是风平浪静，月牙泉依旧碧波荡漾，水声潺潺，因此也有着天下沙漠第一泉的美称。在这鸣沙山上，许多生命要靠着月牙泉的滋养才能生存，如在月牙泉周围生长着的绿草和月牙泉内的游鱼。月牙泉中有种名叫铁背鱼的鱼，据说吃了能治疗许多疑难杂症，岸边生长着的绿草被称为七星草，据说此鱼和草一起食用可以长生不老。

关于月牙泉最早的记载在《辛氏三秦记》:“河西有沙角山，峰愕危峻，逾于石山，其沙粒粗色黄……又山之阳有一泉，云是沙井，绵历千古，沙不填之。”这里所说的沙井就是月牙泉，从此以后关于月牙泉的记载便屡见不鲜，并且和鸣沙山紧密地联系在了一起。

月牙泉地处沙山之中，却永远不会被流沙掩埋。古人不能解释为什么会出现这种情况，于是为其创造了许多美丽的传说。

传说一，西汉时期，汉武帝派大将军李广利前往大宛夺取天马，得胜而归的时候路过鸣沙山，口渴难忍，于是就用刀掘沙。掘了许久不见有水流出，内心非常焦急。此时，观世音菩萨从天而降，从玉净瓶中倒出仙水，形成了如今的月牙泉。

传说二，唐太宗时期，文成公主入藏和亲。临行时，唐太宗送了她一面镜子，告诉她如果想家了，就照照镜子，镜子中就会浮现家人的样子。行至鸣沙山时，文成公主思念家乡，就取出镜子，想要看看家人。但没想到，举起镜子以后，镜子中除了自己愁苦的面容外，映不出任何东西。文成公主大失所望，将镜子随手扔出轿外，没想到一道闪电从天空划过，正好击中了镜子，其中的一半落在了鸣沙山上，就形成了月牙泉，而另一半落在了天山，形成了天池。

传说三，在甘肃城中原本有一个名叫海马泉的地方，海马泉中水分充沛，经常会有大群的野马前去饮水。马群中有一匹野马俊美无比，相传是北海龙王的坐骑。当地有一名朱姓富户，家中院外闻听此言就起了歹意，想要捕捉此马。不料就在事成之际，骏马突然一头扎进了海马泉中，没过多久，海马泉就干涸了。朱员外也因此遭了报应，两年之内变得一贫如洗，最终家破人亡，家中只有一个外孙幸存于世，靠乞讨为生。一日，朱员外的外孙乞讨至鸣沙山，发现鸣沙山中有了一眼如月牙一般的泉水，而那匹骏马正在泉水中嬉戏。

不论是哪一种传说，都代表着人们对美的热爱，对善恶有报的期望，是古代劳动人民创造力的结晶。

大自然的美景不仅局限于山水，美丽的胡杨林同样是敦煌神奇的一景。敦煌地处荒漠地区，周围都是大片的黄沙，没有一点绿色，就连沙漠绿洲都没有。如果说在沙漠当中有什么植物能够顽强的生存下来，那么胡杨必定是其中之一。胡杨大部分都生长在少雨的沙漠和戈壁滩中，生命力极其顽强。每到春回大地，万物复苏的时候，胡杨树就会吐出鲜嫩的红色叶片。一片胡杨林，就可以组成一片红色的海洋。等到秋季时，胡杨的叶子就会变黄，等到叶子黄透，就会形成一片金色的海洋，成为敦煌地区难得的美景。

经变画中的美丽传说

莫高窟中最具艺术价值的就是壁画艺术，在数以万计的精致壁画中，经变画占据了相当大的数量。这些经变画除了佛陀讲经外，还有许多美丽的传说故事。传说故事并不仅仅是为了美化莫高窟的石壁，它们更多的是肩负了一种历史的重任，它们让佛教文化更加平易近人，让善恶有报更深入人心，让人们具有更加高尚的品格。其中，九色鹿的传说就体现了人要诚实、善恶有报的理念。

从前，在一座山中有一只美丽的鹿。它有着洁白的双角，身上的皮毛是由九种颜色组成的，非常美丽。有一天，九色鹿在河边饮水，突然听见有人大声的喊着“救命”。九色鹿转头一看，发现水中有一个人，抱着一根木头在汹涌的河水中挣扎着。它马上跳入水中，将落水的人救到了岸上。落水的人名叫调达，他得救以后对九色鹿满心感激，跪在九色鹿的面前向它叩头，还对天发誓愿意做九色鹿的奴仆以报救命之恩。九色鹿没有要他报答，只是叮嘱他，不要告诉任何人它住在这里。调达马上对天发下重誓：“如果我背信弃义将您的消息说出去，那么就让我全身生疮，头顶流脓。”说完就回家了。

这个国家有一个美艳动人的王妃，一天晚上王妃做了个梦，梦里看见了一头长着雪白的角，身披九色毛皮的鹿。王妃十分动心，觉得如果可以将九色鹿的毛皮做成一件大衣穿上，那自己岂不是更加美丽了。于是她马上央求国王为她捕捉九色鹿，甚至不惜以死相逼。国王没办法，只好张贴皇榜，说如果谁能提供九色鹿的信息，那么国王会将半个国家交给他。

调达看见皇榜，马上就将自己在九色鹿面前发下的誓言忘得一干二净，满心都想着自己要当上国王了，九色鹿不过是一只动物而已，何必在乎它的生死呢？于是，他揭下了皇榜，进宫将九色鹿的住所告诉了国王。国王马上就派出了军队，令调达作为向导，带领大军前去捕捉九色鹿。

国王的军队浩浩荡荡进山的时候，九色鹿还在熟睡。尽管山中的动物都是它的朋友，通知它国王的军队来了，但是它醒来的时候还是掉进了国王的包围圈。九色鹿心知自己难以逃出今天，心中只有一个念头，那就是让调达这个卑鄙小人付出代价。它将自己救了调达的性命，调达发下誓言绝对不泄露它的住所这件事情对国王一五一十地说了出来。九色鹿愤愤地对国王说："圣明的国王陛下，你竟然同一个灵魂肮脏的小人一起来滥杀无辜，简直辱没了您的英明。"就在调达站在一旁羞愧难当的时候，他发下的誓言也应验了，他的身上突然长出了烂疮，口中吐出了脓血。

国王了解了事情的来龙去脉后，怒斥了忘恩负义的调达，并且收回了自己的军队，将九色鹿作为了镇国之宝，命令全国上下都不得伤害九色鹿。王妃得知这个消息后，羞愤而死。

佛教因果报应的思想就浓缩在这九色鹿的故事中，善良的九色鹿最终成为了国之祥瑞，而妄图伤害好人的人，最终都不得善终。

经变画中所记载的故事还有许多关于佛教高僧、佛陀的故事。这些故事讲述了成佛得道这件事情并不是那么简单，也要付出许多的努力，逾城出家就是讲述佛祖释迦牟尼如何成佛的故事的。

在古印度，有一位净饭王。净饭王膝下无儿，直到年老才得了一个儿子。老来得子的净饭王对于王子是百般的宠爱，一直想让他成为自己的接班人。一转眼，30 年过去了，王子从一个婴儿长成了一个青年。一天，王子对国王说："我已经思索了很多年，觉得入山修行才是我应该做的事情，请您答应我的要求。"

净饭王只有这么一个儿子，自然不肯同意，于是对王子说："儿啊，在皇宫之中，你可以过着锦衣玉食的生活，每天哪怕是穿衣服，都有人伺候着你。如果你去了山中，吃不饱、穿不暖，将会受非常多的苦，你为什么要这么做啊？而且，你走了，将来我死了，国家怎么办？"王子见国王不肯答应，闷闷不乐地离开了。

净饭王非常了解自己的儿子，如果他想要做一件事情，那么就一定会想方设法的去做。净饭王派了士兵把守城门，勒令他们不许放王子出城，又让自己的两位妻子终日陪着王子，劝说他留下来。

众人监视着王子很长一段时间，见王子没有什么特别的举动，也渐渐放下心来。有一天晚上，王子觉得时机成熟了，他悄悄起来穿好衣服，从马棚中牵出一匹骏马，飞奔出了皇宫。到了城门，王子犯了难。如果叫人给他开城门，那么士兵必然不会放他出城。就在王子冥思苦想的时候，四大金刚突然从天而降，他们抬着王子和马飞出了王城，去了苦修的山林。

王子半夜逾城出家，国王就像热锅上的蚂蚁一般，派士兵们不分昼夜地寻找，最终也没有找到。而在山林中，王子刻苦修行，多年以后终于修成正果，成为了人们口中的释迦牟尼佛。

王子逾城出家的故事看似只是一个普通的佛教故事，但其实对普通人来说也有着重要而积极的意义。我们不论做什么事情，都要有不达目的不罢休的精神。天道酬勤，只要不懈的努力，就连上天都会给你帮助。

慈悲为怀是佛家的核心思想之一，在佛教故事里，佛教徒经常会展现出绝对的慈悲，用自己的善良去度化他人。其中，割肉饲鹰和舍身喂虎就是最有名的两则故事。

尸毗王是古印度大国阎浮提的国王，他心地善良，治国有方，是个虔诚的佛教徒。有一天，退朝后，他坐在皇宫的亭子里休息，突然有一只雪白的鸽子朝他飞来，并且口中不断的喊着“救命”。尸毗王抬头一看，原来是有一只老鹰在追赶鸽子，他马上将鸽子护在身后，与老鹰对峙起来。老鹰来到尸毗王的面前，恶狠狠地说：“把鸽子交出来，我已经饥饿难耐了。”尸毗王拒绝了老鹰的要求，对老鹰说：“我曾发誓要普度众生，哪怕是一只鸽子。如今它向我求救，我又岂能置之不理。”老鹰眼睛都红了，盯着尸毗王说：“你说要普度众生，我也是芸芸众生中的一员，如今你救了鸽子，我就要饿死，你就不准备管我的死活吗？”尸毗王心想，这还不简单，马上叫宫中的侍者去拿一盘生肉来。没想到老鹰马上对尸毗王说：“我只能吃新鲜的血肉，放久的生肉是不行的。”

尸毗王看了看鸽子，又看了看老鹰，这对他来说还真是个难题，总不能救了鸽子让老鹰饿死吧。这时，他看见自己的大腿，灵机一动，如果将自己腿上的肉割给老鹰，不是既救了鸽子，也不会饿死老鹰。于是他拿出刀来，开始割自己腿上的肉。老鹰这时又出言制止说：“如果大王你愿意用自己的肉代替鸽子的肉，那么就要公平一点，用秤来称，大王你割下的肉是否与鸽子的重量相等。”尸毗王满足了老鹰的要求，叫人拿了一杆秤来，将鸽子放在左边的秤盘上，自己割的肉放在右边的秤盘上。奇怪的是，不管尸毗王割多少肉，都没有鸽子重，没多久，尸毗王的两条腿已经能看见森森的白骨了。眼见重量还差得远，尸毗王心一横，干脆自己整个人坐进了秤里，此时的重量刚好与鸽子一样重。

就在王后和大臣们为尸毗王悲痛之时，天空之中突然奏起了仙乐，还飘下了无数五彩缤纷的鲜花，老鹰与白鸽全都不见，尸毗王的双腿也是完好无损。原来，白鸽与老鹰都是天神所变，他们用这种方式来考验尸毗王是否会遵守自己发下的普度众生的宏愿。

舍身饲虎的故事发生在大车国，大车国的国王有三个儿子，其中最小的叫萨埵那。有一天，三位王子外出打猎，看见一只母老虎因为产后身体虚弱而捕捉不到食物。母虎饥饿难耐，想要吃掉身边的幼子得以保命，但临下口时又难以割舍母子亲情。萨埵那看见此情此景，心中升起怜悯之心，尽管老虎经常伤人，恶名在外，但好歹也是一条性命，于是就想着要救活它们。他下定决心后，就告诉两个哥哥，自己还有事情，让两个哥哥先回去。

两个哥哥走远以后，他来到老虎的面前，决定让老虎吃掉自己。他脱了衣服躺在老虎身边，闭上眼睛等着老虎下口。没想到老虎虚弱的连吃他的力气都没有，这种情况让萨埵那更加心忧，如果再耽误下去，那么老虎母子两条性命就都交待了。于是，他砍下一根竹子做拐杖，爬上山崖，用竹子尖将自己的喉咙刺破，从山上跳下，摔在了母虎的面前。母虎用舌头舔食了他的鲜血，才生出几分力气，将他吃掉了。老虎母子得以幸存，便离开了这个地方。

萨埵那的两个哥哥见弟弟久久不曾赶上，就回去找他，结果只发现一具被老虎吃光的尸骨。兄弟二人放声大哭，悔恨自己为什么让弟弟一个人回去。二人收拾好弟弟的尸骨，就回家向父母报告这件事情。父母得知消息后悲痛欲绝，数次晕倒。两人情绪稳定了以后，就决定在王城之中建造一座舍利塔，将三太子的尸骨供奉其中，盼望他早日成佛。

割肉喂鹰和舍身饲虎有着共同之处，都是佛教徒慈悲为怀，为普度众生牺牲自己的性命。不同之处在于割肉喂鹰的尸毗王功德圆满，而舍身饲虎的萨埵那则只留下一具遗骨供后人供奉。为何两者都是普度众生，结局却截然不同呢？或许这两个故事也为我们传达了一种意愿，那就是但行好事，莫问前程。

在小说、电视、电影等艺术形式中，经常会听到僧人讲：“放下屠刀，立地成佛。”在莫高窟中有着一幅表达“放下屠刀，立地成佛”的壁画，并且这幅壁画在西魏开凿的石窟中有着重要的地位，那就是五百强盗成佛的故事。

在古印度，有个名叫乔萨罗的国家，此处虽不富饶，但人民安居乐业，不失为一方乐土。突然有一天，国中出了一个由500个强盗组成的强盗团伙，他们占山为王，经常拦路抢劫、打家劫舍，简直是无恶不作。不管是游方商人，还是当地居民，都深受其害。因为强盗势大，地方官员多次出兵征讨都没有获胜，只好上报给国王。国王得知消息后勃然大怒，派出手下的精兵良将前去剿匪，最终国王手下的精兵将500强盗全部俘虏。

由于痛恨这些强盗的所作所为，国王当即决定将这些强盗处以酷刑。为了折磨这些强盗，行刑的士兵们用手中的尖刀将绑在柱子上的强盗的双眼挖出，割掉鼻子、耳朵，然后将他们放回山中。山中野兽众多，一干强盗又失去了自保的能力，于是每天晚上都能听到强盗们痛苦的哀嚎声。

这件事情很快就传到了释迦牟尼佛的那里，于是他降下佛法，赐予强盗们灵丹妙药，恢复了强盗们被割掉的鼻子、耳朵，也让他们的眼睛重见光明。释迦牟尼亲自前往山中，给强盗们讲经说法，强盗们深知自己经受的苦难是因为自己犯下的罪孽，便纷纷弃恶从善，洗心革面。为了纪念这件事情，强盗们听释迦牟尼佛讲法的树林也改名叫得眼林。

这个故事是西魏时期最大的一幅故事画，也是最早的一幅故事画，而选择这一幅画，同样有着深刻的意义。或许有些人会对故事产生怀疑，为什么作恶多端的强盗最终也会得到佛祖的宽恕呢？这幅画所要表达的意思正是如此，不管你过去犯下了多少的过错，只要肯悔过，那么总会得到佛祖的宽恕。如果佛祖不肯宽恕那些犯错的人，那么他们又怎么会放下屠刀呢？

第十章

游览丝路，那些璀璨美丽的名胜古迹

丝绸之路作为一条经济贸易之路、文化交流之路、宗教传播之路，一路之上有着许多人文名胜。这些名胜凝聚了古代艺术家的心血与智慧，至今仍在古丝绸之路上发出璀璨的光辉。

陕西，丝路开始的地方

陕西省的西安就是古时候的长安，丝绸之路就是从这里开始。长安位于关中平原中部，景色优美，地势雄伟，有着悠久的历史。最早在公元前1000多年前，周文王、周武王就在沣水西边的丰邑和沣水以东的镐京建立了都城。秦朝时期，将国都建立在渭水之滨的咸阳。汉朝时，汉惠帝在渭水南部的长安建都，从此以后西晋、前赵、前秦、后秦、西魏、北周、隋朝、唐朝等11个朝代都将长安作为都城。前后历时1100多年，是中世纪世界最大的城市之一。从张骞打通西域开始，长安就成为了中国与世界各国友好往来的纽带，隋唐时期这里的兴盛程度居世界之首，可谓是万国来朝。正因为如此，这里留下了许多的文物和名胜古迹。

在西安众多的名胜之中，最有名的要说是秦始皇陵、慈恩寺和大雁塔了。秦始皇陵之前已经进行了详细的介绍，所以，我们就来了解一下慈恩寺与大雁塔。

大雁塔如今已经成为了西安的象征，而大雁塔就耸立在慈恩寺中。慈恩寺是一座历史悠久的寺庙，也是唐朝时期长安城中最大的寺庙。慈恩寺始建于隋朝，原名为无漏寺。公元648年，唐太子李治为了纪念自己过世的母亲文德皇后，将无漏寺改名为慈恩寺，用来报答母亲的养育之恩。

在当时，慈恩寺的规模是极其庞大的，仅是院落就有13个之多，房屋1897间，占地342亩，比如今的慈恩寺大7倍有余，房屋数量更是现在的34倍。著名画家阎立本、画圣吴道子等人，都在此绘制了许多精美的壁画。

关于大雁塔的由来，还有一个美丽的传说。相传在慈恩寺刚刚建好的时候，寺内还没有塔，住在寺里的和尚十分清贫，常常连饭都吃不饱，但他们每日坚持修行。那是在一个寒冷的深秋，北风呼啸，落叶纷飞，让本来就清冷的寺庙显得更加凄凉。一个小和尚给文殊菩萨佛像前的油灯添灯油。因为长期忍饥挨饿，小和尚体力不支，眼前一黑，差点摔倒在地上。这个时候，天上飞来了一群大雁，朝着东南方向飞去。小和尚在心中默念，今天师兄弟们依旧没有什么吃的，如果菩萨有灵，他一定知道我们的辛苦的。就在这个时候，一只大雁离开了群体，哀鸣数声，从天空落下，掉在了小和尚的面前。小和尚惊呆了，他赶紧捧起大雁的尸体跟师兄弟们讲述了刚才的事情。和尚们看着眼前大雁的尸体，心中唏嘘不已，有几位甚至当场眼泪长流。后来，慈恩寺的日子好了起来，僧人们便在大雁坠落的地方建造了大雁塔。

慈恩寺建成不久，玄奘法师就开始在慈恩寺的东院翻译从印度带回来的佛经，一同在此的还有帮助翻译佛经的知名学者、僧人几百名。玄奘法师在这里度过了8年的时光，并在这里创建了中国佛教最大的宗派——法相宗。在唐朝时期，这可是一件惊人的大事，一时之间慈恩寺热闹非凡，终日香客云集，门前车水马龙。

大雁塔的名字虽然是塔，但实际上兴建时其作用是储存经书，这里保存的主要是玄奘法师从印度带回的经书和佛像。这座塔于公元652年建造。据传说，当年建造大雁塔时，玄奘法师还亲自为造塔背石。大雁塔最初只有 5 层，高度约为 60 多米，是以土制砖建造。因为使用材料难以经受时间的侵蚀，大雁塔有了倒塌的危险。公元 701—704 年，武则天和其他大臣为大雁塔进行了捐款，用青砖将大雁塔改造成方形楼阁式的 10 层建筑，下方还铸了一座长 46 米、高 4 米的台基。后来大雁塔经历了数次战争，仅剩下 7 层。

到了五代时期，大雁塔重新被修葺，基本恢复了原本的样子。整座塔高 64 米，两边底座各 25 米，塔身建造手段精致，塔身呈方形角锥状。每一层塔都有一个拱门，可以供人凭栏远眺。使用塔内的木制楼梯就可以一直到达顶楼。从塔外看，整座塔展现出了不凡的气概，那种庄严肃穆之情与佛家重地相得益彰。

在大雁塔的底部，唐朝书法家褚遂良亲自书写了两通石碑，其中一为唐太宗李世民为表彰玄奘法师翻译佛经而亲自撰写的《大唐三藏圣教序》，另一座石碑上面写着李治太子在此研读佛经的感悟，这两块石碑均为中国书法界的无价瑰宝。

唐中宗神龙年间，一位新科进士游览大雁塔。一时心血来潮，将自己的名字刻在了大雁塔的下方。后人对此甚为推崇，这种行为也得到了皇室的推荐，称为“雁塔提名”。白居易曾写诗赞扬这种行为：“慈恩塔下提名处，十七人中最少年。”

2008 年，大雁塔又给了考古学家们一个惊喜，在大雁塔下，如同法门寺的宝塔一般，在地下有一个隐藏了几千年的地宫。有人推测，这个地宫极有可能是玄奘法师使用过的，他将从印度取回的佛经和珍宝，藏在了大雁塔的地宫里。

根据历史记载，公元 644 年，玄奘法师从印度将佛经带回时，还带回了大量的舍利子、上百部贝叶梵文真经以及 8 尊金银制作的佛像。为了将带回的佛经妥善保存，玄奘法师便将其放入大雁塔的地宫中。一同放入大雁塔地宫的还有金银佛像、舍利子等宝物。后来在朝廷的批准下，大雁塔才再次兴建，不过玄奘法师大量的珍藏去向何处已经不得而知了。

甘肃，丝路重镇云集于此

甘肃地区的地理位置特别特殊，是属于前往西域的最为重要的一段。因此，在这里也留下了众多的名胜古迹。例如天水的麦积山、武威的雷台汉墓、张掖的大佛寺、嘉峪关的城楼。

麦积山石窟，也叫作麦积崖，地处甘肃天水市东南地区。麦积山的名气由来已久，1000多年前，就有关于麦积山的记载。关于麦积山的名称的由来，《玉堂闲话》中是这样说的：“麦积山者，高百万寻，望之团团，如民间积麦之状，故由此名。”麦积山有着关于佛教文化的石窟，是在后秦时期开凿的，已有1500年的历史。随着丝绸之路的开拓，佛教的文化与艺术沿丝绸之路传入我国，新疆千佛洞、敦煌莫高窟等地都是因此修建的。麦积山开凿后，经历了西秦、北魏、北周、隋、唐、五代、宋、明、清等朝代反复的开凿，成为了我国著名的佛教圣地。

根据传说，麦积山石窟原本的样子与现在不同，是成片分布在山崖上的。在公元734年，天水一带发生了大地震，崖面中部崩坏，洞窟群便被分成了东西两部分，直到1972年重修栈道，才得以接通。东崖如今有洞窟54个，西崖有140个，在这194个洞窟中，保存了各类雕塑7200件，大小从20厘米到15米都有。壁画面积1300多平方米，也具有极高的研究价值。

麦积山石窟与莫高窟有着类似之处，洞窟内的山石非常疏松，不适宜精雕细琢，所以更多是以壁画和泥塑的形式来宣传佛经内容。麦积山地区气候多雨，地震频发，所以洞窟中的壁画没有得到很好的保存。麦积山被世人称道的是因为其精美别致的泥塑。莫高窟以壁画闻名，麦积山则以泥塑彰显于世。

麦积山的泥塑可以分为四种：第一种是从墙面上突出来的高浮塑；第二种是离开了墙面，将泥塑的每个角度都表现得十分完美的圆塑；第三种是完全粘贴在墙面上的模制影塑；第四种是在墙壁上制作的壁塑。这四种作品尽管使用技巧和表现方法各不相同，但是造型逼真、栩栩如生，特别是那几千座与人等大的圆塑和高浮塑，更是石窟中最珍贵的。

除了麦积山这样的佛教圣地，在甘肃省还有一座道教名山，那就是崆峒山。崆峒山是丝绸之路出关以后的第一名山，有着道教发祥地之称。关于崆峒山，还有一个与道教有关的传说。相传西王母派九天玄女将兵符拿给黄帝，协助他攻打蚩尤。黄帝打败蚩尤以后，便上崆峒山请教广成子治国之道。后来，黄帝得道成仙，成为了天帝。正是因为这个传说，自古以来前往崆峒山求仙问道的人不计其数，甚至秦始皇和汉武帝也曾来崆峒山寻找仙缘。崆峒山此数千年来因往来不断的求道者而成为了道教发祥地，被称为天下道教第一山。

崆峒山的景色也是十分壮丽，怪山奇石极多，林木茂盛，层峦叠嶂，既有北方山峰的雄壮之势，又有南方山峰的秀美。从秦汉以来，崆峒山上不断地兴建土木，各类亭台、宫殿、佛寺、道观遍布诸山，最兴盛的时候，有各种建筑八台、九宫、十二院、四十二处观宇、八十四起景点。经过历史的洗礼，如今崆峒山上还有景点近 30 处。

崆峒山的名胜中最有名的要属凌空塔和黄帝问道宫了，其中黄帝问道宫历史最为悠久，并且经历过多次的修缮才能保存至今。明朝时期，黄帝问道宫甚至遭受了彻底的摧毁，直到清朝康熙年间才得以重建，并且改名为太和宫。宫内保存着许多精美的壁画，元代曾重建了《问道宫碑记》，上面记载了问道宫的兴衰。

夏河拉卜楞寺也是位于甘肃的古迹之一，位于甘肃省甘南藏族自治州夏河县。夏河拉卜楞寺周围风光极佳，不仅被夏河所环绕，并且环境非常优雅。夏河拉卜楞寺与西藏的色拉寺、哲蚌寺、扎什伦布寺以及青海的塔尔寺并称我国黄教六大寺庙。夏河拉卜楞寺于康熙四十八年始建，寺内设有六大学院，僧侣在其中学习有关藏族艺术的全部学科。由于寺内规矩严谨，所以高僧学者层出不穷，成为丝绸之路的一个文化中心。夏河拉卜楞寺占地 40 余万平方米，整个建筑群庄严肃穆，体现了藏族人民高度的智慧。

历史上藏族的寺庙肩负着教育的作用，僧侣就是社会中最有知识的人。夏河拉卜楞寺的六大学院，包含了佛教教义、天文历法、医学和藏族文化，成为了当时的教育中心。拉卜楞寺的佛像有万余尊之多，是同类寺院的佼佼者。

壁画是拉卜楞寺佛教艺术中非常重要的部分，壁画当中除了佛教人物故事外，还有历史故事和民族风情等多方面的内容。除了壁画外，拉卜楞寺还保存着许多的唐卡，这些唐卡极具民族特色，制作精良，是难得的艺术精品。

武威是汉代在河西地区设置的四个重镇之一，前凉、后凉、南凉、北凉都曾定都于此，因此武威也成为凉州。随着历史的变迁，这里经历过繁荣，也经历过衰败，但作为丝绸之路上的古都之一，这里留下了许多珍贵的文物。

雷台是一座高达 8.5 米，东西宽 60 米，南北长 106 米的高大土台建筑，土台上建有供奉雷神的庙宇，所以也称为雷台。在雷台下方，有一座东汉墓，墓中出土了大量文物，其中有陶器、玉器、骨器、石器、铜器等，多样性令人叹为观止，驰名中外的铜奔马也出土于此。

张掖也是河西四镇之一，作为丝绸之路上的重要绿洲，张掖可以说是地理位置十分重要，自古以来就是兵家必争之地。这里物产丰富，所以也有着“金张掖”的称呼。公元 609 年，隋炀帝西巡，27 国使臣前来朝圣，便是在张掖召开的盛会。

大佛寺位于张掖西南方向，始建于公元 196 年，明清时期曾多次扩建。现存的卧佛殿是大佛寺的主体建筑，气势非常雄伟。殿内是佛祖释迦牟尼的侧身涅槃像，这尊佛像是木胎泥塑，身长 34.5 米，肩宽 7.5 米，角长 4 米，形神兼备，鬼斧神工，是我国最大的释迦牟尼涅槃像。卧佛像背后是十大弟子的塑像，两侧还有十八罗汉，大殿周围则环绕着精美的壁画。整个佛殿有着极高的艺术价值，集雕塑、浮雕、壁画于一体，设计合理，布局美观。

作为丝绸之路上地理位置非常重要的甘肃，在过去的时光中，历经数次兴衰，留下了数不胜数的文物和古迹。今天的甘肃已经成为了有名的文物大省、文化大省，这也算是丝绸之路的一种延续。

新疆，塞外江南春来迟

新疆在丝绸之路上地位尤为重要，作为中西方交流的咽喉要道，这里物产丰富，矿产充足，并且有着美丽的风光，有“塞外江南”的美称。在新疆，有许多古代时期留下的名城古镇，尽管这些地方如今只有荒凉的遗迹，但也为我们留下了大量的文物。

新疆最有名的游览胜地莫过于阜康市的天池了。新疆天池位于天山海拔 1910 米的博格达峰之上，南北长 4.3 公里，宽约 1.5 公里，占地广阔，水深上百米。在高山之上，天池能够不受地形影响，波平如镜，令人叹为观止，所以人们将其称为“天池”。

古代吐鲁番地区有着许多笃信佛教的佛国，其中以高昌国最为闻名。地处吐鲁番城郊的丁谷窟寺和宁戎窟寺是其中最有名、最雄伟的佛寺。时至今日，它们已经更名为吐峪沟石窟和柏孜克里克石窟。吐峪沟石窟因为天灾人祸，如今已难窥其完貌，只留下了一些残垣断壁，柏孜克里克石窟是古代高昌国至今保存最为完好的一处石窟。

柏孜克里克石窟的主体是在回鹘高昌时期开凿的，其中最晚的一座石窟则是于 13 世纪才兴建。其中最具代表性的是回鹘高昌时期的佛教艺术，其高超的工艺与艺术设计成为了新疆佛教艺术中最独特的一员。柏孜克里克石窟的主要风格融合了龟兹、于阗和高昌回鹘的风格，又受到了唐朝时期的影响，所以柏孜克里克石窟里有着研究古高昌国中西方佛教艺术传播的重要研究资料。

此石窟的构成有两种：一种是在断崖山壁上开凿石窟，在石窟前方人工砌造前室；另一种是在与断崖相接的台地上直接建造洞窟。这两种形式都未出现在该地之前建造石窟的方式中。

洞窟内的壁画只残留下了小部分，但数量依旧惊人，内容也非常丰富。其中故事题材多是以大力佛为主，也有着描绘菩萨故事、经变画和供养人的壁画。在壁画中，还有许多用回鹘文书写的题记，也有汉文和回鹘文双行并书的。后期还出现了道家星宿图、佛涅槃像，以及穿着华贵的回鹘女供养人。

壁画的内容设计十分巧妙，每个洞窟都有明确的主题，作为中心的壁画。沿着中心壁画，开始以内容相近的题材为辅助内容，向四周蔓延。千佛像大多在窟顶的位置，天王像则在洞窟四壁，其他的佛和菩萨都在两侧墙壁或者甬道两侧墙壁，供养人则在洞窟门和说法图两侧。

苏公塔作为新疆有名的古迹，也是存在已久，这座建筑虽然没有太多的故事，但是其建筑工艺令人啧啧称奇。

苏公塔位于吐鲁番市东南方向一处开阔的台地上，塔身是圆柱形的，从上向下逐渐收缩。塔基直径约为10米，塔高37米，整座塔没有木料支撑，完全是凭借螺旋形的中心支柱支撑整座塔的重量。远远望去，整座塔显得高耸而秀丽，近观则能感受其雄伟磅礴的气势。塔身完全是由砖块砌成，并且采用了多种方法，横竖不同、凹凸不等，这种方法让塔面出现了菱纹、山纹、水纹等多达15种的几何图形，具有鲜明的维吾尔族建筑艺术传统。

同样位于吐鲁番附近的还有一座古城遗址，那就是交河古城。交河古城名声并非显赫，但是其建筑特征十分特殊，大部分建筑、甚至是城中的街道，都是从土中掏挖而出，所有的院落、房屋、道路，地基都在地面以下。房屋在地面上直接构筑土墙，土墙之上叠土墙，这样就有了几层楼之高的房舍。

城中布局主要有三部分，一条大街贯穿南北，将城市分为东西两个部分，大街北侧有一座规模巨大的寺庙，以这座寺庙为中心向周边辐射，便是北部的寺庙区。东区南部有一座保存尚且完好的建筑，地下一层，地面一层，阶梯宽敞供人上下。高大的围墙外面是一处广场。这座宅院是唐朝初期所建，根据其重要性，极有可能是当时的政治中心。西部地区则是手工艺人们聚居的地方，有很多手工业作坊。

大街北侧的寺庙占地大约 5000 平方米，山门、大殿、僧房等一应俱全。在寺庙区，还有一组佛教塔群，塔群中央有一座最为高大的佛塔，如今已残缺不全，只余下 10 米左右的高度。围绕中心佛塔的小佛塔共有 101 座，这些佛塔分为四组，每组 25 座。这些小塔排列整齐，围绕中心佛塔如同众星拱月一般，场面很是壮观。

城中大街的两旁，大多数建筑物都建在土墙以内，而城市中的小巷将城市分为了若干个天然区域，这是标准的唐代城市布局。交河古城是西域三十六国中车师国的都城，十六国期间成为了高昌国的郡城，到了唐朝平定高昌以后，这里就成为了交河县。交河古城对于研究古代新疆城市建筑与布局有着非常重要的历史价值，并且在该地的考古挖掘中出土了大量的文物。

古代新疆在宗教与文化的演变中，伊斯兰教逐渐代替佛教成为了主流，所以在新疆的许多名胜中，伊斯兰教的清真寺也占有重要地位其中最为有名的就是喀什地区的艾提尕尔清真寺。

喀什是塔里木盆地西侧、背靠帕米尔高原的一块绿洲，夹在大沙漠和大雪山之间，更是为它的美丽增添了不少风采。许多人说，不到喀什就不算来过新疆。在汉代时期，喀什是疏勒国的土地，唐朝以后用突厥语喀什噶尔代替。喀什位于丝绸之路的西陲，自西北两侧直通中亚，南可到达印度，东边则与阳关、玉门关相对，自古以来就是中原地区通往西域的门户。特殊的地理位置决定了这里有许多民族到访和居住，也让这里拥有多种多样的文化和人文景观。当喀什皈依伊斯兰教后，这里就成为了帕米尔高原以东的伊斯兰教基地。随着中西方文化交流越来越深入，此处来往的商人、游人络绎不绝，喀什成为了西域的大都市之一。

喀什市中心的艾提尕尔广场是这座古城的象征，艾提尕尔清真寺就矗立在广场中央。这座清真寺带有浓烈的民族风格，规模宏大，装饰华丽。艾提尕尔清真寺有着500多年的历史，占地达16800平方米，这是整个南疆地区最大的清真寺，甚至可以与中亚地区的几座著名清真寺齐名。

第十一章

谜团重重的丝绸之路

丝绸之路历史悠久，在神秘而广袤的西域土地上，埋藏了大量的谜团。这些谜团或许在古人眼中十分神秘，有些甚至成为了传说故事。到了科学昌明的今日，我们是否能够解开这些谜团呢？

小雁塔裂而复合之谜

西安除了有驰名中外的大雁塔之外，还有一座小雁塔。小雁塔位于西安荐福寺内，所以原名荐福寺塔，由于比慈恩寺的大雁塔小，所以取名为小雁塔。小雁塔建成时有 15 层，高 45 米，现在只有 13 层，修复以后有 43.3 米，是我国为数不多的保存较好的唐代古塔。小雁塔因其秀丽的外观，在国内外都享有盛名。

关于小雁塔的修建，相传是唐中宗李显的后宫妃嫔出资所建。唐朝时期，有一名叫作义净的高僧，义净从小就十分聪颖，天资过人，他最为佩服的就是沿丝绸之路前往西方求取佛经的法显禅师和玄奘法师。因此，他也决定效仿玄奘法师前往印度求取真经。公元 671 年，他从广州出发，沿海路到达了印度，精研佛法 17 年，并游历 30 余国。回国之时义净法师带回了舍利子 300 余粒，印度佛经 400 多部。

为了妥善保存自己从印度带回的佛经，义净法师上书请求朝廷出资在荐福寺修建一座佛塔，唐中宗李显因为国库压力，一时下不了决心，就将自己的烦恼告诉了皇后。看着李显愁眉不展的样子，皇后就下定决心要在后宫筹资建造佛塔，这样还可以展现自己的才能，表达自己礼佛的真心。于是，她动员后宫妃子拿出自己的积蓄，没几天，修建荐福寺塔的银两就筹齐了。在皇后的帮助下，古朴雄浑、挺拔秀丽的荐福寺塔才能顺利建成。

小雁塔如今经过多次的修缮，已不复最开始的样子，只有在 2004 年出土的一块明代大型石碑上，才让人略知一二。石碑的正面雕刻着整个荐福寺的殿堂图，其中就有小雁塔还有顶时的样子，背面则雕刻着明英宗的圣旨，内容为批准荐福寺住持和西域僧人勺思吉重建荐福寺。

小雁塔从唐朝建立至今，经过了无数次的自然灾害和人为破坏，仅记载过的地震就有 70 余次。这 70 多次地震几次令小雁塔的塔身受创惨重，就连塔顶也因强烈的地震而坍塌坠落了，但小雁塔始终屹立不倒，特别是小雁塔四次开裂，三次合拢，令人啧啧称奇。

小雁塔经历过最强的地震要数明嘉靖年间的那次大地震了，具体时间发生在 1556 年 12 月 12 日，根据当时的史料记载，此次大地震震级达 8 级，强度达 11 级，地震发生时大地开裂，地下涌上洪水，整个西安包括周边的县城都遭受了毁灭性的打击，死伤人数高达 82 万。作为距离震中很近的西安，地震波的冲击是很大的，几乎 30% 的居民丧生在这次大地震中，整个西安高大的建筑所剩无几，放眼望去，到处都是瓦砾废墟。就是在这样强烈的地震中，小雁塔还是傲然耸立着。

小雁塔第一次裂开是在公元 1487 年的一次大地震中，这次地震让小雁塔从塔顶到塔底裂成了两半，裂缝最宽处足足有一尺多。而在 1521 年的一次地震中，这一尺余宽的裂缝居然奇迹般地粘合在了一起，从外观来看，小雁塔一夜之间变得完好如初。小雁塔第二次裂开是在公元 1551 年的一次地震，而到了 1563 年，又一次小地震让小雁塔的裂缝再次弥合。小雁塔第三次裂开是在 1691 年，直到 1722 年，在没有地震的作用下小雁塔居然自然复合了。第四次裂开没有准确的时间记载，但那一尺多宽的裂缝在新中国成立后仍然存在，后被西安市人民政府进行修缮，才恢复了原本的样子。

小雁塔先后裂开四次，而又有三次是自然合拢的，简直是奇迹，这种现象令科研工作者们十分好奇，对其展开了长时间的研究。最终，虽然没有一个准确的定论，但科研工作者们还是给出了解释。

小雁塔的开裂与复合有着明显的规律，那就是大地震开裂，小地震复合。小雁塔的建筑工艺和其他早期的唐塔一样，南北两面的门窗口，都是整齐的沿着同一条垂直线制作，这样塔身就留有一条强度最为薄弱的断面，遇到大地震，极有可能裂成两半。而小地震时，地震的水平推力较小，不仅不会让小雁塔继续开裂，因为裂成两半的塔身中心仍然朝向塔中，所以轻微的震动会让塔身朝向中间，这样裂缝就会自然合拢。小雁塔只裂开缝隙而不倒塌，因为其塔身造型两边小、中间大，像一个不倒翁一样，地震袭来的时候，小雁塔地基受力均衡，并不偏向哪一个方向，在地震的颠簸中塔身摇动开裂，但是却不会倒下，真是古人创造的建筑奇迹。

罗布泊移动之谜

罗布泊是我国西北地区最大的湖泊，西北地区十分干旱，人类想要繁衍生息，就需要在水源附近建立城市。占地十几万平方米的楼兰古城就是建在罗布泊旁边的，但是到了 1972 年，罗布泊已经完全蒸发了，塔里木河和孔雀河下游分别断流 320 公里和 400 公里，从此，孕育了楼兰文明的罗布泊成为了历史。

1876 年，俄国探险家普尔热瓦斯基翻阅古籍，认为喀拉库顺湖就是中国古籍记载中的罗布泊。他在清朝实测地图时，在与古籍记载罗布泊的位置纬度偏南 1 度的地方，发现了一个很大的淡水湖，这让他判断清朝的地区出现了错误，这个位置稍微偏南的淡水湖才是罗布泊。

1901 年，罗布泊的位置再起争执，瑞典探险家斯文·赫定在实地考察后，认为普尔热瓦斯基发现的湖盆就是喀拉库顺湖的，沿着喀拉库顺湖的湖盆向北的那个湖盆才是真正的罗布泊。他明确提出了自己的观点，认为在罗布荒原的这两个湖盆当中，湖水是会定期交互移动的，并且这种交互移动决定了整个地区的环境变化。斯文·赫定认为湖水移动的原因是河沙的沉积，河沙沉积到一定高度后，让罗布泊和喀拉库顺湖的湖盆高度产生了高度差，所以造成了湖水的南北移动，他甚至断言这种移动是以 1500

年为一个周期的。

普尔热瓦斯基和斯文·赫定的观点得到了许多地质学家的肯定，1906年，美国人艾·亨廷顿提出了“罗布泊是盈亏湖”的论点；1931年，中国学者陈宗器提出“罗布泊是交替湖”的论点；1953年和1955年，两位苏联学者发表论文，论证罗布泊是一个游移湖；1992年，中国学者奚国金再次提出论点，证明罗布泊有着游移湖的特征。这些科学家都是经过多方研究与考证，提出了自己的论点，但是他们的目标都指向“罗布泊是游移湖”。

我国科学家经过多方研究后，觉得罗布泊是游移湖的说法并不严谨。他们认为罗布泊的湖盆是因为2500万年的地壳缓慢下沉造成的，湖盆的面积很大。在漫长的时间里，罗布泊的所在地点、水域形状都在不断发生变化。但是，这种变化仅仅局限于湖水的变化，并且这种变化是随着上游来的水量而变化的，湖盆从来没有发生过变化，湖水也没有超越过湖盆的范围。所以严格来说，罗布泊不算是游移湖。

那么，神秘的、会移动的罗布泊是不是游移湖？许多科学家对此进行了不懈的探索，曾先后有15个专家进入罗布泊进行考察。罗布泊有三个独立的洼地，从北向南依次排列，北方是罗布泊，中间是喀拉库顺湖，南面是台特玛湖。经过考察队的考察，从三个方面推翻了罗布泊是游移湖的说法。

第一，在喀拉库顺湖和罗布泊之间有一条长达40公里的古代河道，这说明了在古代喀拉库顺湖和罗布泊之间是相通的。考察中还发现，喀拉库顺湖与台特玛湖之间也有一个古代河道，进一步说明了这三个湖都是相连的，就如同洞庭湖和鄱阳湖一样，由长江将它们连在了起，而鄱阳湖和洞庭湖都不属于游移湖。

第二，罗布泊地下的沉积物成分始终如一，从未有发生变化或间断。如果罗布泊是游移湖，那么在游移过程中，其沉积物必然会发生变化，但是考察结果没有发现这种存在，甚至就连物质成分发生间断都不曾有过。从钻探湖底表层结构的连续性来看，游移湖之说的可能性是不存在的。

第三，罗布泊的湖盆要低于喀拉库顺湖，最大高低差有十米之多，罗布荒地中海拔最低的地方就在罗布泊，所以周围一切的水系都以罗布泊为终点。人往高处走，水往低处流，罗布泊中的水不可能流向地势较高的喀拉库顺湖。

科研工作者们最后对于罗布泊是否是游移湖给出了一个结论，那就是罗布泊周围的地区是一个又大又浅的宽敞盆地，高低差很小，而罗布泊位于塔里木盆地和孔雀河下游地区，河流发生改道是很正常的事情。种种因素加起来，导致罗布泊的大小、位置、形状都在发生变化，并且这种变化可能是很大的，但罗布泊绝对不是游移湖。

敦煌壁画千年不褪色之谜

敦煌莫高窟是是一座雄伟宏大的艺术殿堂，其中最为出名、数量最多、最为震撼人心的非壁画莫属。人们在震惊于古代艺术家们的精湛技艺和创造力的时候，心中也会升起一个疑问，那就是为什么敦煌的壁画可以在千年之后依旧色彩鲜艳，靓丽如新。甚至有人质疑，莫高窟中的壁画难道已经在近现代被修复过了，难道已经不是古代艺术家们原汁原味的作品了？当然不是，莫高窟中的壁画虽然已经出现了种种问题，但这些壁画在千年以后，哪怕饱经风沙侵袭，但依旧绚丽多彩、光洁如新。这些壁画不惧光，不怕磨，不畏岁月的流逝，这究竟是为什么呢？是什么保证了莫高窟中的壁画没有像其他的石窟一样大面积地脱落、大范围地褪色呢？根据专家分析，除了甘肃莫高窟地区气候干燥，以及历代看守莫高窟的人精心的保护外，最根本的原因是由于莫高窟壁画所使用的颜料。

敦煌壁画所使用的颜料大体可分为三种：有机颜料、无机颜料和非颜料物质。壁画中因为佛教题材居多，所以红色颜料是应用最广泛的。无机颜料中的红色是由朱砂、铅丹、雄黄、绛矾调制而成；黄色主要是由雄黄、密陀僧调制；绿色早期是用绿铜矿加上少量石绿制成；蓝色早期是使用青金石制作，中期是用石青，晚期开始使用大量的群青；白色最早是用高岭土，唐朝时期开始用解方石代替，晚期开始使用石膏；黑色就简单了，用墨就好。有机颜料，红色是用胭脂，黄色是藤黄，蓝色用的是有机蓝。非颜料的矿物质多数都是白色，包括高岭石、滑石、石英、白云石等。这些原料的来源十分复杂，有些是依靠丝绸之路进口，有的是使用化学工艺制作，还有的是就地取材。

绘制莫高窟中的壁画使用的颜料种类要远超国内外任何一座石窟，特别是制取颜料的化学技术可以说是世界顶尖的，莫高窟中使用的颜料数量之多、质量之上层，简直是世所罕见，为研究中国和世界颜料以及化学发展史都留下了珍贵的实物样本。在科技与经济都不发达的古代，艺术家们用精湛的技术创造了敦煌文化，创造了莫高窟的辉煌，创造了中国古代绘画史、乃至世界古代绘画史上的奇迹，这是非常难能可贵的。

古代莫高窟的供养人也为此付出了许多辛劳，为了寻找数量充足、材质优秀的颜料，他们散尽家财、省吃俭用、东奔西走，但还是经常出现颜料不足的情况。关于颜料短缺，供养人寻找颜料的事情，还留下一个美丽的传说。

唐朝天宝年间，敦煌莫高窟成了当地佛教文化的中心，开凿洞窟十分流行，不论是中原还是西域的画家、工匠，都沿着丝绸之路来到了敦煌。建造石窟的人不计其数，光是吃盐就要吃掉一担二斗。

需要绘制的壁画面积巨大，画匠也是人数众多，颜料就开始供应不上了。莫高窟中有一个技艺高超的张姓画匠，他有一个年轻的女儿叫作五色。五色在艺术上极具天赋，从小跟随父亲学画，年纪轻轻便已经有了不凡的画技，人也长得非常漂亮。眼见颜料越来越少，张画匠开始愁眉不展起来。五色姑娘看着父亲焦急的面容，内心非常希望能够帮助父亲。一天晚上，她梦见自己在莫高窟对面的三危山上找到了颜料，她弯腰去捡，颜料却躲开她的手，钻入到地下去了。她拼命的用手挖地，直到挖的鲜血淋漓，却还是找不到那些颜料。就在她束手无策的时候，伴随着万丈的霞光和漫天的鲜花，观世音菩萨来到了她的面前。菩萨对她说："五色你不要哭了，我知道你们的困难。前面有一座青山崖，青山崖下有一块白色的巨石，推开巨石可以看到有一口井，撬开井上的石板就可以看见井口了。井底有一块薄石板，只要你下去将薄石板撬开，井中就会涌出颜料来。"

五色姑娘醒来以后，喜不自胜地将昨晚做的梦讲给了父亲听。张画匠听了以后也非常高兴，立刻带着众多画匠在五色姑娘的引导下去往了三危山，并且找到了井。找到井容易，拿到颜料可不容易，众人朝井中望去，除了一片漆黑什么都看不见。伸手一探，井中的温度冰凉刺骨。在场的人见到这种情况，都不敢下去，打了退堂鼓。五色姑娘眼见就要功亏一篑，立刻站出来，告诉大家她愿意下井。大家用带来的草绳将五色姑娘放入了井中，随着五色姑娘越下越深，绳子也越来越短，直到绳子用完，五色姑娘仍然没有到达井底。就在大家想办法寻找更多绳子的时候，草绳突然断了，五色姑娘掉入了井底，用自己的身体砸破了那块薄石板，瞬间井中涌出了许多五颜六色的颜料。

张画匠伤心欲绝，但同时也为女儿感到骄傲，众人伏在井口叩头拜谢，才取了颜料。从此井中的颜料取之不尽，用之不竭，莫高窟的壁画也得以顺利完成，人们为了纪念五色姑娘的功绩，就将那口井取名为五色井。

传说虽然只是传说，但是我们今日依旧能从传说中获得许多信息。这个故事首先从颜料短缺开始说起，这就证明了莫高窟当时确实缺少颜料，颜料在当时是非常珍贵的。其次，从井中获取的是颜料，并不是需要加工的原材料，说明壁画使用的颜料并不只是矿物质。最后，五色井就在三危山中，说明莫高窟壁画使用的颜料只有少量是使用外来颜料，大多数是直接在本地获得。

尽管莫高窟中的壁画使用了很多不易变色的矿石颜料，但在上千年的自然侵蚀和人为破坏后，有许多洞窟壁画的人物肤色已经发生了变化。驰名中外的莫高窟壁画，希望能得到更好的保存，令我们的子孙后代依旧能欣赏到那些绚丽多彩的壁画，让莫高窟依旧担得起“东方美术馆”这样的无上赞誉。

“楼兰美女”之谜

楼兰古城的消失一直是一个众说纷纭的未解之谜，但不可否认的是，楼兰古城中出土的文物为世界考古事业做出了巨大贡献。在楼兰古城之中出土的不只有文物，还有美丽的“楼兰美女”。

1980年，新疆社会科学院考古研究所的一支科考队进入了世界第二大沙漠——塔克拉玛干。考察队的目的地是罗布泊地区，就在属于楼兰古国地区的铁板河三角洲发现了震惊世界的“楼兰美女”。

“楼兰美女”是考古学家在一处古代罗布泊人的墓穴中发现的女性干尸，这具干尸脸颊瘦削、浓眉大眼、鼻梁高挺，尖尖的下巴和小巧的嘴巴，都说明了这具女性干尸生前必定是个美貌女子。女尸的皮肤呈铜色，头发的颜色是黄褐色，编成了许多辫子，披在了肩膀上。

最为令人惊奇的是，女尸的眼睛没有陷下去，嘴唇依旧饱满，身体各处的毛发也清晰可见。用手按压脸颊和四肢，仍能感觉女尸的肌肉充满弹性。用手轻叩胸口，能感觉到其身体中的内脏仍然没有干瘪。

考古人员对女尸样貌进行了还原：这具女尸生前身体健康，金发，浓眉大眼，肌肉丰满，端庄美丽，年龄已达中年。这是我国迄今发现的，年代最古老、保存最完好的女尸，在考古学和医学领域有着重要的研究价值。因为是在世界闻名的楼兰地区发现的，所以考古工作者给他取名为“楼兰美女”。

在古代丝绸之路上，楼兰国的美女可谓是颇具盛名，不管是往来各国的富豪巨贾，还是一国的王公贵族，都以能娶楼兰国的女子为荣。

公元326年，前凉国君张骏趁着天下大乱、群雄割据、烽烟四起之时，派兵攻打已经改名为鄯善的楼兰国，鄯善国本来就不擅武力，士兵不多，因此鄯善王马上就派人向张骏求和。在和谈时，鄯善使臣才明白，原来张骏攻打鄯善国只是想要得到一位姿色过人的美女。鄯善王知道以后松了一口气，马上表示可以满足张骏的要求。张骏得知以后十分欣喜，赏赐了楼兰美女“美人”的封号，还特意让工匠她为建造了一座名为“宾遐观”的宫殿。

楼兰美女魅力惊人，就连有些佛法精深的高僧也为其神魂颠倒。昙无谶是克什米尔地区的高僧，他从小就没有了父亲，跟着母亲相依为命。当时在克什米尔地区，僧人的地位很高，经常能够得到富人家丰厚的供养，这让昙无谶的母亲非常羡慕，于是昙无谶的母亲就让他去做高僧达摩耶舍的弟子。他从10岁开始学习，因为天资聪颖，记忆力出众，一天能够背诵的佛经多达300颂之多。原本他是学习小乘佛法的，后来遇到了白头禅师，两人激辩了100天，昙无谶心悦诚服，改学大乘佛法。昙无谶不仅佛法精深，而且不畏权贵。他的表哥是负责为国王驯养大象的，有一次不小心将国王心爱的坐骑白耳大象弄死了，他表哥被国王所杀。国王下令不许任何人去看，只有昙无谶不怕国王的禁令，前去痛哭，并且埋葬了尸体。国王发怒要杀他，他说：“您杀他是因为他犯了法，这没什么错。我去埋葬他因为我是他的亲属，这也没什么错，您为什么要生气呢？”国王为他的气概所折服，于是就开始将他供养在皇宫之中。

公元 420 年，昙无谶前往鄯善弘扬佛法，自称精通咒术，可以驱魔捉鬼，为人治病，还可以让妇人多子多孙。鄯善公主曼头陀林看见昙无谶相貌俊秀、器宇不凡，就对他动了心。而昙无谶对于貌若天仙的鄯善公主，也是凡心大动，两人情投意合，暗地里私定了终身。纸包不住火，没多久，两人偷情的事情就被鄯善王知道了，昙无谶仓皇地逃到武威。后来，这位高僧在凉州被人刺杀，年仅 49 岁，不知是否与此事有关。

根据考古学家所多番研究，确定出土的“楼兰美女”距今已有 3800 多年，下葬时的年龄大约是 40 岁，身高 155 厘米。“楼兰美女”是欧洲人种，血型为 O 型，体内的器官依旧存在，但因失去水分开始逐渐干瘪。头发依旧保存着良好的弹性。

“楼兰美女”在茫茫的大漠中沉睡了 3800 年，却依旧保存完好，这不禁引起了人们的好奇，难道“楼兰美女”并非天然形成，而是人工炮制的？研究人员对此给出了专业的解释，“楼兰美女”的确是天然干尸。

导致“楼兰美女”保存完好有四个重要条件：一，楼兰美女被埋在古楼兰地区，这里气候炎热干旱，风沙多，降水少，导致尸体来不及腐烂就已经被风干了，脱水则大大降低了尸体的氧化程度；二，埋葬“楼兰美女”的墓穴并不在地下，而是在高于地面八米左右的高台之上，依据楼兰地区的降雨量，绝对没有被水淹的可能；三，墓穴并不深，仅有一米左右，尸体上覆盖着沙土、芦苇和红柳树枝，这就让“楼兰美女”沉睡的墓穴透气、通风，有利于水分蒸发；四，“楼兰美女”下葬的时间是在冬天，楼兰地区的冬季干燥而寒冷，细菌活动并不频繁，这也大大减缓了尸体的腐败。

莫高窟大佛长高之谜

莫高窟是一座极具艺术价值的宝库，其中除了最有名的壁画外，建筑和彩塑也是富有观赏与研究价值。而在建筑中，最负盛名的就是莫高窟标志性的建筑——九层楼。

九层楼位于莫高窟的 96 号窟，窟内有一尊高大的弥勒佛像。在历史上，九层楼经历了多次自然和人为的破坏，在民国时期到新中国时期被多次修缮，才有了今天的样子。九层楼内的弥勒大佛建造于武则天登基后的第二年，又被称为“北大像”。大佛的结构是石胎泥塑，双腿下沉，呈倚坐的姿势，双目俯视向前，一手平伸，一手上扬，体型圆润饱满，气度庄重。当人站在石窟底部向上仰望，更是觉得佛像庄严伟岸，为大殿增添了浓厚的宗教氛围。

根据敦煌文献记载，在公元 695 年，灵隐禅师和阴祖居士等人筹资建造了“北大像”，高有 140 尺。唐朝时期，唐高宗李治性格懦弱，被武则天一步步的夺走了朝中大权。李治死后，武则天想要登基称帝，于是便自称是弥勒佛下界，利用佛教来为其提供舆论支持，在全国范围内弘扬佛法，并且推行佛就是皇帝，皇帝就是佛的“佛王传统”。她下令在各州县兴建大云寺，塑造弥勒佛并进行供奉，然后将佛教变成为其登基而服务的宗教。

莫高窟 96 窟的弥勒大佛就是在那次风潮之中建立的。

莫高窟的弥勒大佛在世界十大佛像中排名第五，高度在 71 米的乐山大佛、55 米的巴米扬西大佛、36.67 米的荣县大佛、35 的巴米扬东大佛之后。后来阿富汗巴米扬的两尊大佛被恐怖分子炸毁，莫高窟弥勒大佛的排名便升到了第三位。原本莫高窟的弥勒大佛身高的明确记载为 34.5 米，到了 2002 年 8 月 26 日，敦煌研究院突然发布消息，莫高窟的弥勒大佛高度有 35.5 米。这引起了人们的关注和好奇，为什么有上千年历史的大佛突然长高了 1 米?

自大佛在唐代成型以后，经历了许多时期，莫高窟的 96 窟以及窟前的殿堂进行了多次的重建，96 窟内的地表在数次修建中不断抬升，相对佛像的高度就开始降低。1999 年，敦煌研究院的人员对莫高窟进行了挖掘，发现清朝、元朝、西夏时期都形成了新的地层。一层层地挖掘下去，最终到达了唐代时期的底层，测算高度以后，发现当初弥勒大佛应该是 35.5 米。敦煌研究院的报告指出，莫高窟第 96 窟及其殿堂遗址的考古发掘，不仅说明了弥勒大佛要比原本记载的高 1 米，也说明了莫高窟出现殿堂的时间提早了 200 年。

杨贵妃生死之谜

关于唐玄宗与杨贵妃爱情故事，有着许许多多的文艺作品，其中最有名的莫过于白居易的《长恨歌》了，通过这些文艺作品的描写，两人的爱情也升华成为了千古绝唱。

杨贵妃本名杨玉环，是薄州永乐人，长大以后嫁给唐明皇第十八个儿子寿王李瑁。尽管明知是自己的儿媳，但李隆基还是不可自拔的被吸引了，于是他先让杨玉环做了女道士，法名太真，然后又将其据为已有，于公元745年正式册封杨玉环为贵妃。

杨贵妃身材丰腴，容貌出众，皮肤如羊脂白玉，笑容如映面桃花，善于揣度唐玄宗的心思，精通音律这一点更是让唐玄宗对她爱得死心塌地。杨贵妃擅长琵琶和西域舞蹈，初次表演便将唐玄宗迷得神魂颠倒，不能自已。白居易在《长恨歌》中写道:“杨家有女初长成，养在深闺人未识。天生丽质难自弃，一朝选在君王侧。回眸一笑百媚生，六宫粉黛无颜色。春宵苦短日高起，从此君王不早朝。”短短几句诗就将杨贵妃的美貌和唐玄宗对其的痴迷表现得淋漓尽致，刻画得入木三分。

天宝十四年，节度使安禄山在范阳起兵作乱，唐朝政府在毫无准备的情况下被打了个措手不及，唐军节节败退，隔年就被安禄山攻破了潼关。唐玄宗带着心爱的杨贵妃，还有其他皇子皇孙、太监大臣等，飞速往西蜀奔逃。队伍行至马嵬驿，士兵们已经人困马乏，饥肠辘辘了，愤怒的士兵们先是斩杀了祸国殃民的宰相杨国忠，将杨国忠的人头挂在驿门上示众，同时将杨贵妃的两个姐姐也杀死了。紧接着，他们将目标瞄准了杨贵妃。在士兵们半是请求半是逼宫的情况下，唐玄宗被逼无奈，只好下令处死了杨贵妃。杨贵妃的故事本应到这里就结束了，但是现代的考古发现却让故事有了转机。

在中国兴平县马嵬坡有一座杨贵妃墓，而在日本的山口县也有一座杨贵妃墓，一个人怎么会死在两处呢？因此杨贵妃在马嵬坡下场如何，开始有了多种多样的说法。有的人说马嵬坡的坟墓中只有一个杨贵妃的香囊，也有人说马嵬坡里埋的是杨贵妃的贴身侍女，真的杨贵妃被护送到了日本。

人们自有自己的说法，专家们也对这件事情进行了大量的研究，产生了数种观点。

一种观点认为杨玉环本人确实死在了马嵬坡。正史以及《旧唐书》《新唐书》《旧唐书逸事》等都记载了这一情况，《资治通鉴》更是详细描述了杨贵妃被迫自缢及死后验尸的全过程。

而另一种观点却认为，杨贵妃本人实际上并没有死在马嵬坡，这种说法主要根据唐朝时候民间的一些传闻。当时，民间传闻普遍认为，杨贵妃实际上并没有真的死在马嵬坡，而是被“掉包”了，代替杨贵妃死去的，是她的侍女。据说当时杨贵妃缢死后本是葬于马嵬驿的内庭之中，但在一年之后，为杨贵妃迁葬时，人们却发现，墓穴之中根本没有贵妃的尸体，只有一只鞋和一个香囊。白居易在《长恨歌》中也写道："马嵬坡下泥土中，不见玉颜空死处。"似乎佐证了这一说法。可见，当时杨贵妃很可能并没有真的死去，只是迫于形势，假死逃脱，东渡日本。

那么，这位绝代美人到了日本之后又怎样了呢？关于这一点依旧是众说纷纭。有传说认为，杨贵妃在大海中漂泊时就得了重病，抵达日本之后不久就离世了；还有传说则认为，杨贵妃抵达日本之后，遇上了宫廷叛乱，并阴错阳差地成为了日本女皇，《新唐书》中记载的高野公主实际上就是杨贵妃；而流传最广，也最为人们所接受的一种说法是，杨贵妃抵达日本之后便与杨氏后代取得联系，从此隐居民间，现如今，日本还存在一些自称为贵妃后代的家族。

杨贵妃当年究竟是死是活，如今恐怕也只能成为一个无解的谜题了。但日本也的确存在诸多关于杨贵妃的遗迹，甚至还有传说认为，著名的日本影星山口百惠其实就是杨贵妃的后代呢！

“孙悟空”到底是哪里人?

自唐朝之后，玄奘大师“西天取经”的故事在民间就一直广为流传，尤其是明朝大作家吴承恩的《西游记》问世之后，作为玄奘大师大徒弟的美猴王、齐天大圣孙悟空就以降妖除魔的高超本领和嫉恶如仇、无私无畏的正义形象深受人们喜爱。

当然，世界上不可能真的存在美猴王孙悟空这一人物，但任何一个成功的艺术创作，都必然会有其源泉和根据，不可能完全是空穴来风。那么，我们这位厉害的美猴王的原型到底是谁，又起源于何处呢?

关于这一问题，目前学术界主要有六种不同的说法。

一、淮涡水神无支祁

鲁迅先生认为，自魏晋之后，佛教典籍的翻译越来越多，很多印度故事也开始在中国民间流传开，变得越来越中国化。在这一基础上，唐朝人李公佐在其小说中创作了一种怪兽，即淮涡水神无支祁，鲁迅先生认为，孙悟空的原型正是由这一形象所演变而来的。因此，虽然孙悟空的形象似乎带有印度传说的色彩，但实际上却是完全的“本土出品”。

二、印度猴神哈努曼

胡适先生则认为，这个“神通广大的猴子”并不是“中国货”，而是由印度“进口”而来的。甚至于无支祁这个形象，都是深受印度神话影响而“仿造”出来的。胡适先生列举了印度最古老的史诗《罗摩衍那》，其中提到一个猴神哈努曼，胡适认为，这才是孙悟空最早的原型和出处。

三、中印“混血儿”

季羡林先生认为，孙悟空这一形象不能单纯地看作是“国货”还是“进口”，他提出，“孙悟空”的形象创作既可能受到印度猴神的影响，但同时也存在中国石猴的血脉，因此，他是个“混血儿”，是个中印文化碰撞之后所产生的“齐天大圣”。

四、福建顺昌宝山

1980年，来自日本北海道大学的学者中野美代子首次提出，孙悟空护送唐僧西天取经的传说源于福建。而如今，福建省南平市顺昌县的文管办主任更是直接将“孙悟空”的户籍锁定在了当地。

文管办主任表示，他的这一说法是有根据的。在当地，不仅存在着通天大圣、齐天大圣的双圣墓，还有山狸洞里的“圣见”摩崖石刻，并且《西游记》的雏形《西游记平话》还是从该地印刷发行的。此外，在宝山周边，存在着一系列与孙悟空的故事有关的民间传说和自然景观，因此，孙悟空的家乡很可能就是在这里。

五、唐代高僧“释悟空”

唐代有一名高僧释悟空，其俗家姓名叫作车奉朝。公元751年，车奉朝跟随张光韬出使西域，后因病在犍陀罗国出家，于公元 789 年才又回到京师。从时间上来说，释悟空出使西域的时间比玄奘法师晚了 40 余年，但其出境的地点与玄奘法师一样，都是安西。

有学者认为，在“西天取经”传说的漫长流传过程中，人们很可能将释悟空大师的名字与护送玄奘法师西天取经的“猴行者”联系到了一起，并逐渐融合，形成了“孙悟空”这一艺术形象。

六、甘肃安西胡人石磐陀

哈尔滨师范大学中文系教授张锦池在研究取经故事时发现，孙悟空的现实原型很可能是《三藏法师传》中所记载的玄奘法师在西行过程中所收的一名胡人弟子石磐陀。

据记载，玄奘法师收石磐陀为弟子时，恰恰是其西行过程中最为困难的时期，而石磐陀和玄奘法师之间的师徒关系与孙悟空和唐僧之间的师徒关系是有着相似之处的。首先，石磐陀对玄奘法师来说，既起到了向导作用，同时也在一定程度上为其解决了一些西行过程中遇到的困难，这些与孙悟空所做的事情从本质上来说是相类似的；其次，石磐陀与孙悟空一样，都是行者身份；最后，石磐陀是胡僧，从发音上来说，“胡僧”与“猢狲”很是相近，不排除人们在流传这一事迹时将“胡僧”误传作了“猢狲”，从而为西天取经这一传说增添了不少神魔因素。

图书在版编目（CIP）数据

穿越古丝路：丝绸之路上的千古传奇 / 探秘天下编写组编著 .—北京：时事出版社，2016.11

ISBN 978-7-5195-0031-3

Ⅰ . ①穿…　Ⅱ . ①探…　Ⅲ . ①丝绸之路 – 历史
Ⅳ . ① K928.6

中国版本图书馆 CIP 数据核字（2016）第 229663 号

出 版 发 行：时事出版社
地　　　址：北京市海淀区万寿寺甲 2 号
邮　　　编：100081
发 行 热 线：（010）88547590　88547591
读者服务部：（010）88547595
传　　　真：（010）88547592
电 子 邮 箱：shishichubanshe@sina.com
网　　　址：www.shishishe.com
印　　　刷：北京建泰印刷有限公司

开本：787 × 1092　1/16　印张：18　字数：225 千字
2016 年 11 月第 1 版　2016 年 11 月第 1 次印刷
定价：32.00 元
（如有印装质量问题，请与本社发行部联系调换）